60일
영어 습관

60일 영어 습관

초판 2쇄 발행 2024년 2월 1일

지은이 최근영
펴낸곳 (주)에스제이더블유인터내셔널
펴낸이 양홍걸 이시원

홈페이지 www.siwonschool.com
주소 서울시 영등포구 영신로 166 시원스쿨
교재 구입 문의 02)2014-8151
고객센터 02)6409-0878

ISBN 979-11-6150-669-2
Number 1-010101-17170400-08

60일
영어 습관

S 시원스쿨닷컴

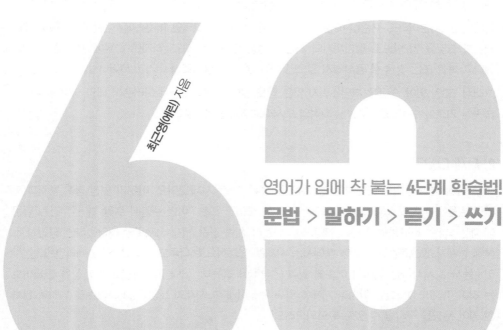

최근영(에린) 지음

영어가 입에 착 붙는 **4단계 학습법!**
문법 > 말하기 > 듣기 > 쓰기

머리말

Hi, everyone!

여러분 안녕하세요~ Erin입니다!

이렇게 알찬 도서를 선택하신 현명한 여러분을 위해 총 60일 동안 여러분이 무엇을 얻으실 수 있고, 또 어떻게 효율적으로 학습하실 수 있는지를 말씀드리려고 해요!

1. 영어 습관 들이기

몇 년 전 한국으로 귀화한 미국 국적 연예인 분이 가족이랑 미국 여행을 가려고 하는데 공항 검색대에서 간단한 영어 질문을 통과하지 못해 통역을 불러야만 했던 일화를 들어보신 적 있나요?

언어는 단 10분이라도 꾸준히 매일 하는 습관이 중요해요. 그러면 머릿속에서 문장을 만들어 내는 시간과 그것을 입 밖으로 뱉기까지의 시간이 점점 짧아지게 되죠. 하지만 하루에 공부를 두 시간 했다고 며칠 또는 몇 주를 공부하지 않으면 다시 맨 처음 상태로 돌아가게 되어버린답니다.

그래서 '60일 영어 습관'은 부담스럽지 않은 양을 날마다 학습하면서 여러분이 매일 영어 공부하는 습관을 기르실 수 있도록 구성된 최적의 도서라고 자부할 수 있어요!

2. 시제 다지기

10년 넘게 회화 강의를 하면서 가장 아쉬웠던 점이 바로 '시제'였어요. 아무리 멋진 영작 능력과 훌륭한 발음을 가지고 있다 하더라도 "너 어제 뭐 했어?" 또는 "이번 주말에 뭐할 거야?" 라는 질문에 매번 "나는 친구들을 만난다. 짜장면을 먹는다."처럼 단순 현재 시제로만 대답한다면 당연히 소통에 한계가 있겠죠? 그래서 이 책에서는 시제를 집중적으로 다루고 있어요. 입을 떼려면 일단 '주어+동사'로 시작하는 영어의 어순에 맞춰 영작해야 하는데, 이때 중구난방으로 문장을 만들어보는 것이 아니라 그날그날 학습할 시제에 맞춰 확실하게 그 시제의 쓰임을 알고 어순을 익히며 완벽한 영어 문장을 구사할 수 있도록 도와드려요!

3. 필수 문법만 쏙쏙 골라 훈련하기

언어를 공부하다 보면 어느 날 문득 배울 게 너무 많다는 생각에 마치 망망대해에 떠 있는 듯한 느
낌이 들 때가 있죠? 이제 걱정하지 마세요. 이 도서가 여러분이 길을 잃지 않도록 도와주는 지침서
가 될 거예요. 회화에 필요한 필수 문법들만 쏙쏙 골라서 알차게 담았으니 저만 따라오세요~

4. 문법 + 말하기 + 듣기 + 쓰기

"아니, 날마다 조금씩 부담 없이 소화할 수 있는 양이라면서 이 네 가지가 다 가능하다고?"

네, 가능합니다! 어떤 언어든 '문법, 말하기, 듣기, 쓰기' 이렇게 네 가지 영역은 한쪽에 치우침 없이
고르게 발달시켜 줘야 하거든요~ 하루 학습 분량에 깔끔한 문법 정리, 말하기 훈련, 듣기로의 확
장, 거기에 쓰기까지 모두 담고 있으니, 일단 1일 차부터 먼저 시작해보세요! 탄탄한 학습 구성에
믿음이 확 가실 거예요~

5. 안 그래도 좋은 교재를 더욱 효율적으로 활용하려면?

영어 공부 혼자 하려면 힘드실 수 있잖아요~ 톡톡 튀는 저 Erin의 음성 강의를 들으면서 학습하시
면 많은 도움이 되실 거예요!

더불어 이 책의 내용에 해당하는 유료 강의도 시원스쿨에서 확인하실 수 있으니 저와 함께 날마다
신나는 영어 공부를 해보시는 건 어떠세요?

Now or never!

더는 미루지 마시고 Erin과 함께 오늘부터 영어 1일 go!
지금 바로 출발합니다.

이 책의 활용법

문법 〉말하기 〉듣기 〉쓰기
체계적인 4단계 학습법 이렇게 학습하세요!

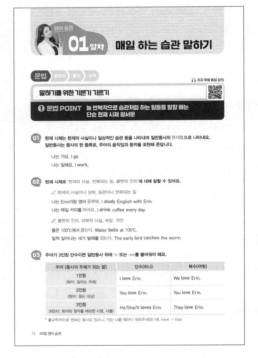

STEP 01 문법

① '문법 POINT'를 통해 오늘 배울 내용을 확인하세요.

② 저자 무료 음성 강의(QR)와 함께 핵심만 간결하게 제시된 내용을 읽으며 문법 개념을 익히세요.

STEP 02 말하기

① 문장 말하기 연습에 필요한 단어를 먼저 익혀보세요.

② 천천히, 빠르게 버전의 원어민 mp3와 함께 말하기 연습을 해보세요.

③ 우리말만 보며 다시 한번 영어로 말하는 연습을 해보세요.

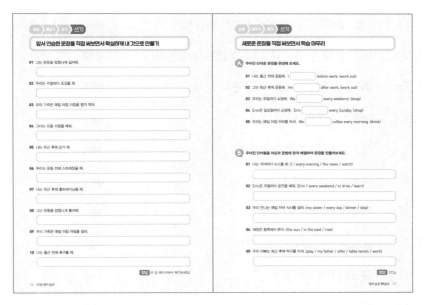

STEP 03 듣기

① 실전 연습! 배운 내용에 유의하며 다양한 에피소드의 대화를 듣고 빈칸을 채워보세요.
② 오른쪽 페이지에서 정답과 주요 회화 표현을 확인하세요.
③ 우리말 대화를 보고 영어로 말해보며 정리해 보세요.

STEP 04 쓰기

① '말하기'에서 연습한 문장을 직접 써보면서 확실하게 내 것으로 만들어 보세요.
② 마지막으로 새로운 문장을 써보면서 학습을 마무리해 보세요.

'60일 영어 습관 만들기' 학습 진도표

파트 2. 조동사 이해하기

파트 3. 의문사 의문문 구조 알기

파트 4. 기타 기본문 뼈대 만들기

문법 〉 말하기 〉 듣기 〉 쓰기

🎧 저자 무료 음성 강의

말하기를 위한 기본기 기르기

❗ 문법 POINT 늘 반복적으로 습관처럼 하는 일들을 말할 때는 단순 현재 시제 평서문

01 현재 시제는 현재의 사실이나 일상적인 습관 등을 나타내며 일반동사의 현재형으로 나타내요. 일반동사는 동사의 한 종류로, 주어의 움직임과 동작을 표현해 준답니다.

나는 가요. I **go**.
나는 일해요. I **work**.

02 현재 시제로 '현재의 사실, 반복되는 일, 불변의 진리'에 대해 말할 수 있어요.

✎ 현재의 사실이나 상태, 습관이나 반복되는 일

나는 Erin이랑 영어 공부해. I **study** English with Erin.
나는 매일 커피를 마셔요. I **drink** coffee every day.

✎ 불변의 진리, 과학적 사실, 속담, 격언

물은 100℃에서 끓는다. Water **boils** at 100℃.
일찍 일어나는 새가 벌레를 잡는다. The early bird **catches** the worm.

03 주어가 3인칭 단수이면 일반동사 뒤에 -s 또는 -es를 붙여줘야 해요.

주어 (동사의 주체가 되는 말)	단수(하나)	복수(여럿)
1인칭 (화자: 말하는 주체)	I **love** Erin.	We **love** Erin.
2인칭 (청자: 듣는 대상)	You **love** Erin.	You **love** Erin.
3인칭 (제3자: 화자와 청자를 제외한 사람, 사물)	He/She/It **loves** Erin.	They **love** Erin.

* 불규칙적으로 변하는 동사도 있으니, 이는 나올 때마다 외워주세요! (예. have → has)

문법 　말하기　 듣기 　쓰기

🎧 원어민 mp3 듣기 (천천히/빠르게)

문법 포인트를 기억하며 우리말 보고 영어로 말하기

01 문장 연습을 하기 위해 필요한 단어들을 먼저 확인하세요.

do	(혼자 하는 운동을) 하다	**play**	(상대방이 있는 경기를) 하다	**jog**	조깅을 하다
weekend	주말	**like**	좋아하다	**hate**	싫어하다
learn to	~하는 것을 배우다	**surf**	서핑하다	**these days**	요즘에
stretch	스트레칭을 하다	**have**	먹다	**skip**	거르다

02 천천히 읽기 4번, 원어민의 속도에 맞춰 빠르게 읽는 연습을 4번 해보세요.

우리말	영어	천천히	빠르게
나는 퇴근 후에 요가 해.	I **do yoga** after work.	▫▫▫▫	▫▫▫▫
나는 퇴근 후에 홈트레이닝을 해.	I **work out at home** after work.	▫▫▫▫	▫▫▫▫
나는 출근 전에 축구를 해.	I **play soccer** before work.	▫▫▫▫	▫▫▫▫
우리는 주말마다 조깅을 해.	We **jog** every weekend.	▫▫▫▫	▫▫▫▫
그는 운동을 엄청나게 좋아해.	He **likes** exercising so much.	▫▫▫▫	▫▫▫▫
그는 운동을 엄청나게 싫어해.	He **hates** exercising very much.	▫▫▫▫	▫▫▫▫
그녀는 요즘 서핑을 배워.	She **learns to surf** these days.	▫▫▫▫	▫▫▫▫
우리는 운동 전에 스트레칭을 해.	We **stretch** before exercising.	▫▫▫▫	▫▫▫▫
우리 가족은 매일 아침 아침을 챙겨 먹어.	My family **has** breakfast every morning.	▫▫▫▫	▫▫▫▫
우리 가족은 매일 아침 아침을 걸러.	My family **skips** breakfast every morning.	▫▫▫▫	▫▫▫▫

실전 대화 연습! 대화를 듣고 빈칸 채우기

에피소드 01 ▶ 건강을 지키기 위해 무엇을 하는지 서로에게 물어보는 상황

Jason   What do you do to keep healthy?

Erin   (①) after work. What about you?

Jason   I (②) (③) morning.

Erin   (④) morning? That's why you (⑤) healthy.

5회 연습 체크 : **1 2 3 4 5**   총연습 횟수 : ( )회

에피소드 02 ▶ Tom의 운동 습관에 대해 이야기하는 상황

Erin   What does Tom do to (①)?

Jason   He (②) soccer before work and he (③) again at the gym after work.

Erin   Wow, it (④) like he (⑤) exercising so much.

Jason   Exactly.

5회 연습 체크 : **1 2 3 4 5**   총연습 횟수 : ( )회

에피소드 03 ▶ 아침 식사를 하는지 물어보는 상황

Erin   My family (①) breakfast every morning.

Jason   That's a good habit! What do you usually (②) for breakfast?

Erin   We usually (③) some toast and cereal with coffee. What about you?

Jason   I (④). Instead, I have a very big lunch.

5회 연습 체크 : **1 2 3 4 5**   총연습 횟수 : ( )회

잘 들었는지 체크! 우리말 대화를 보고 영어로 말해보기

에피소드 01

정답 ① I do yoga ② jog ③ every ④ Every ⑤ look

Jason 건강을 지키기 위해 넌 뭘 하니?
Erin 나는 퇴근 후에 요가 해. *넌?
Jason 나는 매일 아침 조깅을 해.
Erin 매일 아침? *그래서 네가 건강해 보이는구나.

* **What about you?** '너는 어때?'라는 뜻으로 같은 질문을 상대방에게도 똑같이 물어볼 때 사용해요.
* **That's why 주어 + 동사** 그래서 ~이런 거구나

에피소드 02

정답 ① stay healthy ② plays ③ works out ④ sounds ⑤ likes

Erin Tom은 건강을 유지하기 위해 뭘 하니?
Jason 걔는 출근 전에 축구를 하고 퇴근 후에는 체육관에 가서 또 운동을 해.
Erin 와, 걔는 운동을 진짜 *좋아하나 보다.
Jason *맞아.

* **It sounds like 주어 + 동사** (듣자 하니) ~한 것 같다
* **exactly** '정확히'라는 뜻이고, 상대방의 말이 확실히 옳다고 동의할 때도 쓰여요.

에피소드 03

정답 ① has ② eat ③ have ④ skip breakfast

Erin 우리 가족은 매일 아침 아침을 챙겨 먹어.
Jason 좋은 습관이네! *아침으로 *보통 뭘 먹는데?
Erin 우리는 대개 토스트랑 시리얼을 커피랑 같이 먹어. 넌?
Jason 나는 아침을 걸러. 대신 어마어마한 양의 점심을 먹지.

* **usually** 보통, 대개, 주로
* **for** ~용으로 (뒤에 아침/점심/저녁과 같은 식사와 함께 써요.)

앞서 연습한 문장을 직접 써보면서 확실하게 내 것으로 만들기

01 그는 운동을 엄청나게 싫어해.

02 우리는 주말마다 조깅을 해.

03 우리 가족은 매일 아침 아침을 챙겨 먹어.

04 그녀는 요즘 서핑을 배워.

05 나는 퇴근 후에 요가 해.

06 우리는 운동 전에 스트레칭을 해.

07 나는 퇴근 후에 홈트레이닝을 해.

08 그는 운동을 엄청나게 좋아해.

09 우리 가족은 매일 아침 아침을 걸러.

10 나는 출근 전에 축구를 해.

정답 은 앞 페이지에서 확인하세요!

새로운 문장을 직접 써보면서 학습 마무리

A 주어진 단어로 문장을 완성해 보세요.

01 나는 출근 전에 운동해. I [   ] before work. (work out)

02 그는 퇴근 후에 운동해. He [   ] after work. (work out)

03 우리는 주말마다 쇼핑해. We [   ] every weekend. (shop)

04 Erin은 일요일마다 쇼핑해. Erin [   ] every Sunday. (shop)

05 우리는 매일 아침 커피를 마셔. We [   ] coffee every morning. (drink)

B 주어진 단어들을 어순과 문법에 맞게 배열하여 문장을 만들어보세요.

01 나는 저녁마다 뉴스를 봐. (I / every evening / the news / watch)

[   ]

02 Erin은 주말마다 운전을 배워. (Erin / every weekend / to drive / learn)

[   ]

03 우리 언니는 매일 저녁 식사를 걸러. (my sister / every day / dinner / skip)

[   ]

04 태양은 동쪽에서 뜬다. (the sun / in the east / rise)

[   ]

05 우리 아빠는 퇴근 후에 탁구를 치셔. (play / my father / after / table tennis / work)

[   ]

정답 372p

영어 습관

02 일차 안 하는 것 말하기

문법 > 말하기 > 듣기 > 쓰기

🎧 저자 무료 음성 강의

말하기를 위한 기본기 기르기

❗ 문법 POINT 원래 좋아하지 않거나 하지 않는 일들을 말할 때는
단순 현재 시제 부정문

01 '~한다'라는 의미로 현재의 사실이나 습관을 나타내 주는 문장을 '~ 안 한다'라는 부정문으로 만들 때는 일반동사 앞에 don't(= do not)만 넣어주면 돼요.

뛰다 run	안 뛰다 **don't** run
먹다 eat	안 먹다 **don't** eat
움직이다 move	안 움직이다 **don't** move

02 주어가 3인칭 단수이면 일반동사 앞에 doesn't(= does not)를 붙여줘야 해요.
이때 doesn't 뒤에 오는 동사는 원형으로 써줘야 해요.

1인칭 단/복수, 2인칭 단/복수, 3인칭 복수 주어	3인칭 단수 주어
나는/우리는 안 뛰어.	그는 안 뛰어.
I/We **don't run.**	He **doesn't run.**
너는(너네는) 안 먹어.	그녀는 안 먹어.
You **don't eat.**	She **doesn't eat.**
그들은(그것들은) 안 움직여.	그것은 안 움직여.
They **don't move.**	It **doesn't move.**

🎧 원어민 mp3 듣기 [천천히/빠르게]

문법 포인트를 기억하며 우리말 보고 영어로 말하기

01 문장 연습을 하기 위해 필요한 단어들을 먼저 확인하세요.

know	알다	**believe**	믿다	**eat**	먹다
sweets	단 것들, 사탕 및 초콜릿류	**live**	살다	**yell at**	~에게 고함을 지르다
oversleep	늦잠을 자다	**overeat**	과식하다	**watch**	(손목) 시계
work	일하다, 작동하다, 효과가 있다	**medicine**	약	**flattery**	아첨

02 천천히 읽기 4번, 원어민의 속도에 맞춰 빠르게 읽는 연습을 4번 해보세요.

우리말	영어	천천히	빠르게
나는 그를 몰라.	I **don't know** him.	☐☐	☐☐
나는 그를 믿지 않아.	I **don't believe** him.	☐☐	☐☐
그는 단 걸 안 먹어.	He **doesn't eat** sweets.	☐☐	☐☐
우리 부모님은 나랑 같이 안 살아요.	My parents **don't live** with me.	☐☐	☐☐
우리 부모님은 나에게 언성을 높이지 않으세요.	My parents **don't yell** at me.	☐☐	☐☐
Erin은 늦잠을 안 자요.	Erin **doesn't oversleep**.	☐☐	☐☐
Erin은 과식을 안 해요.	Erin **doesn't overeat**.	☐☐	☐☐
내 손목 시계가 멈췄어.	My watch **doesn't work**.	☐☐	☐☐
그 약이 효과가 없어.	The medicine **doesn't work**.	☐☐	☐☐
그의 아부는 안 먹혀.	His flattery **doesn't work**.	☐☐	☐☐

실전 대화 연습! 대화를 듣고 빈칸 채우기

에피소드 01 〉 사진 속 남자를 아는지 물어보는 상황

Erin   Do you ① [＿＿＿＿] this man in the picture?

Jason   No, I ② [＿＿＿＿] him.

Erin   His name is Eric. ③ [＿＿＿＿] a bell?

Jason   Hmm... I really ④ [＿＿＿＿＿＿]. Who is he?

5회 연습 체크 : **1 2** 3 **4** 5   총연습 횟수 : ( )회

에피소드 02 〉 초콜릿을 건네주는 상황

Erin   Hey, you ① [＿＿＿＿] some chocolate?

Jason   Sure! Thanks! Where did you ② [＿＿＿＿] it?

Erin   My brother gave it to me. He ③ [＿＿＿＿] ④ [＿＿＿＿]

and me ⑤ [＿＿＿＿].

Jason   How could you?

5회 연습 체크 : **1 2** 3 **4** 5   총연습 횟수 : ( )회

에피소드 03 〉 시계가 고장난 상황

Jason   My watch ① [＿＿＿＿]. It ② [＿＿＿＿] it's 9 a.m.

Erin   That's funny. It's already getting dark.

Jason   I know. I have to ③ [＿＿＿＿] the battery.

Erin   There's a ④ [＿＿＿＿] repair shop on M Street.

5회 연습 체크 : **1 2** 3 **4** 5   총연습 횟수 : ( )회

잘 들었는지 체크! 우리말 대화를 보고 영어로 말해보기

에피소드 01

정답 ① know ② don't know ③ Ring ④ don't remember

Erin 사진 속 이 남자 알아?

Jason 아니, 모르겠는데.

Erin 이름이 Eric인데. *뭐 떠오르는 거 없어?

Jason 흐음... 정말 기억 안 나는데. 누군데?

* **Ring a bell?** '뭐 떠오르는 거 없어?'라는 뜻으로 어디서 들어본 적이 있거나 낯이 익지 않은 지 묻는 질문이에요. '주어 + ring(s) a bell.' 이렇게 평서문으로 써서 '아, 어디서 들은 것 같은데! 낯이 익은데!' 이런 느낌이죠.

에피소드 02

정답 ① want ② get ③ doesn't eat ④ sweets ⑤ neither

Erin 야, 초콜릿 먹을래?

Jason 아 좋지! 고마워! 어디서 났어?

Erin 남동생이 줬어. 걔 단 거 안 먹거든. *나도 그렇고.

Jason *어떻게 그래?

* **neither** ~도 마찬가지로 아니다 (Me too! '나도 그래!'의 부정문 버전이라고 생각하시면 돼요. '나도 아니거든!'이라는 의미의 'Me neither!'와 'Neither do I!'도 가능해요.)

* **How could you?** 어떻게 그럴 수 있어? (어머, 어쩜 그럴 수가!, 그게 어떻게 가능해?)

에피소드 03

정답 ① doesn't work ② says ③ change ④ watch

Jason 내 시계가 멈췄어. *아침 9시래.

Erin 웃긴다. 벌써 어둑어둑해지고 있는데 말이야.

Jason *내 말이. 배터리 교체해야겠다.

Erin M 스트릿에 시계 수리하는 곳 있어.

* **It says 주어 + 동사** '~라더라'라는 의미로 책이나 모니터에 뜨는 글씨, 혹은 위의 상황처럼 시계를 보면서 시계가 가리키는 시간 등을 말할 때 쓸 수 있어요.

* **I know** 알아, 내 말이 (상대방의 의견에 동의, 공감할 때 써요.)

앞서 연습한 문장을 직접 써보면서 확실하게 내 것으로 만들기

01 그는 단 걸 안 먹어.

02 나는 그를 몰라.

03 내 손목 시계가 멈췄어.

04 우리 부모님은 나에게 언성을 높이지 않으세요.

05 그의 아부는 안 먹혀.

06 Erin은 늦잠을 안 자요.

07 우리 부모님은 나랑 같이 안 살아요.

08 그 약이 효과가 없어.

09 Erin은 과식을 안 해요.

10 나는 그를 믿지 않아.

정답 은 앞 페이지에서 확인하세요!

새로운 문장을 직접 써보면서 학습 마무리

A 주어진 단어로 문장을 완성해 보세요.

01 나는 필라테스를 안 해. I [   ] Pilates. (do)

02 그는 TV를 많이 보지 않아. He [   ] much TV. (watch)

03 우리 엄마는 조미료를 아예 쓰지 않으셔. My mom [   ] seasoning at all. (use)

04 Cooper 씨 부부는 이제 여기 안 살아요. Mr. & Mrs. Cooper [   ] here anymore. (live)

05 그녀는 커피를 안 싫어해. She [   ] coffee. (hate)

B 박스 안에 주어진 단어들 중 하나를 골라 문장을 만들어보세요.

> **trust   work   read   drink   have**

01 나는 애완동물이 없어.

[   ]

02 그 에어컨은 작동하지 않아요.

[   ]

03 Erin은 우유를 안 마셔.

[   ]

04 우리 아들은 책을 전혀 읽지 않아요.

[   ]

05 우리는 당신을 신뢰하지 않아요.

[   ]

정답 372p

영어 습관

03 일차

버릇이나 습관 묻기

문법 〉 말하기 〉 듣기 〉 쓰기

🎧 저자 무료 음성 강의

말하기를 위한 기본기 기르기

❶ 문법 POINT 매일 반복적으로 하는 일들이나 습관들을 물어볼 때는 단순 현재 시제 의문문

01 '너 ~좋아해?'처럼 일반동사의 현재 시제 의문문을 만들 때는 평서문 문장 앞에 Do만 넣어주면 돼요.

너 달리기 빨라?	**Do** you run fast?
우리가 빨리 먹나?	**Do** we eat fast?
걔들은 움직임이 느려?	**Do** they move slowly?

02 주어가 3인칭 단수이면 문장 앞에 Do가 아닌 Does를 붙여줘야 해요.
영어는 이중 변형을 싫어하기 때문에 3인칭 주어 앞에 이미 Do 대신 Does를 붙여줬으니 뒤에 오는 동사는 원형으로 쓰는 것 잊지 마세요.

평서문	의문문
그는 달리기가 빨라.	그는 달리기가 빨라?
He **runs** fast.	**Does** he **run** fast?
그녀는 빨리 먹어.	그녀는 빨리 먹어?
She **eats** fast.	**Does** she **eat** fast?
그건 움직임이 느려.	그거 움직임이 느려?
It **moves** slowly.	**Does** it **move** slowly?

문법 포인트를 기억하며 우리말 보고 영어로 말하기

01 문장 연습을 하기 위해 필요한 단어들을 먼저 확인하세요.

like	좋아하다	**know**	알다	**owe**	빚지다, 신세지다, 덕분이다
have	(일정이) 있다, 가지다	**meeting**	미팅, 회의	**reservation**	예약
under	~아래, ~이름으로	**today**	오늘	**work at/for**	~에서 일하다
belong to	~에 속하다	**do**	(직업으로 어떤 일을) 하다	**teach**	가르치다

02 천천히 읽기 4번, 원어민의 속도에 맞춰 빠르게 읽는 연습을 4번 해보세요.

우리말	영어	천천히	빠르게
너 커피 좋아해?	**Do you like** coffee?	☐☐	☐☐
여기 커피 있나요?	**Do you have** coffee?	☐☐	☐☐
우리 어디서 본 적 있나요? (제가 당신을 아나요?)	**Do I know** you?	☐☐	☐☐
내가 너한테 신세(빚) 진 거 있나?	**Do I owe** you?	☐☐	☐☐
우리 오늘 미팅 있나?	**Do we have a meeting** today?	☐☐	☐☐
우리 오늘 Erin 이름으로 예약되어 있나?	**Do we have a reservation** under Erin today?	☐☐	☐☐
Erin은 시원스쿨에서 일해?	**Does Erin work at/for** Siwon School?	☐☐	☐☐
Erin은 시원스쿨 소속이야?	**Does Erin belong to** Siwon School?	☐☐	☐☐
그녀는 무슨 일을 해요?	What **does she do**?	☐☐	☐☐
그녀는 무엇을 가르쳐요?	What **does she teach**?	☐☐	☐☐

실전 대화 연습! 대화를 듣고 빈칸 채우기

에피소드 01 커피 쿠폰을 건네주는 상황

Jason   ① [＿＿＿＿＿] you like coffee?

Erin   A lot! I ② [＿＿＿＿＿] at least ③ [＿＿＿＿＿＿＿＿] coffee every day.

Jason   Oh, then keep this coupon. You can get one free coffee with it.

Erin   Cool! Thanks! I ④ [＿＿＿＿＿＿＿] go get some coffee!

5회 연습 체크 : **1** **2** **3** **4** **5**   총연습 횟수 : ( )회

에피소드 02 회의가 시작되기 직전의 상황

Jason   ① [＿＿＿＿＿]! Mr. Cooper is coming! Get it together!

Erin   What? Why is he coming? ② [＿＿＿＿＿] we have a meeting today?

Jason   Yes, in ten minutes. You ③ [＿＿＿＿＿] the time.
④ [＿＿＿＿＿] you remember?

Erin   Ugh... How could I arrange the ⑤ [＿＿＿＿＿] right after lunch break?

5회 연습 체크 : **1** **2** **3** **4** **5**   총연습 횟수 : ( )회

에피소드 03 스트레스에 시달리는 누나를 걱정하는 상황

Jason   I'm ① [＿＿＿＿＿] about my sister. She's getting stressed out from work.

Erin   What ② [＿＿＿＿＿] she do?

Jason   She ③ [＿＿＿＿＿] sales work.

Erin   Oh, I heard it's a very stressful job. I ④ [＿＿＿＿＿] for her.

5회 연습 체크 : **1** **2** **3** **4** **5**   총연습 횟수 : ( )회

잘 들었는지 체크! 우리말 대화를 보고 영어로 말해보기

에피소드 01

정답 ① Do ② drink ③ three cups of ④ was about to

Jason	너 커피 좋아해?
Erin	엄청! 나 매일 최소한 세 잔은 마셔.
Jason	오, 그럼 이 쿠폰 가져. 그걸로 커피 한 잔 공짜로 받을 수 있어.
Erin	짱이다! 고마워! 안 그래도 커피 *사러 갈 *참이었는데!

* **be about to 동사** 막 ~하려고 하다, ~할락 말락 하다
* **go get** 가지러/사러/받으러/얻으러 가다

에피소드 02

정답 ① Get up ② Do ③ set ④ Don't ⑤ meeting

Jason	일어나! Cooper 씨 오신대! *정신 좀 차려!
Erin	뭐? 그분이 왜 오셔? 우리 오늘 미팅 있나?
Jason	응, 10분 뒤에. 그 시간 네가 정한 거잖아. 기억 안 나?
Erin	윽... 내가 어떻게 점심시간 *직후에 회의를 잡을 생각 했지?

* **Get it together!** 정신 차려! (뭔가를 잘 해낼 때도 쓸 수 있지만 마음을 진정시키거나 딴 생각하는 사람에게 말할 때도 쓸 수 있어요.)
* **right after** 직후에 ('직전에'는 right before로 써요.)

에피소드 03

정답 ① worried ② does ③ does ④ feel sorry

Jason	우리 누나가 걱정이야. 직장에서 스트레스를 너무 많이 받나 봐.
Erin	무슨 일하시는데?
Jason	영업직이야.
Erin	오, 그거 스트레스 많이 받는 직업이라던데. *안쓰럽다.

* **sorry** 미안한, 유감인, 안쓰러운, 안타까운 (영어는 한국어처럼 다양한 감정의 형용사가 없어요. sorry는 그냥 사과할 때만 쓰는 형용사가 아니고 내 마음이 불편할 때마다 꺼내 쓰시면 돼요!)

앞서 연습한 문장을 직접 써보면서 확실하게 내 것으로 만들기

01 여기 커피 있나요?

02 내가 너한테 신세(빚) 진 거 있나?

03 Erin은 시원스쿨 소속이야?

04 우리 오늘 미팅 있나?

05 너 커피 좋아해?

06 우리 어디서 본 적 있나요? (제가 당신을 아나요?)

07 그녀는 무엇을 가르쳐요?

08 우리 오늘 Erin 이름으로 예약되어 있나?

09 Erin은 시원스쿨에서 일해?

10 그녀는 무슨 일을 해요?

정답 은 앞 페이지에서 확인하세요!

새로운 문장을 직접 써보면서 학습 마무리

A 주어진 단어로 문장을 완성해 보세요.

01 너 Erin 알아? ☐ you ☐ Erin? (know)

02 그들은 Erin 수업 들어? ☐ they ☐ Erin's class? (take)

03 그는 영어를 배워? ☐ he ☐ English? (learn)

04 너희 가족은 아침을 먹니? ☐ your family ☐ breakfast? (have)

05 너 John을 믿니? ☐ you ☐ John? (believe)

B 박스 안에 주어진 단어들 중 하나를 골라 문장을 만들어보세요.

> hate   enjoy   go to church   teach   smoke

01 너 담배 펴?

☐

02 너 교회 다녀?

☐

03 Erin은 수박 싫어하지?

☐

04 매운 음식을 즐겨 드시나요?

☐

05 그녀는 영어를 가르쳐?

☐

정답 372p

예전에 있었던 일 말하기

문법 > 말하기 > 듣기 > 쓰기

🎧 저자 무료 음성 강의

말하기를 위한 기본기 기르기

❗ 문법 POINT   과거에 있었던 일들을 말할 때는 단순 과거 시제 평서문

01 이미 벌어진 일, 과거의 상태나 상황을 말할 때 과거 시제를 써요.

> 나는 레고를 좋아했어. I **liked** LEGO.
>
> 나는 D.C.에서 살았어. I **lived** in D.C.
>
> 나는 대학에서 프랑스어를 공부했어. I **studied** French at university.

02 동사의 과거 시제는 동사 뒤에 -d나 -ed를 붙여서 만드는 규칙 변형과 암기가 필요한 불규칙 변형이 있어요.

규칙 변형 -(e)d	불규칙 변형
like – **liked** – liked	A–B–B 타입: have – **had** – had
live – **lived** – lived	A–B–C 타입: break – **broke** – broken
study – **studied** – studied	A–A–A– 타입: put – **put** – put

* 동사의 3단 변화는 동사의 '현재형(원형) – 과거형 – 과거분사형' 변형을 뜻하고, 과거형은 3단 변화에서 두 번째 에 있는 단어예요.

* study처럼 '자음 + y'로 끝나는 동사는 y를 i로 바꾼 후에 -ed를 붙여요.

03 과거 시제는 주어가 3인칭 단수여도 동사 뒤에 -s나 -es를 붙이지 않아요.

> 그는 레고를 좋아했어. He **liked** LEGO.
>
> 그녀는 D.C.에서 살았어. She **lived** in D.C.
>
> Erin은 대학에서 프랑스어를 공부했어. Erin **studied** French at university.

🎧 원어민 mp3 듣기 (천천히/빠르게)

문법 포인트를 기억하며 우리말 보고 영어로 말하기

01 문장 연습을 하기 위해 필요한 단어들을 먼저 확인하세요.

break up	부서지다, 끝이 나다	**ago**	(얼마의 시간) 전에	**get up**	일어나다
early	일찍	**go to bed**	자러 가다	**drink**	술을 마시다
buy	사다	**sell**	팔다	**wake up**	일어나다
in the middle of	~의 가운데에	**leave**	떠나다	**call**	전화하다

02 천천히 읽기 4번, 원어민의 속도에 맞춰 빠르게 읽는 연습을 4번 해보세요.

우리말	영어	천천히	빠르게
걔들 이틀 전에 깨졌어.	They **broke up** two days ago.	☐☐	☐☐
나 일찍 일어났어.	I **got up** early.	☐☐	☐☐
나 일찍 자러 갔어.	I **went to bed** early.	☐☐	☐☐
우리 어젯밤에 술 마셨어.	We **drank** last night.	☐☐	☐☐
나 새 차 한 대 뽑았어.	I **bought** a new car.	☐☐	☐☐
나 새 차를 팔았어.	I **sold** a new car.	☐☐	☐☐
그녀는 지난달에 뉴욕 갔어.	She **went to** New York last month.	☐☐	☐☐
Erin은 한밤중에 깼어.	Erin **woke up** in the middle of the night.	☐☐	☐☐
Erin은 한밤중에 집을 나섰어.	Erin **left** the house in the middle of the night.	☐☐	☐☐
Erin이 한밤중에 나한테 전화했어.	Erin **called** me in the middle of the night.	☐☐	☐☐

 🎧 대화문 듣기 (천천히/빠르게)

실전 대화 연습! 대화를 듣고 빈칸 채우기

에피소드 01 〉 저녁 모임 참석 인원에 대해 이야기하는 상황

Erin　So, ① _____ people are coming ② _____ tonight?

Jason　Only three. Joy, you, and me.

Erin　What about Sean? Isn't he seeing Joy?

Jason　They ③ _____ two days ago. Do not even ④ _____.

5회 연습 체크 : **1** **2** **3** **4** **5**　　총연습 횟수 : (　)회

에피소드 02 〉 전날 밤 과음한 친구와 이야기하는 상황

Erin　You look tired today. ① _____?

Jason　I ② _____ Jake. We ③ _____ last night.

Erin　Do you have a terrible ④ _____?

Jason　Yes, I ⑤ _____ vomiting.

5회 연습 체크 : **1** **2** **3** **4** **5**　　총연습 횟수 : (　)회

에피소드 03 〉 오랜만에 만나 안부를 물어보는 상황

Jason　Long time no see! How ① _____?

Erin　I've been doing great! How about you?

Jason　Can't be ② _____. How's your sister doing? Do you still live with her?

Erin　No, she ③ _____ to New York ④ _____.
　　　　She ⑤ _____ a job there.

5회 연습 체크 : **1** **2** **3** **4** **5**　　총연습 횟수 : (　)회

잘 들었는지 체크! 우리말 대화를 보고 영어로 말해보기

에피소드 01

정답   ① how many ② for dinner ③ broke up ④ bring him up

Erin	그럼 오늘 저녁 식사에 몇 명이나 오는 거야?
Jason	딱 세 명. Joy, 너 그리고 나.
Erin	Sean은 어쩌고? 걔 Joy랑 *사귀지 않아?
Jason	걔네 이틀 전에 깨졌어. 걔 얘기는 *말도 꺼내지 마.

* **be seeing** ~와 사귀는 중이다 (= be dating, be going out with)
* **bring up** 말을 꺼내다, 화두에 올리다 (= mention)

에피소드 02

정답   ① What happened ② met ③ drank ④ hangover ⑤ feel like

Erin	너 오늘 피곤해 *보인다. 무슨 일 있어?
Jason	Jake 만나서 어젯밤에 한잔했거든.
Erin	숙취가 심하니?
Jason	응, *토할 거 같아.

* **look** ~하게 보이다 (한국에서는 상대방에게 피곤해 보인다는 말을 자주 쓰지만 영어권 국가에서는 간혹 무례해 보일 수 있으니 정말 친한 사이에서만 써주세요!)
* **feel like 동사ing** ~하고 싶다, ~할 것 같다

에피소드 03

정답   ① have you been ② better ③ went ④ last month ⑤ got

Jason	이게 얼마만이야! *그동안 잘 지냈어?
Erin	난 잘 지내고 있지! 넌?
Jason	*엄청 잘 지내! 너네 언니는 어때? 아직 같이 살아?
Erin	아니, 언니 지난달에 뉴욕 갔어. 거기서 취직했거든.

* **How have you been?** 그동안 어떻게 지냈어? (오랜만에 만난 사람에게 안부, 근황을 묻는 질문이에요. How are you? 라고 물어도 좋아요~)
* **Can't be better!** 엄청 잘 지내! (= Couldn't be better! 직역하면 '이보다 더 좋을 순 없다!'라는 뜻이에요.)

앞서 연습한 문장을 직접 써보면서 확실하게 내 것으로 만들기

01 걔들 이틀 전에 깨졌어.

02 Erin은 한밤중에 집을 나섰어.

03 나 일찍 일어났어.

04 Erin이 한밤중에 나한테 전화했어.

05 나 새 차 한 대 뽑았어.

06 Erin은 한밤중에 깼어.

07 우리 어젯밤에 술 마셨어.

08 나 새 차를 팔았어.

09 나 일찍 자러 갔어.

10 그녀는 지난달에 뉴욕 갔어.

정답 은 앞 페이지에서 확인하세요!

새로운 문장을 직접 써보면서 학습 마무리

A 주어진 단어로 문장을 완성해 보세요.

01 우리는 첫 눈에 사랑에 빠졌어. We ⬚⬚⬚ at first sight. (fall in love)

02 미안. 깜빡했지 뭐야. Sorry. It ⬚⬚⬚ my mind. (slip)

03 석 달 동안 Erin의 수업을 들었어요. I ⬚⬚⬚ Erin's class for three months. (take)

04 그가 날 열받게 했어. He ⬚⬚⬚ me crazy. (drive)

05 그들은 어제 베이징으로 떠났어. They ⬚⬚⬚ Beijing yesterday. (leave for)

B 박스 안에 주어진 단어들 중 하나를 골라 문장을 만들어보세요.

pay for call feel like have know

01 난 다 알고 있었지.

⬚⬚⬚

02 토할 것 같았어.

⬚⬚⬚

03 Erin은 숙취가 심했어요.

⬚⬚⬚

04 사장님이 점심값을 내주셨어요.

⬚⬚⬚

05 그녀는 오늘 아침에 나한테 전화를 했어.

⬚⬚⬚

정답 372p

예전에 안 했던 일 말하기

문법 말하기 듣기 쓰기

🎧 저자 무료 음성 강의

말하기를 위한 기본기 기르기

❗ 문법 POINT 과거에 하지 않았던 일들을 말할 때는 단순 과거 시제 부정문

01 '안 했다'라는 과거 시제 부정문을 만들 때는 일반동사 앞에 didn't(= did not)만 넣어주면 돼요.

나는 레고를 안 좋아했었어. I **didn't like** LEGO.

나는 D.C.에서 안 살았어. I **didn't live** in D.C.

나는 대학에서 프랑스어를 공부하지 않았어. I **didn't study** French at university.

02 과거 시제 부정문은 주어가 3인칭 단수이든 아니든 don't나 doesn't로 구분 없이 무조건 didn't예요. 그리고 didn't 뒤의 동사는 과거형 말고 무조건 동사원형이 와요.

1인칭 단/복수, 2인칭 단/복수, 3인칭 복수 주어	3인칭 단수 주어
나는/우리는 안 뛰었어.	그는 안 뛰었어.
I/We **didn't run**.	He **didn't run**.
너는(너네는) 안 먹었어.	그녀는 안 먹었어.
You **didn't eat**.	She **didn't eat**.
그들은(그것들은) 안 움직였어.	그것은 안 움직였어.
They **didn't move**.	It **didn't move**.

문법 포인트를 기억하며 우리말 보고 영어로 말하기

01 문장 연습을 하기 위해 필요한 단어들을 먼저 확인하세요.

attend	참석하다, 참여하다	**go to work**	출근하다	**anything**	(부정문에서) 아무것도
today	오늘	**tell**	말하다	**rain**	비가 오다
break	깨다	**steal**	훔치다	**catch, get**	잡다, 이해하다
ask	묻다	**call**	전화하다	**be drunk**	취하다

02 천천히 읽기 4번, 원어민의 속도에 맞춰 빠르게 읽는 연습을 4번 해보세요.

		천천히 / 빠르게
사장님이 회의에 참석하지 않으셨어.	My boss **didn't attend** the meeting.	
사장님이 출근을 하지 않으셨어.	My boss **didn't go to work**.	
나 오늘 아무것도 안 먹었어.	I **didn't eat** anything today.	
나 오늘 너한테 아무 말도 안 했어.	I **didn't tell** you anything today.	
어제는 비가 오지 않았어.	It **didn't rain** yesterday.	
그 소년은 창문을 깨지 않았어요.	The boy **didn't break** the window.	
그 소년은 그 돈을 훔치지 않았어요.	The boy **didn't steal** the money.	
무슨 말씀이신지 이해를 못 했어요.	I **didn't catch/get** you.	
나 너한테 안 물어봤어.	I **didn't ask** you.	
난 너한테 술 취해서 전화한 게 아니었어.	I **didn't call** you when I was drunk.	

실전 대화 연습! 대화를 듣고 빈칸 채우기

에피소드 01 바빠서 종일 굶고 집에 온 친구와 이야기하는 상황

Jason I'm ① [   ] work these days.

Erin Poor you. I think you've ② [   ].

Jason Yeah... I ③ [   ] anything today.

Erin Oh, no. I'll ④ [   ] you some sandwiches.

5회 연습 체크 : ① ② ③ ④ ⑤   총연습 횟수 : (   )회

에피소드 02 우산을 빌리는 상황

Jason It's ① [   ] outside.

Erin Really? Do you have an ② [   ] umbrella?
I ③ [   ] mine yesterday.

Jason Why did you take it with you? It ④ [   ] yesterday.

Erin The weather forecast said it would rain.

5회 연습 체크 : ① ② ③ ④ ⑤   총연습 횟수 : (   )회

에피소드 03 계약서에 대해 이야기하는 상황

Jason We have to ① [   ] the contract with our legal team.

Erin Sorry? I ② [   ] you.

Jason ③ [   ] we have to ④ [   ] the contract for legal problems.

Erin Oh, okay. I see.

5회 연습 체크 : ① ② ③ ④ ⑤   총연습 횟수 : (   )회

잘 들었는지 체크! 우리말 대화를 보고 영어로 말해보기

에피소드 01

정답   ① up to my neck in ② lost weight ③ didn't eat ④ make

Jason	요즘에 *일이 너무 많아서 죽겠어.
Erin	고생이 많다. 너 *살도 좀 빠진 거 같아.
Jason	맞아. 나 오늘 아무것도 안 먹었어.
Erin	이럴 수가. 내가 샌드위치 좀 만들어 줄게.

* **be up to one's neck in** ~이 엄청나게 차 있다 (직역하면 '~이 목까지 차올랐다'로 '일에 치여 죽겠다'
처럼 뭔가 정도 이상으로 많이 쌓여 있을 때 써요.)

* **lose weight** 살이 빠지다 (반대로 '살이 찌다'는 gain weight예요.)

에피소드 02

정답   ① pouring ② extra ③ lost ④ didn't even rain

Jason	밖에 비 엄청나게 쏟아진다.
Erin	진짜? 너 여분 우산 있어? 내건 어제 잃어버렸거든.
Jason	왜 *가지고 나갔어? 어젠 비도 안 왔었는데.
Erin	일기예보에서 비 온다고 했었단 말이야.

* **take 무엇 with 누구** ~을 가지고 가다 (with 이하는 꼭 쓰지 않아도 돼요.)
* **even** 심지어, ~도

에피소드 03

정답   ① go over ② didn't catch ③ I mean ④ review

Jason	우리 법률팀과 계약서를 다시 *검토해야겠어요.
Erin	네? 무슨 말씀이신지 이해를 못 했어요.
Jason	*제 말은 법적인 문제가 없는지 계약서를 다시 검토해야 한다는 뜻이에요.
Erin	아, 네. 알겠습니다.

* **go over** 검토하다 (= review)
* **I mean 주어 + 동사** (제 말은) ~이라는 뜻이에요

앞서 연습한 문장을 직접 써보면서 확실하게 내 것으로 만들기

01 그 소년은 그 돈을 훔치지 않았어요.

02 나 오늘 너한테 아무 말도 안 했어.

03 사장님이 회의에 참석하지 않으셨어.

04 어제는 비가 오지 않았어.

05 나 오늘 아무것도 안 먹었어.

06 그 소년은 창문을 깨지 않았어요.

07 사장님이 출근을 하지 않으셨어.

08 난 너한테 술 취해서 전화한 게 아니었어.

09 무슨 말씀이신지 이해를 못 했어요.

10 나 너한테 안 물어봤어.

정답 은 앞 페이지에서 확인하세요!

새로운 문장을 직접 써보면서 학습 마무리

A 주어진 단어로 문장을 완성해 보세요.

01 눈치를 못 챘어. I [   ]. (notice)

02 우리 이거 주문 안 했는데요. We [   ] this. (order)

03 그는 이틀 동안 말을 안 했어. He [   ] for two days. (speak)

04 우리 네 얘기 안 했는데. We [   ] about you. (talk)

05 나는 그 공을 잡지 못했어. I [   ] the ball. (catch)

B 박스 안에 주어진 단어들 중 하나를 골라 문장을 만들어보세요.

go   do   snow   have   take

01 나 숙제를 안 했어.

[   ]

02 그는 아무것도 없었어요.

[   ]

03 그들은 아무데도(anywhere) 가지 않았어요.

[   ]

04 그거 우리가 안 가져갔어.

[   ]

05 지난달에는 눈이 오지 않았어.

[   ]

정답 372p

문법 〉 말하기 〉 듣기 〉 쓰기

🎧 저자 무료 음성 강의

말하기를 위한 기본기 기르기

❗ **문법 POINT** 과거의 일들을 물어볼 때는 단순 과거 시제 의문문

01 과거의 상태나 상황에 대해 물어볼 때는 주어와 상관없이 무조건 Did만 넣어주면 돼요. 주어에 따라 Do나 Does를 썼던 현재 시제 의문문과는 달라요!

현재 시제 의문문	과거 시제 의문문
넌 달리기가 빨라?	넌 달리기가 빨랐었어?
Do you **run** fast?	**Did** you **run** fast?
그녀가 빨리 먹나?	그녀가 빨리 먹었었나?
Does she eat fast?	**Did** she eat fast?
그건 움직임이 느려?	그게 움직임이 느렸었나?
Does it move slowly?	**Did** it **move** slowly?

* 이때 주의! 영어는 이중 변형을 싫어한댔죠? 이미 앞에 Do와 Does의 과거형 Did를 붙여줬으니 뒤에 오는 동사는 과거형 말고 무조건 **동사원형**으로!

문법 포인트를 기억하며 우리말 보고 영어로 말하기

01 문장 연습을 하기 위해 필요한 단어들을 먼저 확인하세요.

know	알다	**say**	(말하는 내용에 집중) 말하다	**do one's homework**	숙제하다
send in	제출하다	**tell**	(말하는 대상과 내용에 초점) 말하다	**text**	문자를 보내다
leave	~을 남기다	**message**	메시지	**phone number**	전화번호
where	어디에서	**grow up**	자라다, 성장하다	**go to school**	학교를 다니다

02 천천히 읽기 4번, 원어민의 속도에 맞춰 빠르게 읽는 연습을 4번 해보세요.

		천천히	빠르게
너 그거 알았어?	**Did you know** it?	☐☐	☐☐
네가 그 말을 했어?	**Did you say** it?	☐☐	☐☐
너네 숙제했어?	**Did you do** (your) homework?	☐☐	☐☐
너네 숙제 제출했어?	**Did you send in** your homework?	☐☐	☐☐
내가 너한테 말했었나?	**Did I tell** you?	☐☐	☐☐
내가 너한테 문자 보냈었나?	**Did I text** you?	☐☐	☐☐
그녀가 메모 남긴 거 없어?	**Did she leave** a message?	☐☐	☐☐
그녀가 전화번호 남겼어?	**Did she leave** her phone number?	☐☐	☐☐
Erin은 어디서 자랐어?	Where **did Erin grow up**?	☐☐	☐☐
Erin은 어디에서 학교 다녔어?	Where **did Erin go** to school?	☐☐	☐☐

실전 대화 연습! 대화를 듣고 빈칸 채우기

에피소드 01   Joe의 근황에 대해 이야기하는 상황

Jason   I heard Joe ① [   ] his job and ② [   ] a cafe downtown!

Erin   Oh, yes, he did. I ③ [   ] his cafe last weekend.

Jason   ④ [   ] that? Why didn't you tell me?

Erin   I didn't know you're ⑤ [   ] to him.

5회 연습 체크 : **1 2 3 4 5**   총연습 횟수 : ( )회

에피소드 02   숙제를 하기 싫어하는 친구와 대화하는 상황

Erin   ① [   ] your homework?

Jason   Of course I did. It ② [   ] over an hour.

Erin   Do you think our professor will ③ [   ] me if I don't do it?

Jason   ④ [   ], yes.

5회 연습 체크 : **1 2 3 4 5**   총연습 횟수 : ( )회

에피소드 03   잠시 자리를 비웠던 동료와 대화하는 상황

Jason   Ms. Kim ① [   ] while you were out.

Erin   Oh, yeah? ② [   ] she ③ [   ] a message?

Jason   No, she just said she would ④ [   ] in an hour.

Erin   Thanks for ⑤ [   ] the call.

5회 연습 체크 : **1 2 3 4 5**   총연습 횟수 : ( )회

잘 들었는지 체크! 우리말 대화를 보고 영어로 말해보기

에피소드 01

정답　① quit ② opened ③ dropped by ④ Did you know ⑤ close

Jason	Joe가 일 그만두고 시내에 카페를 *열었대!
Erin	응, 맞아. 나 지난 주말에 걔 카페 *들렀었어.
Jason	너 알고 있었어? 왜 나한테 말 안 했어?
Erin	네가 걔랑 친한 줄 몰랐지.

* **I heard 주어 + 동사** ~라더라(누군가의 말을 인용하거나 들은 이야기를 전달할 때 써요.)
* **drop by** 들르다 (= stop by)

에피소드 02

정답　① Did you do ② took ③ kill ④ I bet

Erin	너 숙제했어?
Jason	당연히 했지. 한 시간 넘게 걸렸어.
Erin	내가 그거 *안 하면 교수님이 나 죽이실 거 같아?
Jason	*그러고도 남지.

* **if 주어 + 동사** ~하면, ~이면 (if는 '~라면'이라는 조건 혹은 '만약 ~이라면'이라는 가정을 나타낼 수 있어요.)
* **I bet** 내가 장담하는데 분명 ~일 거야
　　　(bet은 동사로 쓰일 때 '돈을 걸다' 혹은 '~임이 틀림없다'라는 확신을 나타내요.)

에피소드 03

정답　① called ② Did ③ leave ④ call back ⑤ answering

Jason	너 *자리 비웠을 때 Kim 씨 전화 왔었어.
Erin	아, 그래? 메모 남긴 거 있어?
Jason	아니, 그냥 한 시간 뒤에 다시 전화할 거랬어.
Erin	*전화 대신 받아줘서 고마워.

* **be out** 자리를 비우다
* **Thanks for 동사ing** ~해주어서 고마워요
* **answer the call** 전화를 받다 (answer 대신 take도 쓸 수 있어요.)

앞서 연습한 문장을 직접 써보면서 확실하게 내 것으로 만들기

01 너네 숙제했어?

02 내가 너한테 말했었나?

03 너 그거 알았어?

04 Erin은 어디에서 학교 다녔어?

05 너네 숙제 제출했어?

06 그녀가 메모 남긴 거 없어?

07 Erin은 어디서 자랐어?

08 내가 너한테 문자 보냈었나?

09 네가 그 말을 했어?

10 그녀가 전화번호 남겼어?

정답 은 앞 페이지에서 확인하세요!

새로운 문장을 직접 써보면서 학습 마무리

A 주어진 단어로 문장을 완성해 보세요.

01 네가 내 피자 다 먹었니? [   ] you [   ] all my pizza? (eat)

02 결혼식 날짜는 잡았어? [   ] you [   ] the date for the wedding? (fix 또는 set)

03 그가 뭐래? What [   ] he [   ]? (say)

04 그 반응이 어땠어? How [   ] he [   ]? (react)

05 너 일정 확인했어? [   ] you [   ] your schedule? (check)

B 박스 안에 주어진 단어들 중 하나를 골라 문장을 만들어보세요.

skip   take a shower   save   work overtime   forget

01 너 그 파일 저장했어?

[   ]

02 네 남자친구가 네 생일을 까먹었다구?

[   ]

03 Erin은 어제 야근했나?

[   ]

04 너 샤워했어?

[   ]

05 너 아침 안 먹었어?

[   ]

정답 372p

문법 〉 말하기 〉 듣기 〉 쓰기

🎧 저자 무료 음성 강의

말하기를 위한 기본기 기르기

❗ 문법 POINT 미래의 일들을 말하거나 약속할 때는
단순 미래 시제 평서문

01 '~할 거야'라는 미래의 일을 말할 때 동사 앞에 will을 붙여서 나타내요.
그리고 주어에 상관없이 will 뒤에는 언제나 동사원형을 써요.

   ✏️ 앞으로 일어날 일들이나 일어났으면 하는 일들

내일 비가 올 거야. It **will rain** tomorrow.

나 내년에 스무살이 돼요. I **will turn** twenty next year.

우리 팀이 우승을 할 거야. My team **will win** the game.

   ✏️ '~할게' 라는 약속 또는 의지를 나타낼 때

내가 나중에 전화할게. I **will call** you later.

난 널 영원히 사랑할 거야. I **will love** you forever.

나 영어 공부 열심히 할 거야. I **will study** English hard.

02 will은 'll로 주어와 축약이 가능해요!

주어	단수	복수
1인칭	I'll turn twenty next year.	We'll turn twenty next year.
2인칭	You'll turn twenty next year.	You'll turn twenty next year.
3인칭	He'll turn twenty next year. She'll turn twenty next year. It'll turn twenty next year.	They'll turn twenty next year.

🎧 원어민 mp3 듣기 [천천히/빠르게]

문법 포인트를 기억하며 우리말 보고 영어로 말하기

01 문장 연습을 하기 위해 필요한 단어들을 먼저 확인하세요.

do one's best	최선을 다하다	**enter**	들어가다	**university**	대학
start+동사ing	~을 시작하다	**rain**	비가 오다	**clear up**	(날씨가) 개다
snow	눈이 오다	**take +기간+off**	~의 시간을 내다	**day off**	(일을) 쉬는 날
have (= get, take)	~로 주문하다	**beef**	소고기	**do**	하다

02 천천히 읽기 4번, 원어민의 속도에 맞춰 빠르게 읽는 연습을 4번 해보세요.

		천천히	빠르게
난 최선을 다할 거야.	I'll **do** my best.	☐☐ ☐☐	☐☐ ☐☐
난 내가 할 수 있는 모든 걸 다할 거야.	I'll **do** all I can.	☐☐ ☐☐	☐☐ ☐☐
저는 내년에 대학에 들어가요.	I'll **enter** university next year.	☐☐ ☐☐	☐☐ ☐☐
저는 내년에 일을 시작할 거예요.	I'll **start** working next year.	☐☐ ☐☐	☐☐ ☐☐
내일 비가 올 거야.	It'll **rain** tomorrow.	☐☐ ☐☐	☐☐ ☐☐
내일 날이 갤 거야.	It'll **clear up** tomorrow.	☐☐ ☐☐	☐☐ ☐☐
내일 눈이 올 거야.	It'll **snow** tomorrow.	☐☐ ☐☐	☐☐ ☐☐
Erin은 월차 쓸 거야.	Erin **will take a day off**.	☐☐ ☐☐	☐☐ ☐☐
저 소고기로 할게요.	I'll **have** beef.	☐☐ ☐☐	☐☐ ☐☐
그거 제가 할게요.	I'll **do** it.	☐☐ ☐☐	☐☐ ☐☐

실전 대화 연습! 대화를 듣고 빈칸 채우기

에피소드 01 중요한 대회를 앞둔 친구와 대화하는 상황

Jason What are you doing?

Erin I'm ① _____ for the English speech ② _____.

Jason When is your ③ _____?

Erin It's tomorrow. ④ _____ my best.

5회 연습 체크 : **1** **2** **3** **4** **5**   총연습 횟수 : ( )회

에피소드 02 내일 날씨에 대해 이야기하는 상황

Erin What will the ① _____ be like tomorrow?

Jason ② _____ tomorrow.

Erin ③ _____, I'd rather ④ _____ the ball game.

Jason Check the amount of rain before cancelling it, ⑤ _____.

5회 연습 체크 : **1** **2** **3** **4** **5**   총연습 횟수 : ( )회

에피소드 03 기내에서 주문을 받는 상황

Erin Excuse me, sir. ① _____ would you rather have – ② _____ or chicken?

Jason ③ _____.

Erin ④ _____?

Jason I'm good. Thanks.

5회 연습 체크 : **1** **2** **3** **4** **5**   총연습 횟수 : ( )회

잘 들었는지 체크! 우리말 대화를 보고 영어로 말해보기

에피소드 01

정답　① practicing ② contest ③ big day ④ I'll do

Jason	뭐 해?
Erin	영어 말하기 대회 대비해서 연습하고 있어.
Jason	*대회가 언젠데?
Erin	내일이야. 난 최선을 다할 거야.

* **big day** 중요한 날 (결혼을 앞둔 사람에게는 결혼식 날짜, 면접을 앞두고 있는 사람에게는 면접보는 날짜처럼 빅 이벤트가 있는 중요한 날을 의미해요!)

에피소드 02

정답　① weather ② It'll rain ③ If so ④ cancel ⑤ just in case

Erin	내일 날씨가 어떨까?
Jason	내일 비가 올 거야.
Erin	그럼 내일 야구 경기 취소해야겠네.
Jason	*혹시 모르니까 취소하기 전에 *강수량을 확인해 봐.

* **amount of** ~의 양
* **just in case** 혹시 모르니까

에피소드 03

정답　① Which ② beef ③ I'll have beef ④ Any drinks

Erin	소고기와 닭요리 중에 *어떤 걸로 하시겠어요?
Jason	저는 소고기로 할게요.
Erin	음료는요?
Jason	*괜찮아요. 감사합니다.

* **would rather 동사** ~하겠다
* **I'm good.** 괜찮아요. (= No thank you, No thanks, I'm fine.)

앞서 연습한 문장을 직접 써보면서 확실하게 내 것으로 만들기

01 난 내가 할 수 있는 모든 걸 다할 거야.

02 난 최선을 다할 거야.

03 내일 날이 갤 거야.

04 Erin은 월차 쓸 거야.

05 그거 제가 할게요.

06 저는 내년에 대학에 들어가요.

07 내일 비가 올 거야.

08 저 소고기로 할게요.

09 내일 눈이 올 거야.

10 저는 내년에 일을 시작할 거예요.

정답 은 앞 페이지에서 확인하세요!

새로운 문장을 직접 써보면서 학습 마무리

A 주어진 단어로 문장을 완성해 보세요.

01 Erin은 최선을 다할 거야. Erin [   ] her best. (do)

02 이번 주말에 폭우가 쏟아질 거야. It [   ] this weekend. (pour 또는 rain heavily)

03 나는 널 기다릴 거야. I [   ] for you. (wait)

04 너도 알게 될 거야. You [   ]. (see)

05 나는 일찍 갈 거야. I [   ] early. (go)

B 박스 안에 주어진 단어들 중 하나를 골라 문장을 만들어보세요.

sell   cut down on   set   save   study

01 나 공부 아주 열심히 할 거야.

[   ]

02 나 알람 맞출 거야.

[   ]

03 우리 술 줄일 거야.

[   ]

04 Erin은 그 차를 팔 거야.

[   ]

05 나는 돈을 아낄 거야.

[   ]

정답 372p

앞으로 하지 않을 일 말하기

문법 > 말하기 > 듣기 > 쓰기

🎧 저자 무료 음성 강의

말하기를 위한 기본기 기르기

❗ 문법 POINT 더 이상 안 하겠다고 약속하거나 미래에 일어나지 않을 일들을 말할 때는 단순 미래 시제 부정문

01 동사원형 앞에 will not만 붙여주면 '~하지 않을 거다'라는 미래 시제 부정문을 만들 수 있어요.

미래 시제 평서문	미래 시제 부정문
비가 올 거야	비가 안 올 거야
will rain	**will not** rain
이길 거야	이기지 않을 거야
will beat	**will not** beat
잊을 거야	잊지 않을 거야
will forget	**will not** forget

* will not은 won't [워운ㅌ]로 축약 가능해요.
* 부정문일 때도 마찬가지로 3인칭 단수 주어가 와도 won't (= will not) 뒤에는 언제나 동사원형을 써줘요.

02 미래 시제 부정문으로 '미래에 일어나지 않을 일, 안 하겠다는 약속이나 의지'에 대해 말할 수 있어요.

✏️ 앞으로 일어나지 않을 일이나 일어나지 않았으면 하는 일들

내일 비가 안 올 거야. It **will not** rain tomorrow.

걔네는 우리를 이기지 않을 거야. They **will not** beat us.

✏️ '~안 그럴게'처럼 안 하겠다는 약속 또는 의지를 나타낼 때

난 널 잊지 않을 거야. I **will not** forget you.

문법 포인트를 기억하며 우리말 보고 영어로 말하기

01 문장 연습을 하기 위해 필요한 단어들을 먼저 확인하세요.

back down 후퇴하다, 물러나다	**back out** (하던 일이나 하기로 했던 일에서) 빠지다	**tell** (말하는 대상과 내용에 초점) 말하다	
anyone 아무, 누구	**fool** 속이다, 기만하다	**let 누구 down** 실망시키다	
never 결코/절대 ~않다	**forgive** 용서하다	**regret** 후회하다	
remember 기억하다	**fail** 실패하다, 기대를 등지다	**betray** 배신하다	

02 천천히 읽기 4번, 원어민의 속도에 맞춰 빠르게 읽는 연습을 4번 해보세요.

우리말	영어	천천히	빠르게
난 물러서지 않겠어.	I won't back down.	☐☐	☐☐
난 여기서 발 빼지 않을 거야.	I won't back out.	☐☐	☐☐
아무에게도 말하지 않을게.	I won't tell anyone.	☐☐	☐☐
Erin이 날 속이지는 않을 거야.	Erin won't fool me.	☐☐	☐☐
Erin이 날 실망하게 하지는 않을 거야.	Erin won't let me down.	☐☐	☐☐
널 결코 용서하지 않겠어.	I'll never forgive you.	☐☐	☐☐
결코 후회하지 않으실 거예요.	You'll never regret it.	☐☐	☐☐
결코 기억하지 못할 거예요.	You'll never remember it.	☐☐	☐☐
걱정하지 마. 널 실망하게 하지 않을 테니.	Don't worry. I won't fail you.	☐☐	☐☐
걱정하지 마. 널 배신하지 않을 테니.	Don't worry. I won't betray you.	☐☐	☐☐

🎧 대화문 듣기 (천천히/빠르게)

실전 대화 연습! 대화를 듣고 빈칸 채우기

에피소드 01 미팅이 끝난 후 동료끼리 대화하는 상황

Erin How did your meeting go?

Jason It didn't ① _____ . My manager ② _____ my opinion again.

Erin You know he ③ _____ his juniors.

Jason I ④ _____ . Bring it on!

5회 연습 체크 : 1 2 3 4 5   총연습 횟수 : ( )회

에피소드 02 새로 생긴 레스토랑에 대해 이야기하는 상황

Erin ① _____ you went to the new restaurant yesterday. How did you like it?

Jason It was so great. I ② _____ the best steak of my life.

Erin Really? I ③ _____ it.

Jason ④ _____ try the aged ribeye steak! ⑤ _____ regret it.

5회 연습 체크 : 1 2 3 4 5   총연습 횟수 : ( )회

에피소드 03 한 학생이 무서운 교수님을 뵈러 온 상황

Erin ① _____ .

Jason Good morning, professor. I was told to ② _____ you.

③ _____ anything wrong?

Erin Ha ha. Don't worry. I ④ _____ . Come ⑤ _____ .

Jason Okay.

5회 연습 체크 : 1 2 3 4 5   총연습 횟수 : ( )회

잘 들었는지 체크! 우리말 대화를 보고 영어로 말해보기

에피소드 01

정답 ① go well ② ignored ③ never listens to ④ won't back down

Erin *미팅 어떻게 됐어?

Jason 잘 안됐어. 부장님이 또 내 의견을 묵살하셨어.

Erin 원래 그 사람 부하 직원 말은 절대 안 듣는 거 알잖아.

Jason 난 물러서지 않을 거야. *어디 한번 해보라 그래!

* **How did ~ go?** 어떻게 됐어?
　　　　　　　(미팅/면접/시험/소개팅 무엇이든! 결과가 궁금할 때 물어볼 수 있는 질문이에요!)

* **Bring it on!** 덤벼! 한번 해보자!

에피소드 02

정답 ① I heard ② had ③ must try ④ Make sure to ⑤ You'll never

Erin 어제 새로 오픈한 레스토랑 가 봤다며. *어땠어?

Jason 진짜 훌륭했어. 내 인생 최고의 스테이크를 먹었다니까.

Erin 진짜? 나도 꼭 가 봐야겠는데?

Jason *꼭 숙성시킨 꽃등심 스테이크를 먹어봐! 후회 안 할걸.

* **How did you like it?** 어땠어? (영화/소설/수업 뭐든 좋아요~ 후기를 묻고 싶을 때 써요.)
* **make sure to 동사** 꼭 ~해

에피소드 03

정답 ① Come in ② come see ③ Did I do ④ won't bite ⑤ closer

Erin 들어오세요.

Jason 안녕하세요 교수님. *뵈러 오라고 하셔서. 제가 뭐 잘못한 거라도?

Erin 하하. 걱정하지 마. 안 잡아먹어! 가까이 오렴.

Jason 네.

* **I was told to 동사** 저 ~ 하라고 했어요 (누가 '~ 하라고 하던데요?'처럼 그 내용에 초점을 맞추어 말할 때 요긴하게 쓸 수 있는 표현이에요.)

앞서 연습한 문장을 직접 써보면서 확실하게 내 것으로 만들기

01 난 물러서지 않겠어.

02 Erin이 날 실망하게 하지는 않을 거야.

03 아무에게도 말하지 않을게.

04 난 여기서 발 빼지 않을 거야.

05 널 결코 용서하지 않겠어.

06 걱정하지 마. 널 실망하게 하지 않을 테니.

07 Erin이 날 속이지는 않을 거야.

08 걱정하지 마. 널 배신하지 않을 테니.

09 결코 후회하지 않으실 거예요.

10 결코 기억하지 못할 거예요.

정답 은 앞 페이지에서 확인하세요!

새로운 문장을 직접 써보면서 학습 마무리

A 주어진 단어로 문장을 완성해 보세요.

01 다신 안 그럴게요. I ⬚ it again. (do)

02 다시는 언급하지 않을게요. I ⬚ it again. (mention)

03 이런 일이 다시는 발생하지 않을 거예요. This ⬚ again. (happen)

04 무슨 일이 있었는지 넌 결코 짐작도 못 할 거야. You ⬚ what happened. (guess)

05 나는 또다시 같은 실수를 하지 않을 거야. I ⬚ the same mistake again. (make)

B 박스 안에 주어진 단어들 중 하나를 골라 문장을 만들어보세요.

| lie   trust   use   snow   waste |

01 이번 크리스마스엔 눈이 오지 않을 거야.

⬚

02 난 일회용품(disposables)을 사용하지 않을 거야.

⬚

03 그는 아무도 믿지 않을 거야.

⬚

04 그들은 더 이상(anymore) 거짓말을 하지 않을 거야.

⬚

05 나는 내 용돈(pocket money)을 낭비하지 않을 거야.

⬚

정답 372p

앞으로 일어날 일 묻기

| 문법 | 말하기 | 듣기 | 쓰기 |

🎧 저자 무료 음성 강의

말하기를 위한 기본기 기르기

> ❗ **문법 POINT**   미래에 일어날 일을 묻거나 해줄 수 있는지
> 부탁할 때는 단순 미래 시제 의문문

01 미래에 일어날 일에 대해 물어보는 미래 시제 의문문은 주어와 will의 위치만 바꿔주면 돼요.

미래 시제 평서문	미래 시제 의문문
비가 올 거야.	비가 올까?
It will rain.	**Will it** rain?
넌 내년에 스무살이 돼.	너 내년에 스무살이야?
You will turn 20 next year.	**Will you** turn 20 next year?
그가 연설을 할 거야.	그가 연설을 할까?
He will give a speech.	**Will he** give a speech?

* 어떤 주어가 와도 will 뒤에 동사는 원형으로! 영어 뻔~하죠?

02 미래 시제 의문문은 '앞으로 약속할 수 있는지 의지나 의향'을 물어보거나 '부탁할 때' 써요.

🖉 앞으로 약속할 수 있는지 의지나 의향을 물어볼 때

약속할 수 있어? **Will you** promise me?

우리랑 함께 할래? **Will you** join us?

너 올 거야? **Will you** come?

🖉 '~해줄래?'처럼 부탁할 때

나 커피 좀 줄래? **Will you** get me some coffee?

신분증 좀 볼 수 있을까요? **Will you** show me your ID?

나 돈 좀 꿔줄래? **Will you** lend me some money?

🎧 원어민 mp3 듣기 (천천히/빠르게)

문법 포인트를 기억하며 우리말 보고 영어로 말하기

01 문장 연습을 하기 위해 필요한 단어들을 먼저 확인하세요.

marry	~와 결혼하다	**forgive**	용서하다	**boss**	사장
tomorrow	내일	**call a meeting**	회의를 소집하다	**attend**	참석하다
get +사람+사물	(사람)에게 (사물)을 주다	**some**	약간의	**believe**	믿다
accept	승낙하다, 받아들이다	**turn on**	~을 켜다	**get the phone**	전화를 받다

02 천천히 읽기 4번, 원어민의 속도에 맞춰 빠르게 읽는 연습을 4번 해보세요.

나랑 결혼해 줄래?	Will you marry me?
나 용서해 줄래?	Will you forgive me?
내일 사장님이 출근하시려나?	Will our boss come to work tomorrow?
내일 사장님이 회의 소집하시려나?	Will our boss call a meeting tomorrow?
내일 사장님이 회의 참석하시려나?	Will our boss attend the meeting tomorrow?
저 커피 좀 주시겠어요?	Will you get me some coffee?
Erin이 그걸 믿어 줄까?	Will Erin believe it?
Erin이 그걸 받아들일까?	Will Erin accept it?
에어컨 좀 켜 주시겠어요?	Will you turn on the A/C?
전화 좀 받아줄래?	Will you get the phone?

(각 문장 옆: 천천히 □□□□ 빠르게 □□□□)

실전 대화 연습! 대화를 듣고 빈칸 채우기

에피소드 01 어떻게 프러포즈 했는지 물어보는 상황

Erin　　How did you ① _____ to her?

Jason　I ② _____ my knee and asked, " ③ _____ me?"

Erin　　Romantic! ④ _____ she say?

Jason　She was ⑤ _____ and said "Yes!"

5회 연습 체크 : **1** 2 3 4 5　　총연습 횟수 : ( )회

에피소드 02 회사에 지각할 뻔한 동료와 이야기하는 상황

Jason　You just ① _____ be on time.

Erin　　Yes, but I ② _____ a cafe.
　　　　③ _____ me some coffee?

Jason　Sure. Here it is.

Erin　　Thanks! I ④ _____ the morning ⑤ _____ caffeine.

5회 연습 체크 : **1** 2 3 4 5　　총연습 횟수 : ( )회

에피소드 03 에어컨이 고장 난 상황

Erin　　Is it just me or is it hot and ① _____ here?

Jason　I'm burning up, too.

Erin　　② _____ ③ _____ the A/C?

Jason　I can't. It's been being ④ _____ for an hour.

5회 연습 체크 : **1** 2 3 4 5　　총연습 횟수 : ( )회

잘 들었는지 체크! 우리말 대화를 보고 영어로 말해보기

에피소드 01

정답 ① propose ② got down on ③ Will you marry ④ What did ⑤ moved

Erin 너 프러포즈 어떻게 했어?

Jason *한 쪽 무릎을 꿇고 물었지. "나랑 결혼해줄래?"

Erin 로맨틱하다! 그녀가 뭐랬어?

Jason *감동받아서 "좋아!"라고 했어.

* get down on one's knee 한 쪽 무릎을 꿇다 (두 쪽을 다 꿇었으면 당연히 knees!)
* moved 감동받은 (= touched)

에피소드 02

정답 ① managed to ② couldn't drop by ③ Will you get ④ can't imagine
⑤ without

Jason 너 *겨우 제때 맞춰 왔네.

Erin 응, 근데 카페를 *못 들렀어. 나 커피 좀 줄래?

Jason 물론이지. 여기 있어.

Erin 고마워! 카페인 없는 아침은 상상도 못 하겠어!

* manage to 동사 가까스로 ~해내다
* couldn't 동사 ~못했다 (could가 can의 과거형이므로 'could 동사'는 '할 수 있었다', 'couldn't 동사'는
'할 수 없었다'가 돼요.)

에피소드 03

정답 ① stuffy ② Will you ③ turn on ④ repaired

Erin *여기 너무 훅훅 찌지 않아? 나만 그래?

Jason 나도 더워 죽겠어.

Erin 에어컨 좀 켜줄래?

Jason 못 켜. *지금 한 시간째 수리 중이거든.

* Is it just me or ~? 나만 그래 아니면 다 ~한 거야?
* It's been being repaired (과거부터 지금까지 계속) 수리 중이다
(뒤에서 배우게 될 현재완료 진행 수동태이니, 참고해 주세요!)

앞서 연습한 문장을 직접 써보면서 확실하게 내 것으로 만들기

01 저 커피 좀 주시겠어요?

02 Erin이 그걸 믿어 줄까?

03 나랑 결혼해 줄래?

04 나 용서해 줄래?

05 Erin이 그걸 받아들일까?

06 내일 사장님이 출근하시려나?

07 에어컨 좀 켜 주시겠어요?

08 내일 사장님이 회의 참석하시려나?

09 전화 좀 받아줄래?

10 내일 사장님이 회의 소집하시려나?

정답 은 앞 페이지에서 확인하세요!

새로운 문장을 직접 써보면서 학습 마무리

A 주어진 단어로 문장을 완성해 보세요.

01 너 우리 집에 잠깐 들를 거야? [   ] you [   ] my house? (drop by)

02 Erin이 날 저녁 식사에 초대해줄까? [   ] Erin [   ] me to dinner? (invite)

03 그 소금 좀 건네주시겠어요? [   ] you [   ] me the salt, please? (pass)

04 제 짐 좀 맡아 주시겠어요? [   ] you [   ] my luggage? (keep)

05 제 이름을 기억해 주시겠어요? [   ] you [   ] my name? (remember)

B 박스 안에 주어진 단어들 중 하나를 골라 문장을 만들어보세요.

keep   have   buy   send in   pick up

01 이 비밀 지켜줄 거지?

[   ]

02 디저트 드실 거예요?

[   ]

03 애들 데리러 가실 거예요?

[   ]

04 4시 전에 과제(assignment)를 제출할 건가요?

[   ]

05 저에게 꽃 한 다발(a bunch of flowers)을 사다 주시겠어요?

[   ]

정답 373p

어떤 상태인지, 어디에 있는지 설명하기

영어 습관 10일차

🎧 저자 무료 음성 강의

말하기를 위한 기본기 기르기

❗ 문법 POINT 움직이는 동작이 없는 문장을 만들고 싶을 때 영어는 Be동사 사용

01 영어의 동사는 일반동사 외에 be동사도 있어요.

✎ be동사
- 주어가 어떤지, 어디에 있는지 상태를 나타내는 말
- ~이다, ~에 있다

✎ 일반동사
- 주어가 하는 행동/동작을 나타내는 말
- 뛰다(run), 먹다(eat), 하다(do) 등

02 1일차에서 배웠던 I go(나는 가요.)와 같이 영어의 어순은 무조건 주어 다음에 동사가 오기 때문에 be 동사도 '주어 + 동사'로 시작하는 영어의 어순을 지켜주기 위해서 써요.

나는 Erin 이야.	주어 + be동사(~이다) + 명사	I am Erin.
나는 똑똑해.	주어 + be동사(~이다) + 형용사	I am smart.
나는 시원스쿨에 있어.	주어 + be동사(~에 있다) + 전치사구	I am at Siwon School.

* 전치사는 '~에, ~위에, ~아래에'와 같이 장소나 시간을 나타내 주는 말로서, 명사 앞에 붙어요.
(예. 학교에 at school, 침대 위에 on the bed, 책상 아래에 under the desk)

03 be동사의 현재형은 주어에 따라 총 세 가지가 있어요!

주어	단수	복수
1인칭 주어	I am smart.	We are smart.
2인칭 주어	You are smart.	You are smart.
3인칭 주어	He/She/It is smart.	They are smart.

* 이때 am/is/are은 각각 'm / 's / 're 처럼 축약할 수도 있어요. (I'm / She's / You're 등)

🎧 원어민 mp3 듣기 (천천히/빠르게)

문법 포인트를 기억하며 우리말 보고 영어로 말하기

01 문장 연습을 하기 위해 필요한 단어들을 먼저 확인하세요.

married	기혼인	**single**	미혼인	**office worker**	회사원
public official	공무원	**puppy**	강아지	**on**	~ 위에
under	~ 아래에	**good**	좋은	**idea**	생각
at home	집에	**at work**	직장에	**new**	새로운

02 천천히 읽기 4번, 원어민의 속도에 맞춰 빠르게 읽는 연습을 4번 해보세요.

우리말	영어	천천히	빠르게
나 결혼했어.	I'm married.	☐☐☐☐	☐☐☐☐
나 미혼이야.	I'm single.	☐☐☐☐	☐☐☐☐
우리 아빠는 회사원이셔.	My dad is an office worker.	☐☐☐☐	☐☐☐☐
우리 아빠는 공무원이셔.	My dad is a public official.	☐☐☐☐	☐☐☐☐
우리 강아지는 침대 위에 있어.	My puppy is on the bed.	☐☐☐☐	☐☐☐☐
우리 강아지는 책상 밑에 있어.	My puppy is under the desk.	☐☐☐☐	☐☐☐☐
그거 좋은 생각이야.	That's a good idea.	☐☐☐☐	☐☐☐☐
Erin은 집에 있어.	Erin is at home.	☐☐☐☐	☐☐☐☐
Erin은 직장에 있어.	Erin is at work.	☐☐☐☐	☐☐☐☐
그 책은 새 거야.	The book is new.	☐☐☐☐	☐☐☐☐

 🎧 대화문 듣기 (천천히/빠르게)

실전 대화 연습! 대화를 듣고 빈칸 채우기

에피소드 01 퇴근 후 술 한잔하자고 조르는 상황

Erin	Hey, how about we ① ⬚ after work?
Jason	I'd love to, but I can't. I ② ⬚ go back home early.
Erin	Why? Come on. ③ ⬚ my treat!
Jason	④ ⬚ because ⑤ ⬚. One day you too will understand.

5회 연습 체크 : 1 2 3 4 5   총연습 횟수 : ( )회

- -

에피소드 02 저녁에 친구와 영상 통화하는 상황

Erin	Hey, what's up?
Jason	① ⬚. I just want to see your doggie ② ⬚ I go to bed.
Erin	Oh, now ③ ⬚ eating a late dinner and my puppy ④ ⬚. Hold on a second.
Jason	Thank you! Hey, Max! Where ⑤ ⬚ you?

5회 연습 체크 : 1 2 3 4 5   총연습 횟수 : ( )회

- -

에피소드 03 동료의 깜짝 생일 파티를 준비하는 상황

Jason	Let's ① ⬚ a surprise birthday party for Susan!
Erin	② ⬚ a good idea. What should we ③ ⬚?
Jason	How about we write a birthday card?
Erin	Cool! And ④ ⬚ some cupcakes!

5회 연습 체크 : 1 2 3 4 5   총연습 횟수 : ( )회

잘 들었는지 체크! 우리말 대화를 보고 영어로 말해보기

에피소드 01

정답 ① grab a drink ② have to ③ It's ④ It's ⑤ I'm married

Erin   야. *퇴근 후 한잔할까?

Jason   그러고 싶은데 안돼. 나 일찍 가야 해.

Erin   왜? 야아~ 그러지 말고~ *내가 쏠게!

Jason   내가 결혼했기 때문이지. 언젠가는 너도 알게 될 거야.

    * **How about we 동사?** 우리 ~하는 게 어때? (Let's처럼 같이 하자고 권유할 때 써요~)
    * **It's my treat!** 내가 쏠게! (= My treat!. It's on me.)

에피소드 02

정답 ① Not much ② before ③ I'm ④ is on the bed ⑤ are

Erin   어, *왜?

Jason   *그냥. 자기 전에 너네 강아지 보고 싶어서.

Erin   아, 나 지금 늦은 저녁 먹고 있는데 우리 강아지는 침대에 있거든. 잠깐만.

Jason   고마워! Max야! 어딨니?

    * **What's up?** 안녕. 여보세요. 잘 지내? 뭐 해? (그냥 편하게 쓰는 인사말이에요~)
    * **Not much.** 별일 없어. (What's up?에 대한 대답으로 Nothing much.라고 해도 되고,
                     그냥 똑같이 What's up? 해도 돼요!)

에피소드 03

정답 ① throw ② That's ③ prepare ④ I'll bring

Jason   우리 Susan을 위해 깜짝 *생일 파티를 열어주자!

Erin   좋은 생각이야. 뭘 *준비해야 할까?

Jason   생일 카드 써주는 게 어때?

Erin   좋지! 내가 컵케이크도 좀 가져올게!

    * **throw a party** 파티를 열어주다
    * **should** ~해야 한다

앞서 연습한 문장을 직접 써보면서 확실하게 내 것으로 만들기

01 그거 좋은 생각이야.

02 나 결혼했어.

03 Erin은 직장에 있어.

04 Erin은 집에 있어.

05 나 미혼이야.

06 우리 아빠는 공무원이셔.

07 우리 강아지는 책상 밑에 있어.

08 우리 아빠는 회사원이셔.

09 그 책은 새 거야.

10 우리 강아지는 침대 위에 있어.

정답 은 앞 페이지에서 확인하세요!

새로운 문장을 직접 써보면서 학습 마무리

A 빈칸에 be동사를 넣어 문장을 완성해 보세요.

01 나는 Erin의 학생이에요. I [   ] Erin's student.

02 Erin은 활기차요. Erin [   ] energetic.

03 우리 부모님은 집에 계세요. My parents [   ] at home.

04 우리 가족은 충청도 출신이에요. My family [   ] from Chungcheong-do.

05 그들은 내 아들들이야. They [   ] my sons.

B 주어진 단어들을 영어의 어순에 맞게 배열하여 문장을 만들어보세요.

01 이분은 제 이웃이에요. (this / my neighbor / is)

[   ]

02 내 차가 찌그러졌어요. (my car / crushed / is)

[   ]

03 나 차 안에 있어. (I / the car / in / am)

[   ]

04 내 장난감들은 선반 위에 있어. (my toys / the shelf / on / are)

[   ]

05 그녀는 이혼했어요. (divorced / she / is)

[   ]

정답 373p

어떤 상태가 아닌지, 어디에 없는지 설명하기

문법 › 말하기 › 듣기 › 쓰기

🎧 저자 무료 음성 강의

말하기를 위한 기본기 기르기

❗ **문법 POINT** 어떤 상태가 아닌지, 뭐가 어디에 없는지에 대해 말할 때는 Be동사 단순 현재 시제 부정문

01 be동사 현재 시제 부정문을 만들 때에는 be동사 뒤에 not만 넣어주면 돼요.

평서문의 be동사 (~이다, ~에 있다)	부정문의 be동사 (~이 아니다, ~에 있지 않다)
am	am **not**
is	is **not** = isn't
are	are **not** = aren't

* 축약형 발음 주의! isn't [이즌ㅌ], aren't [안ㅌ]

* 평서문에서 be동사를 각각 'm / 's / 're로 축약할 수 있었듯, 부정문 역시 I'm not / She's not / They're not과 같이 나타낼 수도 있어요.

02 주어 다음에 무조건 동사가 오는 영어의 어순에 맞춰, be동사의 부정문일 때도 마찬가지로 '주어 + 동사'로 시작하는 영어의 어순을 지키면서 be동사 뒤에 not을 붙여줘요.

✎ 주어 + be동사 not(~이 아니다) + 명사

나는 Erin이 아니야. I **am not** Erin.

✎ 주어 + be동사 not(~이 아니다) + 형용사

나는 똑똑하지 않아. I **am not** smart.

✎ 주어 + be동사 not(~에 있지 않다) + 전치사구

나는 시원스쿨에 있지 않아. I **am not** at Siwon School.

🎧 원어민 mp3 듣기 (천천히/빠르게)

문법 포인트를 기억하며 우리말 보고 영어로 말하기

01 문장 연습을 하기 위해 필요한 단어들을 먼저 확인하세요.

early bird	아침형 인간	**night owl**	야행성	**full**	배부른
yet	아직	**hungry**	배가 고픈	**at home**	집에
now	지금	**office**	사무실	**American**	미국인
that (부정문에서 not 뒤에 붙어)	그렇게 까지는	**difficult**	어려운	**bitter**	맛이 쓴

02 천천히 읽기 4번, 원어민의 속도에 맞춰 빠르게 읽는 연습을 4번 해보세요.

우리말	영어	천천히	빠르게
그녀는 아침형 인간은 아니야.	She's not an early bird.	☐☐☐☐	☐☐☐☐
그녀는 야행성은 아니야.	She's not a night owl.	☐☐☐☐	☐☐☐☐
나 아직 배 안 불러.	I'm not full yet.	☐☐☐☐	☐☐☐☐
나 아직 배 안 고파.	I'm not hungry yet.	☐☐☐☐	☐☐☐☐
걔네 지금 집에 없어.	They're not at home now.	☐☐☐☐	☐☐☐☐
걔네 지금 사무실에 없어.	They aren't in the office now.	☐☐☐☐	☐☐☐☐
내 친구는 미국인이 아니야.	My friend isn't American.	☐☐☐☐	☐☐☐☐
오늘 그렇게 안 덥네.	It's not that hot today.	☐☐☐☐	☐☐☐☐
영어는 그렇게 어렵지 않아.	English is not that difficult.	☐☐☐☐	☐☐☐☐
그 커피는 그렇게 쓰지 않아.	The coffee is not that bitter.	☐☐☐☐	☐☐☐☐

실전 대화 연습! 대화를 듣고 빈칸 채우기

에피소드 01 전화를 안 받는 친구에 대해 이야기하는 상황

Jason I ① _____ Jenny but she didn't answer. ② _____ to her?

Erin She ③ _____ sleeping.

Jason What? ④ _____ almost noon!

Erin You know, ⑤ _____ an early bird.

5회 연습 체크 : ❶ ❷ ❸ ❹ ❺   총연습 횟수 : (   )회

에피소드 02 허겁지겁 먹는 친구와 대화하는 상황

Jason ① _____ some more soup. There's a lot ② _____.

Erin I will. ③ _____ full yet.

Jason ④ _____ the food. You're gonna ⑤ _____ it.

Erin I'm starving! Are you gonna finish the salad?

5회 연습 체크 : ❶ ❷ ❸ ❹ ❺   총연습 횟수 : (   )회

에피소드 03 친구를 집으로 초대하는 상황

Erin Let's play console games all night ① _____.

Jason You ② _____ your parents.

Erin ③ _____ at home now. They're ④ _____ in Busan.

Jason Awesome! I'll bring some beer!

5회 연습 체크 : ❶ ❷ ❸ ❹ ❺   총연습 횟수 : (   )회

잘 들었는지 체크! 우리말 대화를 보고 영어로 말해보기

에피소드 01

정답 ① just called ② What happened ③ must be ④ It's ⑤ she's not

Jason	나 방금 Jenny한테 전화했는데 안 받네? *무슨 일 있나?
Erin	*자고 있을 걸?
Jason	뭐? 벌써 정오가 다 됐는데?
Erin	알잖아, 걔 아침형 인간은 아니야.

* **What happened?** 무슨 일이야?
* **must** 틀림없이 ('분명 ~일 거야'와 같이 강한 확신을 나타낼 때 쓸 수 있어요~)

에피소드 02

정답 ① Have ② left ③ I'm not ④ Easy with ⑤ choke on

Jason	수프 좀 더 먹어. 많이 남았어.
Erin	그럴 거야. 아직 배가 안 부르거든.
Jason	*천천히 좀 먹어. *체하겠다.
Erin	배고파 죽겠단 말이야! 너 그 샐러드 다 먹을 거야?

* **easy with** ~을 조심하다, 천천히 하다, 편하게 하다
* **choke on** ~이 목에 걸리다, 질식하다

에피소드 03

정답 ① at my house ② live with ③ They're not ④ on vacation

Erin	우리 집에서 밤새 콘솔 게임 하자.
Jason	너 부모님이랑 같이 살잖아.
Erin	지금 집에 안 계셔. 부산에 *휴가 가셨거든.
Jason	짱이다! 내가 *맥주 가져갈게!

* **on vacation** 휴가 중인
* **beer** 맥주 ('술'을 뜻하는 booze도 같이 기억하세요! I'll bring some booze!)

앞서 연습한 문장을 직접 써보면서 확실하게 내 것으로 만들기

01 그녀는 야행성은 아니야.

02 그 커피는 그렇게 쓰지 않아.

03 오늘 그렇게 안 덥네.

04 그녀는 아침형 인간은 아니야.

05 걔네 지금 사무실에 없어.

06 내 친구는 미국인이 아니야.

07 나 아직 배 안 불러.

08 걔네 지금 집에 없어.

09 영어는 그렇게 어렵지 않아.

10 나 아직 배 안 고파.

정답 은 앞 페이지에서 확인하세요!

새로운 문장을 직접 써보면서 학습 마무리

A 빈칸에 **be동사** 부정형을 넣어 문장을 완성해 보세요.

01 나는 골초는 아니야. I [ ] a heavy smoker.

02 그는 그렇게 까다롭지 않아. He [ ] that picky.

03 상황이 그렇게 나쁘진 않네요. The situation [ ] that bad.

04 우리 지금 서울 아니야. We [ ] in Seoul now.

05 그녀는 영국 사람이 아니야. She [ ] British.

B 주어진 단어들을 영어의 어순에 맞게 배열하여 문장을 만들어보세요.

01 이건 내 것이 아니야. (this / mine / is not)

[ ]

02 이 사탕은 맛이 시지 않아. (this candy / sour / is not)

[ ]

03 나 아직 안 취했어. (I / yet / am not / drunk)

[ ]

04 우린 통화 중이 아니야. (we / on the phone / are not)

[ ]

05 그 케이크는 그렇게 달지 않아. (sweet / that / is / the cake / not)

[ ]

정답 373p

어떤 상태인지, 어디에 있는지 묻기

문법 〉 말하기 〉 듣기 〉 쓰기

🎧 저자 무료 음성 강의

말하기를 위한 기본기 기르기

❗ **문법 POINT**   어떤 상태인지, 어디에 있는지를 물어볼 때는
Be동사 단순 현재 시제 의문문

01   be동사 의문문을 만들 때는 be동사 평서문에서 주어와 be동사의 위치만 바꿔주면 돼요.

✐ be동사 + 주어 + 명사? : ~이니?

내가 Erin이야? **Am I** Erin?

✐ be동사 + 주어 + 형용사? : ~이니?

그는 똑똑해? **Is he** smart?

✐ be동사 + 주어 + 전치사구? : ~에 있니?

너 시원스쿨에 있어? **Are you** at Siwon School?

* Am I는 [애마이], Is he/she/it은 각각 [이지]/[이쉬]/[이질] 이렇게 연음돼요!

02   영어에서 질문할 때, 동작이 보이면 Do you ~? 아니면 Are you ~?로 물어봐요.

일반동사 의문문	Be동사 의문문
너 학교 다녀?	너 학생이야?
Do you go to school?	**Are you** a student?
넌 빨리 먹어?	너 배고프니?
Do you eat fast?	**Are you** hungry?
넌 집에서 일해?	너 집이야?
Do you work at home?	**Are you** at home?

* 일반동사 의문문과 be동사 의문문은 계속 비교해서 연습하세요!

문법 포인트를 기억하며 우리말 보고 영어로 말하기

01 문장 연습을 하기 위해 필요한 단어들을 먼저 확인하세요.

ready	준비된	**done**	다 끝난	**athlete**	운동선수
amateur	비전문가, 아마추어 선수	**boss**	사장	**still**	여전히
work	직장, 회사	**meeting**	회의	**young**	어린
under	~ 아래인	**right**	옳은, 맞은	**cheap**	값이 싼

02 천천히 읽기 4번, 원어민의 속도에 맞춰 빠르게 읽는 연습을 4번 해보세요.

준비됐어?	**Are you** ready?	천천히 □□ 빠르게 □□
너 다 했어?	**Are you** done?	천천히 □□ 빠르게 □□
그녀는 운동선수야?	**Is she** an athlete?	천천히 □□ 빠르게 □□
그녀는 아마추어야?	**Is she** an amateur?	천천히 □□ 빠르게 □□
사장님 아직도 회사에 계신가?	**Is our boss** still at work?	천천히 □□ 빠르게 □□
사장님 아직도 회의 중이신가?	**Is our boss** still in the meeting?	천천히 □□ 빠르게 □□
아드님이 어린가요?	**Is your son** young?	천천히 □□ 빠르게 □□
아드님이 다섯 살이 안 됐나요?	**Is your son** under five?	천천히 □□ 빠르게 □□
내 말이 맞지?	**Am I** right?	천천히 □□ 빠르게 □□
그거 싸?	**Is it** cheap?	천천히 □□ 빠르게 □□

실전 대화 연습! 대화를 듣고 빈칸 채우기

에피소드 01 같이 게임하는 상황

Jason	① [　　　　　] is it?
Erin	Mine! ② [　　　　　]?
Jason	Let's see ③ [　　　　　] you got!
Erin	④ [　　　　　]!

5회 연습 체크 : ① ② ③ ④ ⑤　　총연습 횟수 : (　　)회

에피소드 02 가족 사진을 보며 이야기하는 상황

Jason	① [　　　　　] in the picture?
Erin	② [　　　　　] my cousin Ann.
Jason	What's she wearing? ③ [　　　　　] an athlete?
Erin	Yes, she is. ④ [　　　　　] her gymnastics outfit.

5회 연습 체크 : ① ② ③ ④ ⑤　　총연습 횟수 : (　　)회

에피소드 03 일 중독인 사장님에 대해 이야기하는 상황

Jason	① [　　　　　] still ② [　　　　　]?
Erin	I guess, yes. He's a ③ [　　　　　].
Jason	It's going to be impossible to ④ [　　　　　] at 6 sharp today.
Erin	That happens every day. ⑤ [　　　　　].

5회 연습 체크 : ① ② ③ ④ ⑤　　총연습 횟수 : (　　)회

잘 들었는지 체크! 우리말 대화를 보고 영어로 말해보기

에피소드 01

정답 ① Whose turn ② Are you ready ③ what ④ Here I come

Jason	*누구 차례지?
Erin	내 차례! 준비됐지?
Jason	*덤벼 보라고!
Erin	간다!

* **Whose turn is it?** 누구 차례지? (= Whose go is it?, Who's next?)
* **Let's see what you got!** 어디 한번 불까? 덤벼 봐!

에피소드 02

정답 ① Who is this ② She's ③ Is she ④ It's

Jason	사진 속 이 사람 누구야?
Erin	내 *사촌 Ann이야.
Jason	뭘 입고 있는 거야? 운동선수야?
Erin	응, 맞아. 그거 체조 *운동복이야.

* **cousin** 사촌
* **outfit** (특정한 경우나 목적을 위해 입는) 복장, 옷

에피소드 03

정답 ① Is our boss ② at work ③ workaholic ④ get off work ⑤ No big deal

Jason	우리 사장님 아직 회사에 계신가?
Erin	그럴걸. 일 중독이시잖아.
Jason	*오늘 6시 정각에 칼퇴근하긴 글렀네.
Erin	*뭐 하루 이틀 일이냐.

* **It's going to be** ~겠다 (be going to는 will처럼 앞으로의 일을 말할 때 쓸 수 있어요!)
* **No big deal.** 별거 아니야. (별로 특별할 것 없이 늘 반복되는 일이라는 느낌으로도 쓰고, Thank you! 라는 감사의 인사에 '뭘~' 이런 느낌으로도 써요! No biggie! 라고 해도 돼요.)

앞서 연습한 문장을 직접 써보면서 확실하게 내 것으로 만들기

01 준비됐어?

02 그거 싸?

03 그녀는 운동선수야?

04 너 다 했어?

05 내 말이 맞지?

06 아드님이 어린가요?

07 사장님 아직도 회의 중이신가?

08 그녀는 아마추어야?

09 아드님이 다섯 살이 안 됐나요?

10 사장님 아직도 회사에 계신가?

정답 은 앞 페이지에서 확인하세요!

새로운 문장을 직접 써보면서 학습 마무리

A 빈칸에 **be동사**를 넣어 문장을 완성해 보세요.

01 너 괜찮아? [   ] you okay?

02 다 괜찮지? [   ] everything alright?

03 그게 가능한가? [   ] it possible?

04 내가 어디쯤 있지? Where [   ] I?

05 너 겨울 옷들 옷장 안에 있어? [   ] your winter clothes in the closet?

B 다음 의문문이 **Do you** 인지 **Are you** 인지 맞춰보세요.

01 넌 아침을 먹어? (Do you / Are you) have breakfast?

02 넌 부지런해? (Do you / Are you) diligent?

03 넌 매일 운동해? (Do you / Are you) work out every day?

04 너 바빠? (Do you / Are you) busy?

05 너 결혼했어? (Do you / Are you) married?

정답 373p

문법 · 말하기 · 듣기 · 쓰기

🎧 저자 무료 음성 강의

말하기를 위한 기본기 기르기

❗ 문법 POINT 과거의 상태를 말할 때는 Be동사 단순 과거 시제 평서문

01 (지금 말고) 예전에 그랬다는 과거의 상태를 말할 때는 be동사의 과거형으로 나타내요. be동사의 과거형은 am, is를 was로, are를 were로 바꿔주면 돼요.

나는 학생이었어.

I **was** a student.

그는 키가 컸었어.

He **was** tall.

우리는 시원스쿨에 있었어.

We **were** at Siwon School.

* 현재형 am/is/are 과는 달리 과거형 was/were는 자음 w로 시작하기 때문에 주어와 축약할 수 없답니다!

🎧 원어민 mp3 듣기 (천천히/빠르게)

문법 포인트를 기억하며 우리말 보고 영어로 말하기

01 문장 연습을 하기 위해 필요한 단어들을 먼저 확인하세요.

boyfriend	남자친구	**coworker**	동료	**chubby**	통통한
slim	날씬한	**in+장소**	~(장소)에	**last year**	작년
here	여기(에)	**on the phone**	통화 중인	**on vacation**	휴가 중인
smartphone	스마트폰	**addict**	중독자	**selfie**	셀카

02 천천히 읽기 4번, 원어민의 속도에 맞춰 빠르게 읽는 연습을 4번 해보세요.

		천천히	빠르게
그는 내 남자친구였어.	He was my boyfriend.	☐☐	☐☐
그는 내 직장 동료였어.	He was my coworker.	☐☐	☐☐
나 통통했었어.	I was chubby.	☐☐	☐☐
난 날씬했었어.	I was slim.	☐☐	☐☐
우리 작년에 파리에 있었어.	We were in Paris last year.	☐☐	☐☐
우리 작년에 여기 있었어.	We were here last year.	☐☐	☐☐
나 통화 중이었어.	I was on the phone.	☐☐	☐☐
나 휴가 중이었어.	I was on vacation.	☐☐	☐☐
그녀는 스마트폰 중독이었어.	She was a smartphone addict.	☐☐	☐☐
그녀는 셀카 중독이었어.	She was a selfie addict.	☐☐	☐☐

실전 대화 연습! 대화를 듣고 빈칸 채우기

에피소드 01 어린 시절에 대해 이야기 나누는 상황

Jason What did you look like when you ①（ ）?

Erin I ②（ ）. What about you?

Jason ③（ ） the tallest boy ④（ ）.

Erin I can tell.

5회 연습 체크: 1 2 3 4 5   총연습 횟수: (　)회

에피소드 02 통화 중인 친구에게 무언가를 물어본 상황

Jason Sorry, I ①（ ）. What did you say?

Erin Oh, I just ②（ ） if I could ③（ ） this book for a day.

Jason Sure, no problem. You can ④（ ） to me within a month.

Erin Thanks!

5회 연습 체크: 1 2 3 4 5   총연습 횟수: (　)회

에피소드 03 돌연 SNS 계정을 삭제한 친구에 대해 이야기 나누는 상황

Jason Alison ①（ ） twittercide.

Erin Really? ②（ ） quite active on social media.

Jason Yes, ③（ ） a smartphone ④（ ）.

Erin Tell me about it!

5회 연습 체크: 1 2 3 4 5   총연습 횟수: (　)회

86 60일 영어 습관

잘 들었는지 체크! 우리말 대화를 보고 영어로 말해보기

에피소드 01

정답 ① were a kid ② was chubby ③ I was ④ in my class

Jason   너 어렸을 때 *어떻게 생겼었어?
Erin   나 통통했었어. 넌?
Jason   난 우리 반에서 가장 키가 큰 애였어.
Erin   *말 안 해도 알 것 같아.

* **What did you look like?** 너 어떻게 생겼었어? (생김새를 물어보는 질문이에요.)
* **I can tell.** 말 안 해도 알 것 같아. 그럴 줄 알았어.

에피소드 02

정답 ① was on the phone ② wondered ③ borrow ④ give it back

Jason   미안, 통화 중이었어. 너 뭐라고 한 거야?
Erin   아, 그냥 *내가 이 책 하루 빌려도 되는지 궁금해서.
Jason   물론이지. 한 달 안에만 *돌려주면 돼.
Erin   고마워!

* **wonder if 주어 + 동사** ～인지 궁금하다
* **give back** 돌려주다

에피소드 03

정답 ① committed ② She was ③ she was ④ addict

Jason   Alison이 *트위터 계정을 삭제했어.
Erin   진짜? Alison SNS 활동 활발히 했었잖아.
Jason   맞아, 스마트폰 중독이었지.
Erin   *누가 아니래.

* **commit twittercide** 트위터 계정을 스스로 삭제하다
* **Tell me about it.** 누가 아니래. 내 말이. 그러니까. (그냥 I know. 또는 That's what I'm saying. 이라고 해도 돼요~)

앞서 연습한 문장을 직접 써보면서 확실하게 내 것으로 만들기

01 그는 내 직장 동료였어.

02 나 통통했었어.

03 우리 작년에 여기 있었어.

04 그녀는 셀카 중독이었어.

05 나 휴가 중이었어.

06 그는 내 남자친구였어.

07 우리 작년에 파리에 있었어.

08 난 날씬했었어.

09 나 통화 중이었어.

10 그녀는 스마트폰 중독이었어.

정답 은 앞 페이지에서 확인하세요!

새로운 문장을 직접 써보면서 학습 마무리

A 빈칸에 **be동사**를 넣어 문장을 완성해 보세요.

01 그 용의자는 결백했어. The suspect ⬚ innocent.

02 Erin은 키가 작고 통통했어. Erin ⬚ short and chubby.

03 내 남편과 나는 동료였어요. My husband and I ⬚ coworkers.

04 Smith 씨 부부는 알코올 중독이었어요. Mr. & Mrs. Smith ⬚ alcoholics.

05 그들은 TV에 나왔어. They ⬚ on TV.

B 주어진 단어들을 영어 어순에 맞게 배열하여 문장을 만들어보세요.

01 나는 일 중독이었어. (I / a workaholic / was)

⬚

02 지난밤 날씨가 끔찍했어. (last night / the weather / awful / was)

⬚

03 내 핸드폰이 내 주머니 안에 있었는데. (my cellphone / my pocket / in / was)

⬚

04 그 아이들이 다리 아래 있었어요. (the kids / the bridge / under / were)

⬚

05 내 방은 깨끗했어. (clean / my room / was)

⬚

정답 373p

예전에는 안 그랬다고 말하기

문법 > 말하기 > 듣기 > 쓰기

🎧 저자 무료 음성 강의

말하기를 위한 기본기 기르기

> **❗ 문법 POINT** 과거의 상태가 어떠하지 않았다고 말할 때는 Be동사 단순 과거 시제 부정문 사용

01 be동사의 과거 시제 부정문도 현재 시제 부정문과 마찬가지로 was/were 뒤에 not만 넣어주면 돼요.

현재 시제 부정문 (~이 아니다, ~에 있지 않다)	과거 시제 부정문 (~이 아니었다, ~에 있지 않았다)
am **not**	was **not** = wasn't
is **not** = isn't	was **not** = wasn't
are **not** = aren't	were **not** = weren't

* 축약형 발음 주의! wasn't [워즌ㅌ], weren't [원ㅌ]

✏️ 주어 + was not(~이 아니었다) + 명사

나는 학생이 아니었어. I **wasn't** a student.

✏️ 주어 + was not(~이 아니었다) + 형용사

그는 키가 크지 않았어. He **wasn't** tall.

✏️ 주어 + were not(~에 있지 않았다) + 전치사구

우리는 시원스쿨에 없었어. We **weren't** at Siwon School.

문법 포인트를 기억하며 우리말 보고 영어로 말하기

01 문장 연습을 하기 위해 필요한 단어들을 먼저 확인하세요.

sure	확실한	**interested**	관심 있는, 흥미 있는	**partner**	파트너, 동반자
neighbor	이웃	**suspect**	용의자, 의심하다	**at/on the scene**	현장에
expensive	비싼	**even**	심지어, 게다가	**helpful**	도움이 되는
real	진짜의	**ex-coworker**	전 동료	**hard-working**	근면 성실한

02 천천히 읽기 4번, 원어민의 속도에 맞춰 빠르게 읽는 연습을 4번 해보세요.

		천천히	빠르게
난 확신이 없었어.	I wasn't sure.	☐☐ ☐☐	☐☐ ☐☐
난 관심이 없었어.	I wasn't interested.	☐☐ ☐☐	☐☐ ☐☐
그는 나한테 썩 좋은 파트너는 아니었어.	He wasn't a good partner for me.	☐☐ ☐☐	☐☐ ☐☐
그는 나한테 썩 좋은 이웃은 아니었어.	He wasn't a good neighbor for me.	☐☐ ☐☐	☐☐ ☐☐
그 용의자는 현장에 없었어.	The suspect wasn't at the scene.	☐☐ ☐☐	☐☐ ☐☐
그 가방 별로 안 비쌌어.	The bag wasn't that expensive.	☐☐ ☐☐	☐☐ ☐☐
그거 심지어 도움도 안 됐어.	It wasn't even helpful.	☐☐ ☐☐	☐☐ ☐☐
그거 심지어 진짜도 아니었어.	It wasn't even real.	☐☐ ☐☐	☐☐ ☐☐
내 전 동료들은 한국인이 아니었어.	My ex-coworkers weren't Korean.	☐☐ ☐☐	☐☐ ☐☐
내 전 동료들은 성실하지 않았어.	My ex-coworkers weren't hard-working.	☐☐ ☐☐	☐☐ ☐☐

🎧 대화문 듣기 (천천히/빠르게)

실전 대화 연습! 대화를 듣고 빈칸 채우기

에피소드 01 팀원을 바꾸려는 동료와 대화하는 상황

Jason   I've been trying to ① [   ] a new team these days.

Erin   You worked with Will, ② [   ]?

Jason   Yes, but he ③ [   ] a good partner for me.

Erin   Tell me what happened. I'm ④ [   ].

5회 연습 체크 : **1** **2** **3** **4** **5**   총연습 횟수 : (   )회

에피소드 02 은행 절도 용의자에 대해 이야기 나누는 상황

Erin   The bank ① [   ] robbed last night.

Jason   I know. I heard the police arrested a ② [   ] this morning.

Erin   Yes, they did. But the problem is the ③ [   ] ④ [   ] at the scene.

Jason   You mean they ⑤ [   ] an innocent man?

5회 연습 체크 : **1** **2** **3** **4** **5**   총연습 횟수 : (   )회

에피소드 03 인스타에서 핫 아이템이 된 가방에 대해 이야기하는 상황

Erin   Wow, this bag is really ① [   ] on Instagram.

Jason   The bag ② [   ], but now it's over 3 million won.

Erin   How ③ [   ] happen?

Jason   A top actress ④ [   ] a TV drama with the bag.

5회 연습 체크 : **1** **2** **3** **4** **5**   총연습 횟수 : (   )회

잘 들었는지 체크! 우리말 대화를 보고 영어로 말해보기

에피소드 01

정답 ① build ② didn't you ③ wasn't ④ all ears

Jason	요즘 나 새 팀을 짜려고 노력 중이야.
Erin	너 Will이랑 같이 일했잖아, *그치?
Jason	맞아, 근데 걔 나한테 그렇게 좋은 파트너는 아니었어.
Erin	무슨 일이 있었는지 말해봐. *나 듣고 있어.

* **didn't you?** 그치? 맞지? (부가 의문문은 내가 진짜 궁금해서 물어보는 게 아니라 앞서 내가 한 말에 대해 확인차, 또는 동조를 구할 때 붙여주는 거예요.)

* **I'm all ears.** 나 (집중해서) 듣고 있어. 어서 말해봐. (상대방의 이야기를 경청하고 있음을 나타내거나 어서 말해보라고 유도할 때 쓸 수 있는 표현이에요.)

에피소드 02

정답 ① was ② suspect ③ suspect ④ wasn't ⑤ caught

Erin	어젯밤에 은행이 *털렸어.
Jason	그러니까. 오늘 아침에 경찰이 용의자 한 명을 체포했다던데?
Erin	맞아, 그랬지. 하지만 문제는 그 용의자가 현장에 없었다는 거야.
Jason	*네 말은 그들이 무고한 사람을 잡았다는 거야?

* **rob** 강도 짓을 하다, 털다
* **You mean** 그러니까 네 말은

에피소드 03

정답 ① hot ② wasn't that expensive ③ did it ④ appeared in

Erin	와, 이 가방 인스타그램에서 진짜 핫하네.
Jason	그 가방 *별로 안 비쌌었는데 이제는 300만 원이 넘어.
Erin	*어떻게 그렇게 됐지?
Jason	한 탑 여배우가 그 가방 들고 드라마에 나왔었잖아.

* **that** 그렇게까지 (부정문에서 '그렇게까지 ~하지는 않아'라는 느낌으로 쓰여요. too, very, so 등으로 바꿔 써도 괜찮아요!)

* **How did it happen?** 어떻게 그렇게 됐지? (사건이나 일의 경위를 물어볼 때 쓰는 질문이에요.)

앞서 연습한 문장을 직접 써보면서 확실하게 내 것으로 만들기

01 그거 심지어 진짜도 아니었어.

02 난 확신이 없었어.

03 그 용의자는 현장에 없었어.

04 내 전 동료들은 성실하지 않았어.

05 그 가방 별로 안 비쌌어.

06 그는 나한테 썩 좋은 파트너는 아니었어.

07 그거 심지어 도움도 안 됐어.

08 내 전 동료들은 한국인이 아니었어.

09 난 관심이 없었어.

10 그는 나한테 썩 좋은 이웃은 아니었어.

정답 은 앞 페이지에서 확인하세요!

새로운 문장을 직접 써보면서 학습 마무리

A 빈칸에 be동사 부정형을 넣어 문장을 완성해 보세요.

01 내 전 남친은 모범생은 아니었어. My ex-boyfriend [   ] a good student.

02 그 경찰관은 그렇게 친절하지 않았어요. The police officer [   ] that nice.

03 근처에는 경찰들이 없었어요. The police [   ] around.

04 거기는 덥지 않았어. It [   ] hot there.

05 그 건물은 높지 않았어. The building [   ] tall.

B 주어진 단어들을 영어의 어순에 맞게 배열하여 문장을 만들어보세요.

01 우리는 모두 완벽하지 않았죠. (we all / perfect / were not)

[   ]

02 너 담배 안 피웠었잖아. (you / a smoker / were not)

[   ]

03 우리 언니 오빠는 나한테 잘해주지 않았어. (my sister and brother / to me / good / were not)

[   ]

04 그건 나한테 그렇게 중요하지 않았어. (it / to me / that / important / was not)

[   ]

05 내 아이들은 책벌레들이 아니었어. (my kids / bookworms / were not)

[   ]

정답 373p

영어 습관 15일차 — 예전에는 어땠는지 묻기

문법 〉 말하기 〉 듣기 〉 쓰기

🎧 저자 무료 음성 강의

말하기를 위한 기본기 기르기

❗ 문법 POINT 과거의 상태를 물어볼 때는
Be동사 단순 과거 시제 의문문

01 Be동사의 과거 시제 의문문은 주어와 was/were 위치만 바꿔주면 돼요.

✏️ Was/Were + 주어 + 명사? : ~였어?

내가 학생이었나? **Was I** a student?

그는 네 남자친구였어? **Was he** your boyfriend?

✏️ Was/Were + 주어 + 형용사? : ~였어?

그가 똑똑했었어? **Was he** smart?

넌 키가 컸었니? **Were you** tall?

✏️ Was/Were + 주어 + 전치사구? : ~에 있었어?

너 시원스쿨에 있었어? **Were you** at Siwon School?

걔네 직장에 있었어? **Were they** at work?

* Was I [워자이], Was he [워지], Was she [워쉬], Was it [워짓] 이 발음들은 특히 주의해주세요!

🎧 원어민 mp3 듣기 (천천히/빠르게)

문법 포인트를 기억하며 우리말 보고 영어로 말하기

01 문장 연습을 하기 위해 필요한 단어들을 먼저 확인하세요.

be angry at	~에 화가 나 있다	**be disappointed with/in**	~에게 실망하다	**game addict**	게임 중독
heavy smoker	담배를 많이 피우는 사람	**on vacation**	휴가 중인	**at that time**	그 당시에
at business	업무 중인	**chubby**	통통한	**as a child**	어릴 때
shy	수줍은	**dry**	건조한	**muggy**	후텁지근한

02 천천히 읽기 4번, 원어민의 속도에 맞춰 빠르게 읽는 연습을 4번 해보세요.

우리말	영어	천천히	빠르게
너 나한테 화났었니?	Were you angry at me?	☐☐ ☐☐	☐☐ ☐☐
너 나한테 실망했니?	Were you disappointed with me?	☐☐ ☐☐	☐☐ ☐☐
너 게임 중독이었어?	Were you a game addict?	☐☐ ☐☐	☐☐ ☐☐
너 담배 많이 피웠었어?	Were you a heavy smoker?	☐☐ ☐☐	☐☐ ☐☐
그들은 그때 휴가 중이었나?	Were they on vacation at that time?	☐☐ ☐☐	☐☐ ☐☐
그들은 그때 업무 중이었나?	Were they at business at that time?	☐☐ ☐☐	☐☐ ☐☐
Erin이 어릴 때 통통했었나?	Was Erin chubby as a child?	☐☐ ☐☐	☐☐ ☐☐
Erin이 어릴 때 수줍음이 많았나?	Was Erin shy as a child?	☐☐ ☐☐	☐☐ ☐☐
어제 건조했었나?	Was it dry yesterday?	☐☐ ☐☐	☐☐ ☐☐
어제 후텁지근했나?	Was it muggy yesterday?	☐☐ ☐☐	☐☐ ☐☐

실전 대화 연습! 대화를 듣고 빈칸 채우기

에피소드 01 경솔한 말 때문에 화가 난 친구에게 사과하는 상황

Jason It was ① ⬚ of you to say so.

Erin I didn't ② ⬚ hurt you. ③ ⬚ angry at me?

Jason I was, but now I'm trying to understand why ④ ⬚ that.

Erin I'm ⑤ ⬚ sorry. I'll watch what I say.

5회 연습 체크 : 1 2 3 4 5   총연습 횟수 : ( )회

에피소드 02 최씨 부부를 처음 만난 일에 대해 이야기하는 상황

Erin Where ① ⬚ first meet Mr. and Mrs. Choi?

Jason I first met them in Hawaii ② ⬚ two years ago.

Erin Hawaii? ③ ⬚ on vacation then?

Jason No, they ④ ⬚ on business.

5회 연습 체크 : 1 2 3 4 5   총연습 횟수 : ( )회

에피소드 03 아침에 룸메이트와 대화하는 상황

Jason What are you applying?

Erin Chap Stick. My lips ① ⬚ ② ⬚ .

Jason ③ ⬚ dry yesterday?

Erin Yes. We should ④ ⬚ a humidifier at home.

5회 연습 체크 : 1 2 3 4 5   총연습 횟수 : ( )회

잘 들었는지 체크! 우리말 대화를 보고 영어로 말해보기

에피소드 01

정답 ① careless ② mean to ③ Were you ④ you did ⑤ terribly

Jason *그런 말을 하다니 네가 경솔했어.

Erin 상처 주려던 건 아니었어. 나한테 화났었니?

Jason 그랬는데 지금은 네가 왜 그랬는지 이해하려고 노력 중이야.

Erin 정말 미안해. 앞으로는 *말조심할게.

* **It was 형용사 of 누구 to 동사** (누가) ~하다니 어떠했다
* **watch** 보다, 조심하다 (참고로 '말 좀 가려 해! 나쁜 말 쓰지마!'는 Watch your language! 또는 짧게 Language! 라고도 한답니다.)

에피소드 02

정답 ① did you ② about ③ Were they ④ stayed there

Erin 너 최 씨 부부를 어디서 처음 만났어?

Jason 한 2년 전쯤에 하와이에서 처음 만났어.

Erin 하와이? 그들이 그때 *휴가 중이었나?

Jason 아니, *사업차 머물고 있었어.

* **on vacation** 휴가차
* **on business** 업무차

에피소드 03

정답 ① are ② chapped ③ Was it ④ buy

Jason 뭐 *바르는 거야?

Erin 챕스틱. 입술이 *텄거든.

Jason 어제 건조했었나?

Erin 응. 우리 집에 가습기 하나 사야겠어.

* **apply** 신청하다, 적용하다, 바르다 ('바르다'의 뜻일 때에는 put on을 써도 좋아요.)
* **chapped** 튼, 갈라진

앞서 연습한 문장을 직접 써보면서 확실하게 내 것으로 만들기

01 너 나한테 화났었니?

02 너 담배 많이 피웠었어?

03 그들은 그때 휴가 중이었나?

04 어제 건조했었나?

05 너 게임 중독이었어?

06 Erin이 어릴 때 통통했었나?

07 그들은 그때 업무 중이었나?

08 너 나한테 실망했니?

09 Erin이 어릴 때 수줍음이 많았나?

10 어제 후텁지근했나?

정답 은 앞 페이지에서 확인하세요!

새로운 문장을 직접 써보면서 학습 마무리

A 빈칸에 **be**동사를 넣어 문장을 완성해 보세요.

01 넌 집순이었니? ☐ you a homebody?

02 다 괜찮았지? ☐ everything fine?

03 따님이 집에 있었나요? ☐ your daughter at home?

04 제 남편과 제가 어디 있었게요? Where ☐ my husband and I?

05 그가 맞았었나? ☐ he correct?

B 박스 안에 주어진 단어들 중 하나를 골라 문장을 만들어보세요.

sick   snowy   tired   close   salty

01 너 피곤했니?

☐

02 Erin이 아팠나요?

☐

03 그거 짰어요?

☐

04 Erin이랑 Jack이랑 친했나요?

☐

05 어제 눈이 왔니?

☐

정답 373p

문법 말하기 듣기 쓰기

🎧 저자 무료 음성 강의

말하기를 위한 기본기 기르기

❗ 문법 POINT 미래의 상태를 말할 때는
Be동사 단순 미래 시제 평서문

01 be동사는 주어에 따라 현재형은 세 가지, 과거형은 두 가지가 있던 것과 달리 미래형은 주어에 상관 없이 무조건 be동사 앞에 will만 붙여주면 돼요.

현재형의 be동사 (~이다, ~에 있다)	과거형의 be동사 (~이었다, ~에 있었다)	미래형의 be동사 (~일 것이다, ~에 있을 거다)
am	was	will be
is	was	will be
are	were	will be

* will 뒤에는 언제나 **동사원형**을 쓰는 것 잊지 마세요!
* will은 'll로 축약이 가능해요. (I'll / You'll / He'll / She'll / It'll / We'll / They'll)

02 **be동사 미래 시제는 '앞으로 일어날 일, 약속이나 의지'를 나타낼 때 써요.**

✎ 앞으로 일어날 일들이나 일어났으면 하는 일

나 늦을 거야. **I'll be** late.

내가 우승할 거야. **I'll be** a winner.

✎ '~하겠다'는 약속 또는 의지

난 너와 평생 함께 있을 거야. **I'll be** with you forever.

난 가수가 될 거야. **I'll be** a singer.

🎧 원어민 mp3 듣기 [천천히/빠르게]

문법 포인트를 기억하며 우리말 보고 영어로 말하기

01 문장 연습을 하기 위해 필요한 단어들을 먼저 확인하세요.

be back	돌아오다	**soon**	곧	**okay**	괜찮은
next year	내년	**twenty**	20	**sunny**	화창한
weekend	주말	**muggy**	후텁지근한	**flight**	비행, 항공편
at night	밤에	**early**	이른, 일찍	**will be there**	거기에 있을 것이다, 어느 모임이나 장소에 참석할 것이다

02 천천히 읽기 4번, 원어민의 속도에 맞춰 빠르게 읽는 연습을 4번 해보세요.

우리말	영어	천천히	빠르게
나 금방 돌아올게.	I'll be back soon.	☐☐	☐☐
나 금방 괜찮아질 거야.	I'll be okay soon.	☐☐	☐☐
나 내년에 엄마 돼요.	I'll be a mom next year.	☐☐	☐☐
나 내년에 스무 살이 돼요.	I'll be twenty next year.	☐☐	☐☐
이번 주말은 화창할 거예요.	It'll be sunny this weekend.	☐☐	☐☐
이번 주말은 후텁지근할 거예요.	It'll be muggy this weekend.	☐☐	☐☐
밤 비행기가 될 거야.	My flight will be at night.	☐☐	☐☐
이른 아침 비행기가 될 거야.	My flight will be in the early morning.	☐☐	☐☐
내가 거기 있을 거야.	I'll be there.	☐☐	☐☐
내가 너랑 함께 할 거야.	I'll be with you.	☐☐	☐☐

실전 대화 연습! 대화를 듣고 빈칸 채우기

에피소드 01 촬영을 앞두고 동료가 전화를 받으러 가는 상황

Erin	Where are you going? Our class is starting soon!
Jason	I've got an ① _____ . ② _____ back soon.
Erin	But the camera director is coming ③ _____ !
Jason	I need you to ④ _____ him just a little bit.

5회 연습 체크 : 1 2 3 4 5 총연습 횟수 : ( )회

에피소드 02 자전거를 타러 갈 약속을 잡는 상황

Erin	If it ① _____ , we can ride a bike.
Jason	No worries. We can ② _____ on Sunday.
Erin	Have you checked the ③ _____ ?
Jason	Yes. ④ _____ sunny this weekend.

5회 연습 체크 : 1 2 3 4 5 총연습 횟수 : ( )회

에피소드 03 제주도에 놀러가는 친구와 대화하는 상황

Erin	I'm ① _____ to Jeju today!
Jason	Really? But it's ② _____ 6 p.m.!
Erin	My flight ③ _____ at night.
Jason	④ _____ ! When are you getting back?

5회 연습 체크 : 1 2 3 4 5 총연습 횟수 : ( )회

잘 들었는지 체크! 우리말 대화를 보고 영어로 말해보기

에피소드 01

정답 ① urgent call ② I'll be ③ in a minute ④ stall

Erin 너 어디 가? 우리 수업 곧 시작인데!

Jason 급한 전화가 왔어. 금방 돌아올게.

Erin 하지만 촬영 감독님이 *곧 오실 텐데!

Jason 잠깐만 시간을 *끌어줘.

* in a minute 곧 (꼭 '1분 안에'라고 직역할 필요 없이 '금방'이라는 느낌으로 쓰면 돼요.)
* stall 누구 ~를 잡고 시간을 끌다

에피소드 02

정답 ① doesn't rain ② do it ③ weather forecast ④ It'll be

Erin *비가 안 오면 우린 자전거를 탈 수 있어.

Jason 걱정 마. 일요일에 하면 되니까.

Erin 일기예보 *확인했어?

Jason 응. 이번 주말에는 화창할 거야.

* if 주어 + 동사 ~하면
* Have you 과거분사? ~해놨어? ~했어? (이건 현재완료 시제에서 자세히 다루기로 해요. 일단 여기서는 우
리가 배운 대로 Did you check ~? '~ 확인했어?'로 바꿔도 아~무 상관없답니다!)

에피소드 03

정답 ① flying ② already ③ will be ④ Jealous

Erin 나 오늘 제주도 간다!

Jason 진짜? 근데 *벌써 6시인데?

Erin 나 밤 비행기 탈 거야.

Jason *좋겠다! 언제 와?

* already 벌써, 이미
* jealous 질투하는 (형용사이지만 이렇게 혼자 감탄사처럼 혹은 대답으로 쓰면 '잘됐다! 좋겠다! 부러워!'
같은 뉘앙스가 돼요~)

앞서 연습한 문장을 직접 써보면서 확실하게 내 것으로 만들기

01 나 금방 돌아올게.

02 나 내년에 스무 살이 돼요.

03 이른 아침 비행기가 될 거야.

04 내가 거기 있을 거야.

05 나 금방 괜찮아질 거야.

06 내가 너랑 함께 할 거야.

07 이번 주말은 화창할 거예요.

08 나 내년에 엄마 돼요.

09 밤 비행기가 될 거야.

10 이번 주말은 후텁지근할 거예요.

정답 은 앞 페이지에서 확인하세요!

새로운 문장을 직접 써보면서 학습 마무리

A 빈칸에 **be**동사의 미래형을 넣어 문장을 완성해 보세요.

01 바로 올게. I ⌈_____⌉ right back.

02 우리 딸은 대통령이 될 거야. My daughter ⌈_____⌉ a president.

03 우린 다시 함께 할 거야. We ⌈_____⌉ together again.

04 이번 크리스마스엔 눈이 올 거야. It ⌈_____⌉ snowy this Christmas.

05 그는 그녀의 편일 거야. He ⌈_____⌉ on her side.

B 박스 안에 주어진 단어들 중 하나를 골라 문장을 만들어보세요.

better   on time   busy   there   chilly

01 나 이번 주말엔 바쁠 거야.

02 나 딱 맞춰 도착할 거야.

03 Erin이 거기 갈 거야.

04 내일 쌀쌀할 거야.

05 그의 성적은 더 나아질 거야.

정답 373p

앞으로 안 그럴 일 말하기

문법 말하기 듣기 쓰기

  저자 무료 음성 강의

말하기를 위한 기본기 기르기

❗ **문법 POINT** 미래의 상태가 그렇지 않을 거라고 말할 때는 Be동사 단순 미래 시제 부정문

01 be동사의 미래 시제 부정문은 will 뒤에 not만 붙여주면 돼요!

주어	be동사 미래 시제 평서문 (~일 것이다, ~에 있을 거다)	be동사 미래 시제 부정문 (~아닐 것이다, ~에 없을 거다)
1인칭	나 늦을 거야. I **will be** late.	나 안 늦을 거야. I **will not be** late.
2인칭	너 늦을 거야. You **will be** late.	너 늦지 않을 거야. You **will not be** late.
3인칭	내일은 화창할 거야. It **will be** sunny tomorrow.	내일은 화창하지 않을 거야. It **will not be** sunny tomorrow.

* will not은 won't [워운ㅌ]로 축약이 가능해요!

* 평서문에서 will을 'll로 축약할 수 있으므로, 부정문을 I'll not / She'll not / They'll not과 같이 나타낼 수도 있어요.

* '결코/절대 ~하지 않을 것'이라고 부정의 의미를 강조할 때 not 대신 never을 쓸 수 있어요.

02 be동사 미래 시제 부정문의 쓰임도 평서문과 동일해요.

✎ 앞으로 일어나지 않을 일이나 일어나지 않았으면 하는 일

내일은 비가 오지 않을 거야. It**'ll not** be rainy tomorrow.

그녀는 늦지 않을 거야. She**'ll not** be late.

✎ '안 하겠다'는 약속 또는 의지

난 돌아오지 않을 거야. I**'ll not** be back.

나 늦지 않을게. I**'ll not** be late.

문법 포인트를 기억하며 우리말 보고 영어로 말하기

01 문장 연습을 하기 위해 필요한 단어들을 먼저 확인하세요.

be there	거기에 있다	**sorry**	미안한, 후회하는, 유감인	**good**	좋은, (~을) 잘하는
singer	가수	**listener**	청자	**never**	결코, 절대
satisfied	만족하는	**nervous**	초조한, 긴장하는	**the same**	같은
easy	쉬운	**true**	사실인	**alone**	혼자, 홀로

02 천천히 읽기 4번, 원어민의 속도에 맞춰 빠르게 읽는 연습을 4번 해보세요.

		천천히	빠르게
난 거기 없을 거야. (= 난 거기 안 갈 거야.)	I won't be there.	☐☐	☐☐
난 미안해하지 않을 거야.	I won't be sorry.	☐☐	☐☐
그녀는 노래를 잘하지 못할 거야.	She won't be a good singer.	☐☐	☐☐
그녀는 남의 이야기를 잘 들어주지는 않을 거야.	She won't be a good listener.	☐☐	☐☐
저는 절대 만족을 모르죠.	I'll never be satisfied.	☐☐	☐☐
저는 절대 긴장하지 않을 거예요.	I'll never be nervous.	☐☐	☐☐
저는 절대 같은 모습은 아닐 거예요. (= 저는 늘 변화하는 사람이에요.)	I'll never be the same.	☐☐	☐☐
그거 쉽지 않을 거야.	It won't be easy.	☐☐	☐☐
그거 사실이 아닐 거야.	It won't be true.	☐☐	☐☐
넌 혼자가 아닐 거야.	You won't be alone.	☐☐	☐☐

실전 대화 연습! 대화를 듣고 빈칸 채우기

에피소드 01 ▷ 입사 면접을 보는 상황

Jason   What are your ① [   ]?

Erin   I always try to do ② [   ] now. ③ [   ] satisfied.

Jason   Good. What are your ④ [   ]?

Erin   Sometimes I don't know ⑤ [   ] quit.

5회 연습 체크 : **1** **2** **3** **4** **5**   총연습 횟수 : (   )회

에피소드 02 ▷ 고집 센 고객 때문에 애를 먹는 동료와 대화하는 상황

Jason   I have to ① [   ] Mr. Lee.

Erin   It ② [   ] easy. He's such a ③ [   ] man.

Jason   I know. It'll be a ④ [   ].

Erin   Good luck!

5회 연습 체크 : **1** **2** **3** **4** **5**   총연습 횟수 : (   )회

에피소드 03 ▷ 중고차를 사려는 친구와 대화하는 상황

Jason   I don't know ① [   ] to buy.

Erin   I know a ② [   ] car dealer. Just meet him.

Jason   Can I ③ [   ] him?

Erin   Believe me! You ④ [   ] sorry.

5회 연습 체크 : **1** **2** **3** **4** **5**   총연습 횟수 : (   )회

잘 들었는지 체크! 우리말 대화를 보고 영어로 말해보기

에피소드 01

정답 ① strengths ② better than ③ I'll never be ④ weaknesses ⑤ when to

Jason   당신의 *강점은 무엇인가요?
Erin   저는 항상 현재보다 더 잘하기 위해 노력합니다. 절대 만족을 모르죠.
Jason   좋네요. 그럼 *단점은 뭐죠?
Erin   가끔은 *언제 그만둬야 할지를 모른다는 거예요.

* **strength** 힘, 강점, 장점 (반대말 '약함, 약점, 단점'은 weakness)
* **when to 동사** 언제 ~할 지

에피소드 02

정답 ① persuade ② won't be ③ headstrong ④ tough sell

Jason   Mr. Lee를 설득해야 해.
Erin   쉽지 않을 거야. *고집이 엄청 센 사람이잖아.
Jason   맞아. *설득하기 힘들 거야.
Erin   행운을 빈다!

* **such a** 어느 정도 (우리말로 '~한 편이잖아'와 같은 표현을 영어로 표현하면 such a ~ 에 해당해요. 다른 말로 kind a 또는 kind of 라고 하기도 해요.)
* **tough sell** 힘든 설득 작업 (반대로 쉽게 설득할 수 있는 경우는 easy sell이라고 해요.)

에피소드 03

정답 ① which model ② used ③ trust ④ won't be

Jason   *어떤 모델을 사야 할지 모르겠어.
Erin   내가 중고차 딜러 한 명을 알아. 일단 한번 만나봐.
Jason   믿을 만한 사람이야?
Erin   날 믿어. *후회하지 않을 거야.

* **which 명사 to 동사** 어떤 명사를 ~할 지
* **You won't be sorry.** 후회하지 않을 거야. (sorry는 미안함, 유감인 상황, 후회해서 아쉬움이 남는 그런 불편한 마음들을 다 커버할 수 있어요!)

앞서 연습한 문장을 직접 써보면서 확실하게 내 것으로 만들기

01 난 미안해하지 않을 거야.

02 그녀는 노래를 잘하지 못할 거야.

03 넌 혼자가 아닐 거야.

04 난 거기 없을 거야. (= 난 거기 안 갈 거야.)

05 저는 절대 긴장하지 않을 거예요.

06 저는 절대 만족을 모르죠.

07 그거 쉽지 않을 거야.

08 그거 사실이 아닐 거야.

09 저는 절대 같은 모습은 아닐 거예요. (= 저는 늘 변화하는 사람이에요.)

10 그녀는 남의 이야기를 잘 들어주지는 않을 거야.

정답 은 앞 페이지에서 확인하세요!

새로운 문장을 직접 써보면서 학습 마무리

A 빈칸에 be동사의 미래형을 넣어 문장을 완성해 보세요.

01 너 없이 난 행복하지 않을 거야. I ⬚ happy without you.

02 4시에 Erin은 집에 없을 거야. Erin ⬚ at home at 4.

03 우린 절대 다시 친구가 될 수 없을 거야. We ⬚ friends again.

04 그는 어디에도 없을 겁니다. He ⬚ anywhere.

05 나는 그녀처럼 거짓말쟁이가 되지 않을 거야. I ⬚ a liar like her.

B 박스 안에 주어진 단어들 중 하나를 골라 문장을 만들어보세요.

released   published   me   disappointed   cold

01 넌 실망하지 않을 거야.

02 그게 나는 아닐 거야.

03 그 모델은 출시되지 않을 거야.

04 그 책은 출판되지 않을 거야.

05 춥지 않을 거야.

정답 374p

영어 습관

18일차 앞으로 어떨지 묻기

말하기 ▷ 듣기 ▷ 쓰기

🎧 저자 무료 음성 강의

말하기를 위한 기본기 기르기

❗ 문법 POINT 미래의 상태를 물어볼 때는
Be동사 단순 미래 시제 의문문

01 be동사의 미래 시제 의문문은 주어와 will의 위치만 바꿔주면 돼요.

Will + 주어 + be동사 ~?
~일 거야?, ~에 있을 거야?

✏️ 앞으로 어떤 일이 일어날지를 물을 때

내일 화창할까? **Will it** be sunny tomorrow?

너 늦을 거야? **Will you** be late?

그가 내 사무실에 있을까? **Will he** be in my office?

✏️ 약속할 수 있는지 또는 할 의지가 있는지 물을 때

돌아올 거야? **Will you** be back?

나랑 평생 함께 할 거야? **Will you** be with me forever?

제때 올 거야? **Will you** be on time?

02 Will you ~? 질문은 한 가지 뜻이 더 있어요. 바로 공손한 부탁!

제 파트너가 되어 주시겠어요? **Will you** be my partner?

조용히 좀 해주실래요? **Will you** be quiet?

제 편이 되어 주실래요? **Will you** be on my side?

문법 〉 **말하기** 〉 듣기 〉 쓰기

🎧 원어민 mp3 듣기 [천천히/빠르게]

문법 포인트를 기억하며 우리말 보고 영어로 말하기

01 문장 연습을 하기 위해 필요한 단어들을 먼저 확인하세요.

there	그곳에	on time	제때에	freezing	꽁꽁 얼듯이 추운
weekend	주말	sweltering	숨막힐 듯 무더운	boyfriend	남자친구
boozing buddy	술친구	okay	괜찮은	tomorrow	내일
open	(문 등이) 열려 있는	too much	과도한, 과한	funny	재미있는

02 천천히 읽기 4번, 원어민의 속도에 맞춰 빠르게 읽는 연습을 4번 해보세요.

우리말	영어	천천히	빠르게
너도 올 거야?	Will you be there?	☐☐	☐☐
너 제때 올 거야?	Will you be on time?	☐☐	☐☐
이번 주말에 진짜 추울까?	Will it be freezing this weekend?	☐☐	☐☐
이번 주말에 엄청 무더울까?	Will it be sweltering this weekend?	☐☐	☐☐
제 남자친구가 되어주시겠어요?	Will you be my boyfriend?	☐☐	☐☐
제 술친구가 되어주시겠어요?	Will you be my boozing buddy?	☐☐	☐☐
내일 (시간) 괜찮으시겠어요?	Will you be okay tomorrow?	☐☐	☐☐
내일 영업하세요?	Will you be open tomorrow?	☐☐	☐☐
너무 과하려나?	Will it be too much?	☐☐	☐☐
재미있을까?	Will it be funny?	☐☐	☐☐

실전 대화 연습! 대화를 듣고 빈칸 채우기

에피소드 01 〉 친구의 생일 파티에 대해 이야기하는 상황

Erin Hailey is (①) a birthday party tomorrow. (②) be there?

Jason Of course I will. I'm her best friend!

Erin What did you prepare for her birthday (③)?

Jason I bought (④) flowers and perfume. What about you?

5회 연습 체크 : **1 2 3 4 5**　　총연습 횟수 : ( )회

에피소드 02 〉 노래 연습 일정을 맞추는 상황

Erin I think we (①) practice singing together.

Jason Yeah, I think so, too. When do you want to (②)?

Erin (③) be okay (④)?

Jason I'll (⑤) from six to eight.

5회 연습 체크 : **1 2 3 4 5**　　총연습 횟수 : ( )회

에피소드 03 〉 할로윈 파티 분장에 대해 이야기하는 상황

Erin What are you (①) this Halloween?

Jason I'm gonna be a serial murderer (②) blood.

Erin What? (③) forget you made all the kids cry last year?

Jason (④) too much?

5회 연습 체크 : **1 2 3 4 5**　　총연습 횟수 : ( )회

잘 들었는지 체크! 우리말 대화를 보고 영어로 말해보기

에피소드 01

정답 ① having ② Will you ③ present ④ a bunch of

Erin	Hailey 내일 생일 *파티 하는데 너도 올 거야?
Jason	당연히 가지. 내가 걔 베프인데!
Erin	생일 선물로 뭐 준비했어?
Jason	난 꽃 *한 다발이랑 향수 샀어. 넌?

　* **have a party** 파티를 하다 (우리말로 '하다'여서 do라고 생각하는 분들이 많은데 아니에요! 영어로는 어
　　　　　　　　　　떤 일정을 얘기할 때 언제나 have 동사를 써요.

　* **a bunch of** 다수의, 한 묶음/다발/꾸러미의

에피소드 02

정답 ① need to ② meet ③ Will you ④ tomorrow ⑤ be fine

Erin	우리 *노래 연습 같이 해야할 것 같아.
Jason	응, *내 생각도 그래. 언제 만날래?
Erin	내일 괜찮아?
Jason	나 6시부터 8시까지 괜찮아.

　* **practice 동사ing** ～하는 것을 연습하다
　* **I think so, too.** 나도 그렇게 생각해.

에피소드 03

정답 ① wearing ② covered in ③ Did you ④ Will it be

Erin	너 이번 할로윈 때 뭐 입을 거야?
Jason	*피를 뒤집어쓴 연쇄 살인마 분장을 할 거야.
Erin	뭐? 너 작년에 모든 아이들 울렸던 거 까먹었니?
Jason	너무 과하려나?

　* **covered in** ～로 덮인

앞서 연습한 문장을 직접 써보면서 확실하게 내 것으로 만들기

01 너 제때 올 거야?

02 너도 올 거야?

03 재미있을까?

04 내일 영업하세요?

05 이번 주말에 진짜 추울까?

06 이번 주말에 엄청 무더울까?

07 제 술친구가 되어주시겠어요?

08 제 남자친구가 되어주시겠어요?

09 내일 시간 괜찮으시겠어요?

10 너무 과하려나?

정답 은 앞 페이지에서 확인하세요!

새로운 문장을 직접 써보면서 학습 마무리

A 빈칸에 be동사의 미래형을 넣어 문장을 완성해 보세요.

01 다 괜찮아지겠지? [　　　　] everything [　　　　] okay?

02 내가 나아지겠지? [　　　　] I [　　　　] better?

03 내일 추울까? [　　　　] it [　　　　] cold tomorrow?

04 내 아내가 되어줄래요? [　　　　] you [　　　　] my wife?

05 그녀의 편이 되어주겠니? [　　　　] you [　　　　] on her side?

B 주어진 단어들을 영어 어순에 맞게 배열하여 문장을 만들어보세요.

01 그거 너무 길까? (it / too long / be / will)

[　　　　　　　　　　　　　　　　　　　　　　]

02 조용히 좀 해주실래요? (you / quiet / be / will)

[　　　　　　　　　　　　　　　　　　　　　　]

03 너 내일 2시에 여기 있을 거야? (you / at 2 tomorrow / here / be / will)

[　　　　　　　　　　　　　　　　　　　　　　]

04 도서관이 일요일에 열려나? (the library / on Sunday / open / be / will)

[　　　　　　　　　　　　　　　　　　　　　　]

05 놀라울까? (will / be / surprising / it)

[　　　　　　　　　　　　　　　　　　　　　　]

정답 374p

문법 〉 말하기 〉 듣기 〉 쓰기

🎧 저자 무료 음성 강의

말하기를 위한 기본기 기르기

❗ 문법 POINT 앞으로의 확실한 계획을 말할 때는 **be going to 평서문**

01 앞으로의 계획을 말할 때 be going to 미래 시제를 활용할 수 있어요.
be going to의 be는 be동사이므로 주어에 따라 am, is, are로 바꿔줘야 해요!

🖉 **앞으로의 계획이나 의도를 말할 때**

나 Erin 만나기로 했어. I**'m going to** meet Erin.

그녀는 세미나에 참석하기로 했어. She**'s going to** attend the seminar.

우리 이번 주 일요일에 하이킹 갈 거야. We**'re going to** go hiking this Sunday.

🖉 **어떤 일이 일어날 가능성이 있을 때**

나 죽겠다. I**'m going to** die.

금방이라도 퍼붓겠는데. It**'s going to** pour soon.

그녀는 괜찮아질 거야. She**'s going to** be fine.

* 이때 will을 써도 괜찮지만, 그 일이 일어날 가능성이 높음을 표현하고 싶을 때는 be going to가 선호돼요!

02 be going to 뒤에는 무조건 동사원형이 와요!
이때 be동사의 원형 be와 일반동사 go가 올 때는 특히 주의하세요!

그녀는 괜찮아질 거야. She's going to **be** fine.

우리는 하이킹 갈 거야. We're going to **go** hiking

03 be going to를 축약해서 be gonna[거너]라고 할 수도 있는데 회화체에서만 쓰여요.

🎧 원어민 mp3 듣기 [천천히/빠르게]

문법 포인트를 기억하며 우리말 보고 영어로 말하기

01 문장 연습을 하기 위해 필요한 단어들을 먼저 확인하세요.

visit	방문하다	**call**	전화하다	**go for a drink**	술 한잔하러 가다
tonight	오늘 밤	**go for a walk**	산책하러 가다	**pour**	퍼붓다
in no time	곧	**clear up**	날이 개다	**be back**	돌아오다
out of town	출장 중인, 출타 중인 (원래 거주지 말고 다른 지역에 가 있을 때)	**ask for**	~을 요구하다, 요청하다	**refund**	환불

02 천천히 읽기 4번, 원어민의 속도에 맞춰 빠르게 읽는 연습을 4번 해보세요.

우리말	영어	천천히	빠르게
나 부모님 뵈러 갈 거야.	I'm going to visit my parents.	☐☐☐☐	☐☐☐☐
나 부모님께 전화드릴 거야.	I'm going to call my parents.	☐☐☐☐	☐☐☐☐
우리 오늘 밤에 술 한잔하러 갈 거야.	We're going to go for a drink tonight.	☐☐☐☐	☐☐☐☐
우리 오늘 밤에 산책하러 갈 거야.	We're going to go for a walk tonight.	☐☐☐☐	☐☐☐☐
금방 퍼붓겠는데.	It's going to pour in no time.	☐☐☐☐	☐☐☐☐
금방 날이 개겠는데.	It's going to clear up in no time.	☐☐☐☐	☐☐☐☐
그는 다음 주 월요일에 돌아올 거야.	He's going to be back next Monday.	☐☐☐☐	☐☐☐☐
그는 다음 주 월요일에 다른 곳에 가 있을 거야.	He's going to be out of town next Monday.	☐☐☐☐	☐☐☐☐
모든 게 다 잘 될 거야.	Everything is going to be okay.	☐☐☐☐	☐☐☐☐
Erin은 환불을 요구할 거야.	Erin is going to ask for a refund.	☐☐☐☐	☐☐☐☐

🎧 대화문 듣기 (천천히/빠르게)

실전 대화 연습! 대화를 듣고 빈칸 채우기

에피소드 01 추석 계획에 대해 이야기하는 상황

Jason What ①＿＿＿＿＿＿ do this Chuseok?

Erin I'm ②＿＿＿＿＿＿ visit my parents. Do you have ③＿＿＿＿＿＿?

Jason No. I think I'll just ④＿＿＿＿＿＿.

Erin If so, come with me. My mom will cook some Korean ⑤＿＿＿＿＿＿ food for you!

5회 연습 체크 : **1** **2** **3** **4** **5**　　총연습 횟수 : (　)회

- - -

에피소드 02 비서와 통화하는 상황

Erin Hello, this is Dr. Lee's office. How ①＿＿＿＿ help you?

Jason Hello, this is Jason. ②＿＿＿＿ talk to him?

Erin I'm sorry, but he's ③＿＿＿＿. ④＿＿＿＿ return next Monday.

Jason Oh, can I ⑤＿＿＿ a message?

5회 연습 체크 : **1** **2** **3** **4** **5**　　총연습 횟수 : (　)회

- - -

에피소드 03 병원에 입원한 친구를 걱정하는 상황

Erin ①＿＿＿＿ Emily got in a car accident?

Jason Yeah... She's ②＿＿＿＿. I'm so ③＿＿＿＿ her.

Erin Don't worry. Everything ④＿＿＿＿ be okay.

Jason I ⑤＿＿＿.

5회 연습 체크 : **1** **2** **3** **4** **5**　　총연습 횟수 : (　)회

잘 들었는지 체크! 우리말 대화를 보고 영어로 말해보기

에피소드 01

정답 ① are you going to ② going to ③ any plans ④ stay home ⑤ traditional

Jason	이번 추석에 뭐 할 거야?
Erin	나 부모님 뵈러 갈 거야. 넌 뭐 계획 있어?
Jason	없어. 나 그냥 집에 있을 거 같아.
Erin	*그럼 나랑 같이 가자. 우리 엄마가 한국 음식 만들어 주실 거야!

* If so 그렇다면

에피소드 02

정답 ① may I ② Can I ③ out of town ④ He's going to ⑤ leave

Erin	여보세요, Lee 박사님의 *병원입니다. 어떻게 도와드릴까요?
Jason	안녕하세요, *Jason입니다. 박사님과 통화 가능할까요?
Erin	죄송하지만 현재 출장 중이십니다. 다음 주 월요일에 돌아오실 거예요.
Jason	오, *메모를 남겨도 되나요?

* This is ~ (전화 상에서) 저는/여기는 ~입니다
* leave a message 메모를 남기다 (반대로 상대의 메모를 받을 때에는 Can I take your message?라고 해요.)

에피소드 03

정답 ① Did you hear ② in the hospital ③ worried about ④ is going to ⑤ hope so

Erin	Emily가 *교통사고가 *났다던데 들었어?
Jason	응... 입원했다는데 너무 걱정돼.
Erin	걱정 마. 다 잘 될 거야.
Jason	그랬으면 좋겠어.

* Did you hear (that) 주어 + 동사? ~라던데 들었어? (소식/소문을 전할 때 써요.)
* get in a car accident 교통사고가 나다 (get in 대신 get into 또는 have를 써도 돼요.)

앞서 연습한 문장을 직접 써보면서 확실하게 내 것으로 만들기

01 나 부모님 뵈러 갈 거야.

02 금방 퍼붓겠는데.

03 Erin은 환불을 요구할 거야.

04 나 부모님께 전화드릴 거야.

05 그는 다음 주 월요일에 돌아올 거야.

06 모든 게 다 잘 될 거야.

07 우리 오늘 밤에 산책하러 갈 거야.

08 우리 오늘 밤에 술 한잔하러 갈 거야.

09 그는 다음 주 월요일에 다른 곳에 가 있을 거야.

10 금방 날이 개겠는데.

정답 은 앞 페이지에서 확인하세요!

새로운 문장을 직접 써보면서 학습 마무리

A 빈칸에 **be going to**를 넣어 문장을 완성해 보세요.

01 나 다음 주에는 다른 곳에 가 있을 거야. I ⌈＿＿＿＿＿＿＿⌉ be out of town next week.

02 금방 어둑어둑해지겠는데. It ⌈＿＿＿＿＿＿＿⌉ be dark in no time.

03 우리는 서울로 이사를 갈 거야. We ⌈＿＿＿＿＿＿＿⌉ move to Seoul.

04 내 남동생은 다음 달에 출장을 갈 거야. My brother ⌈＿＿＿＿＿＿＿⌉ go on a business trip next month.

05 나 시험에 통과할 거야. I ⌈＿＿＿＿＿＿＿⌉ pass the test.

B 박스 안에 주어진 단어들 중 하나를 골라 문장을 만들어보세요.

alright   take a walk   hotter   go to see a movie   talk to

01 모든 게 다 괜찮아질 거야.

⌈＿＿＿＿＿＿＿＿＿＿＿＿＿＿＿⌉

02 내일 더 더워지겠는데.

⌈＿＿＿＿＿＿＿＿＿＿＿＿＿＿＿⌉

03 우리 이번 주말에 영화 보러 가기로 했어.

⌈＿＿＿＿＿＿＿＿＿＿＿＿＿＿＿⌉

04 나 오늘 밤에 산책할 거야.

⌈＿＿＿＿＿＿＿＿＿＿＿＿＿＿＿⌉

05 나 그에게 이야기할 거야.

⌈＿＿＿＿＿＿＿＿＿＿＿＿＿＿＿⌉

정답 374p

하지 않을 계획 말하기

문법 말하기 듣기 쓰기

🎧 저자 무료 음성 강의

말하기를 위한 기본기 기르기

❗ **문법 POINT** 앞으로 하지 않을 계획을 말할 때는
be going to 부정문

01 '~하지 않기로 했어'처럼 하지 않을 계획을 말하는 be going to 미래 시제 부정문은 be 뒤에 not만
넣어주면 돼요.

나 Erin 안 만나기로 했어.
I'm **not going to** meet Erin.

그는 Erin 안 만나기로 했어.
He's **not going to** meet Erin.

우리 Erin 안 만나기로 했어.
We're **not going to** meet Erin.

02 be going to처럼 be not going to의 going 또한 회화체에서 gonna[거너]로 말할 수 있어요.

문법 포인트를 기억하며 우리말 보고 영어로 말하기

01 문장 연습을 하기 위해 필요한 단어들을 먼저 확인하세요.

do	하다	**take on**	~을 떠맡다	**newbie**	신입
attend	참석하다	**conference**	회의	**conduct**	지휘하다, 안내하다
late	늦은	**on time**	제때에	**easy**	쉬운
long	긴, 오래 걸리는	**anything**	아무것도	**bring up**	말을 꺼내다

02 천천히 읽기 4번, 원어민의 속도에 맞춰 빠르게 읽는 연습을 4번 해보세요.

우리말	영어	천천히	빠르게
나 안 할래.	I'm not going to do it.	☐☐ ☐☐	☐☐ ☐☐
난 그 일을 떠맡지 않을 거야.	I'm not going to take it on.	☐☐ ☐☐	☐☐ ☐☐
그 신입 사원은 회의에 참석하지 않을 예정이에요.	The newbie isn't going to attend the conference.	☐☐ ☐☐	☐☐ ☐☐
그 신입 사원은 회의를 진행하지 않을 예정이에요.	The newbie isn't going to conduct the conference.	☐☐ ☐☐	☐☐ ☐☐
그는 안 늦을 거야.	He's not going to be late.	☐☐ ☐☐	☐☐ ☐☐
그는 제때 맞춰 오지 않을 거야.	He's not going to be on time.	☐☐ ☐☐	☐☐ ☐☐
쉽지 않을 거야.	It's not going to be easy.	☐☐ ☐☐	☐☐ ☐☐
그렇게 오래 걸리지 않을 거야.	It's not going to be long.	☐☐ ☐☐	☐☐ ☐☐
우리 아무 말도 하지 않을 거예요.	We're not going to say anything.	☐☐ ☐☐	☐☐ ☐☐
우리 그 말을 꺼내지 않을게요.	We're not going to bring it up.	☐☐ ☐☐	☐☐ ☐☐

🎧 대화문 듣기 (천천히/빠르게)

실전 대화 연습! 대화를 듣고 빈칸 채우기

에피소드 01 같은 팀에 합류할 것을 권하는 상황

Jason   I (① _____) join Ms. Spencer's team.

Erin   What? Why? I heard she's (② _____) a pushy person.

Jason   Yeah, but her team (③ _____) the best sales award. How about you join us?

Erin   No thanks. (④ _____) do it.

5회 연습 체크 : **1** **2** **3** **4** **5**   총연습 횟수 : ( )회

에피소드 02 송년회에 올 인원을 체크하는 상황

Erin   Jake (① _____) to the (② _____) party tonight, is he?

Jason   Yes, he is. He said he would be there before 8.

Erin   He (③ _____) be in Chicago with his family.

Jason   (④ _____) be there. His flight was canceled because of the heavy snowfall.

5회 연습 체크 : **1** **2** **3** **4** **5**   총연습 횟수 : ( )회

에피소드 03 술주정한 친구와 다음날 대화하는 상황

Erin   I was really (① _____) last night.

Jason   Yeah, you were. Do you remember what you (② _____)?

Erin   No, but please (③ _____) it a secret (④ _____) I told you guys.

Jason   Of course. (⑤ _____) tell anyone.

5회 연습 체크 : **1** **2** **3** **4** **5**   총연습 횟수 : ( )회

잘 들었는지 체크! 우리말 대화를 보고 영어로 말해보기

에피소드 01

정답　　① volunteered to ② kind of ③ won ④ I'm not going to

Jason	나 Spencer 씨의 팀에 들어간다고 자원했어.
Erin	뭐? 왜? 듣자하니 *꽤나 강압적인 분이라던데.
Jason	맞아, 하지만 그분의 팀이 최고의 영업상을 탔잖아. *너도 들어오는 게 어때?
Erin	난 됐어. 안 할래.

　　* kind of 좀. ~한 편 (= sort of)
　　* How about 주어 + 동사? ~하는 게 어때? (= How 'bout ~?)

에피소드 02

정답　　① isn't coming ② year-end ③ was supposed to ④ He's not going to

Erin	오늘 밤 Jake *송년회에 안 오지?
Jason	와. 여덟 시 전에 도착해 있겠다는데?
Erin	걔 가족이랑 시카고에 *있기로 되어있잖아.
Jason	거기 안 갈 거야. 폭설 때문에 비행기가 결항됐대.

　　* year-end party 송년회 (참고로 '신년회'는 New Year's party 라고 해요~)
　　* be supposed to 동사 ~하기로 되어있다

에피소드 03

정답　　① drunk ② said ③ keep ④ no matter what ⑤ We're not going to

Erin	나 어젯밤에 진짜 취했었어.
Jason	맞아. 너 무슨 말 했는지는 기억나?
Erin	아니, 그렇지만 *내가 너네한테 뭐라고 했든 *비밀로 해줘.
Jason	당연하지. 우린 아무에게도 말하지 않을 거야.

　　* keep ~ a secret ~을 비밀로 하다
　　* no matter what 주어 + 동사 '주어'가 '동사'한 것이 무엇이든
　　　　　　　　　　　　　(예. 네가 뭘 좋아하든 no matter what you like)

앞서 연습한 문장을 직접 써보면서 확실하게 내 것으로 만들기

01 나 안 할래.

02 그는 안 늦을 거야.

03 우리 그 말을 꺼내지 않을게요.

04 그는 제때 맞춰 오지 않을 거야.

05 난 그 일을 떠맡지 않을 거야.

06 그 신입 사원은 회의를 진행하지 않을 예정이에요.

07 쉽지 않을 거야.

08 그렇게 오래 걸리지 않을 거야.

09 우리 아무 말도 하지 않을 거예요.

10 그 신입 사원은 회의에 참석하지 않을 예정이에요.

정답 은 앞 페이지에서 확인하세요!

새로운 문장을 직접 써보면서 학습 마무리

A 빈칸에 **be going to** 부정형을 넣어 문장을 완성해 보세요.

01 난 안 낄래. I [   ] be in.

02 우리 부부는 안 갈래요. My husband and I [   ] be there.

03 그렇게 힘들지는 않을 거야. It [   ] be that tough.

04 그 비행기는 결항되지 않을 예정이에요. The flight [   ] be canceled.

05 그들은 포기하지 않을 거야. They [   ] give it up.

B 박스 안에 주어진 단어들 중 하나를 골라 문장을 만들어보세요.

participate in   cloudy   early   mention   here

01 오후에는 흐리지 않을 거예요.

[   ]

02 난 그걸 언급하지 않을 거야.

[   ]

03 Erin은 이번 세미나에 참가하지 않을 예정이에요.

[   ]

04 우리 내년에는 여기 없을 거야.

[   ]

05 그녀는 일찍 오지 않을 거야.

[   ]

정답 374p

계획 묻기

문법 말하기 듣기 쓰기

🎧 저자 무료 음성 강의

말하기를 위한 기본기 기르기

❗ 문법 POINT 앞으로의 확실한 계획을 물을 때는
be going to 의문문

01 be going to의 의문문을 만들 때는 주어와 be동사의 위치만 바꿔주면 돼요.

Be + 주어 + going to 동사원형 ~?
~할 거야?, ~하기로 했어?

* 평서문과 마찬가지로 의문문에서도 be동사는 주어와 일치시켜요.
* 의문문에서도 be going to의 going은 회화체에서 주로 gonna[거너]로 말해요.

02 be going to 미래 시제로 '앞으로의 계획', '의도'를 물어볼 수 있어요.

내가 Erin 만나기로 했나?
Am I going to meet Erin?

우리 이번 주 일요일에 하이킹 갈 거야?
Are we going to go hiking this Sunday?

그녀 괜찮아지겠지?
Is she going to be fine?

🎧 원어민 mp3 듣기 [천천히/빠르게]

문법 포인트를 기억하며 우리말 보고 영어로 말하기

01 문장 연습을 하기 위해 필요한 단어들을 먼저 확인하세요.

try (= give it a shot)	한번 해보다	**join**	같이 하다	**rain**	비가 오다
tomorrow	내일	**cloudy**	흐린	**cold**	추운
okay	괜찮은	**go out**	외출하다	**ask 누구 out**	~에게 데이트 신청을 하다
me	나(를), 나에게	**miss**	그리워하다	**text**	문자를 보내다

02 천천히 읽기 4번, 원어민의 속도에 맞춰 빠르게 읽는 연습을 4번 해보세요.

우리말	영어	천천히	빠르게
너 한번 해볼래?	**Are you going to try?**	☐☐ ☐☐	☐☐ ☐☐
너도 우리랑 같이할래?	**Are you going to join** us?	☐☐ ☐☐	☐☐ ☐☐
내일 비가 오려나?	**Is it going to rain** tomorrow?	☐☐ ☐☐	☐☐ ☐☐
내일 날씨가 흐리려나?	**Is it going to be cloudy** tomorrow?	☐☐ ☐☐	☐☐ ☐☐
내일 추우려나?	**Is it going to be cold** tomorrow?	☐☐ ☐☐	☐☐ ☐☐
그가 괜찮을까요?	**Is he going to be okay?**	☐☐ ☐☐	☐☐ ☐☐
그가 외출할까요?	**Is he going to go out?**	☐☐ ☐☐	☐☐ ☐☐
그가 저에게 데이트 신청을 할까요?	**Is he going to ask me** out?	☐☐ ☐☐	☐☐ ☐☐
너 나 보고 싶어 할 거지?	**Are you going to miss** me?	☐☐ ☐☐	☐☐ ☐☐
너 나한테 문자 보낼 거지?	**Are you going to text** me?	☐☐ ☐☐	☐☐ ☐☐

실전 대화 연습! 대화를 듣고 빈칸 채우기

에피소드 01 〉 게임하는 친구와 대화하는 상황

Erin What are you ① _____ ?

Jason I'm playing a new game! I ② _____ today.

Erin ③ _____ fun?

Jason Oh, yes! ④ _____ try?

5회 연습 체크 : 1 2 3 4 5　　총연습 횟수 : ( )회

에피소드 02 〉 회사 사람들과 등산 가기로 한 친구와 대화하는 상황

Jason I'm ① _____ with my team tomorrow morning.

Erin ② _____ .

Jason ③ _____ rain tomorrow?

Erin I'm sorry, but no. ④ _____ the sunniest day of this week.

5회 연습 체크 : 1 2 3 4 5　　총연습 횟수 : ( )회

에피소드 03 〉 당분간 제주도에 있을 계획인 친구와 대화하는 상황

Erin I'm planning to ① _____ Jeju Island for a month.

Jason ② _____ ! When are you planning to go?

Erin ③ _____ this month. ④ _____ miss me?

Jason You know I am.

5회 연습 체크 : 1 2 3 4 5　　총연습 횟수 : ( )회

잘 들었는지 체크! 우리말 대화를 보고 영어로 말해보기

에피소드 01

정답 ① doing ② downloaded it ③ Is it ④ Are you going to

Erin   너 뭐해?
Jason   나 새 게임하고 있어! 오늘 다운 받았거든.
Erin   재밌어?
Jason   응! 너 *한번 해볼래?

* **try** 한번 해보다 (한번 먹어보다/가보다/입어보다/써보다 등 모든 시도에 쓸 수 있어요!)

에피소드 02

정답 ① going climbing ② Poor you ③ Is it going to ④ It's going to be

Jason   나 내일 아침에 팀 사람들이랑 *등산 가.
Erin   *안됐다.
Jason   내일 비가 오려나?
Erin   미안하지만 아니. 이번 주 중 가장 화창한 날이 될 거야.

* **go 동사ing** ~하러 가다
* **Poor you.** 안됐다. 가여워라. (안 좋은 소식을 들었을 때 대답으로 쓰면 돼요.)

에피소드 03

정답 ① live in ② Awesome ③ Within ④ Are you going to

Erin   나 제주도 한 달 살기 *계획 중이야.
Jason   *멋지다! 언제 갈 계획인데?
Erin   이번 달 안에. 나 보고 싶어 할 거지?
Jason   그럴 거 알잖아.

* **plan to 동사** ~할 계획을 하다
* **awesome** 멋진 (형용사이긴 하지만 이 단어만 딱 감탄사처럼 써주면 '멋지다!, 짱이다!'를 뜻하는 기분 좋은 리액션이 돼요!)

앞서 연습한 문장을 직접 써보면서 확실하게 내 것으로 만들기

01 내일 추우려나?

02 너도 우리랑 같이할래?

03 너 한번 해볼래?

04 그가 괜찮을까요?

05 너 나한테 문자 보낼 거지?

06 내일 비가 오려나?

07 내일 날씨가 흐리려나?

08 너 나 보고 싶어 할 거지?

09 그가 외출할까요?

10 그가 저에게 데이트 신청을 할까요?

정답 은 앞 페이지에서 확인하세요!

새로운 문장을 직접 써보면서 학습 마무리

A 빈칸에 **be going to**를 넣어 문장을 완성해 보세요.

01 이번 토요일에 하이킹 가? [   ] you [   ] go hiking this Saturday?

02 Erin 내일 수업 한 대? [   ] Erin [   ] give a class tomorrow?

03 이번 주말에 뭐해? What [   ] you [   ] do this weekend?

04 메일 언제 주실 거예요? When [   ] you [   ] email me?

05 언제 Max를 만날 거야? When [   ] you [   ] meet Max?

B 박스 안에 주어진 단어들 중 하나를 골라 문장을 만들어보세요.

give it a shot   go fishing   fine   clear up   come

01 그가 괜찮을까요?

[   ]

02 너 올 거야?

[   ]

03 너 한번 해볼래?

[   ]

04 날이 금방 갤까요?

[   ]

05 언제 낚시하러 갈 거야?

[   ]

정답 374p

영어습관 22일차

지금 하고 있는 중인 일 말하기

🎧 저자 무료 음성 강의

말하기를 위한 기본기 기르기

❗ 문법 POINT 지금 당장 벌어지고 있는 일들이나 요즘 하고 있는 일들을 말할 때는 현재진행 시제 평서문

01 지금 하고 있는 일을 말할 때, 동사 뒤에 ing를 붙여주면 '~하는 중'이라는 말을 만들 수 있어요. 그래서 '~하는 중이다'라는 문장을 만들 때는 '~이다'의 be동사가 꼭 필요해요!

하다 do	하는 중 doing	하는 중이다 be doing
가다 go	가는 중 going	가는 중이다 be going
먹다 eat	먹는 중 eating	먹는 중이다 be eating

* 이때 be동사는 당연히 주어에 따라 am/is/are로 바꿔 써야 하는 것 아시죠?
   예. I am doing. / He is doing. / We are doing.
* 그래서 현재진행 시제의 공식은 **am/is/are 동사ing**랍니다!

02 현재진행 시제로 '지금 하고 있는 일', '요즘 반복적으로 하는 일', '가까운 미래나 확실한 계획'에 대해 말할 수 있어요.

🖉 지금 하고 있는 일

저는 지금 영어를 가르치고 있어요. I'm teaching English now.

여러분은 지금 Erin의 수업을 듣고 계세요. You're taking Erin's class now.

🖉 요즘 반복적으로 하고 있는 일

나 요즘 운동하고 있어. I'm working out these days.

그녀는 요즘 교회 다녀. She's going to church these days.

🖉 곧 있을 가까운 미래나 변경될 가능성이 거의 없는 확실한 계획

나 곧 가. I'm coming.

우리 춤추러 가. We're going to a dance.

문법 포인트를 기억하며 우리말 보고 영어로 말하기

01 문장 연습을 하기 위해 필요한 단어들을 먼저 확인하세요.

something	어떤 것, 무엇	**now**	지금	**somewhere**	어딘가에
someone	어떤 사람, 누구	**try to 동사**	~하려고 노력하다	**lose weight**	살을 빼다
work out	운동하다	**summer**	여름	**leave**	떠나다
take a shower	샤워하다	**vacuum**	진공 청소기로 청소하다	**drive**	운전하다

02 천천히 읽기 4번, 원어민의 속도에 맞춰 빠르게 읽는 연습을 4번 해보세요.

		천천히	빠르게
나 지금 뭐 좀 하고 있어.	I'm doing something now.	☐☐☐☐	☐☐☐☐
나 지금 어디 좀 가고 있어.	I'm going somewhere now.	☐☐☐☐	☐☐☐☐
나 지금 누구 좀 만나고 있어.	I'm meeting someone now.	☐☐☐☐	☐☐☐☐
Erin은 살 빼려고 노력 중이야.	Erin is trying to lose weight.	☐☐☐☐	☐☐☐☐
Erin은 살 빼려고 운동 중이야.	Erin is working out to lose weight.	☐☐☐☐	☐☐☐☐
나 이번 여름에 뉴욕 가.	I'm going to New York this summer.	☐☐☐☐	☐☐☐☐
나 이번 여름에 뉴욕을 떠나.	I'm leaving New York this summer.	☐☐☐☐	☐☐☐☐
그녀는 지금 샤워 중이야.	She's taking a shower right now.	☐☐☐☐	☐☐☐☐
그녀는 지금 청소기 돌리는 중이야.	She's vacuuming right now.	☐☐☐☐	☐☐☐☐
걔네 요즘 운전 배우더라.	They're learning to drive these days.	☐☐☐☐	☐☐☐☐

실전 대화 연습! 대화를 듣고 빈칸 채우기

에피소드 01 친구에게 영상 통화를 건 상황

Jason Hey! Can you ① _____ ?

Erin Sorry. ② _____ something now.

Jason Oh, when will you ③ _____ ? I'm ④ _____ someone right now that I really wanna show you!

Erin Okay, then, I'll ⑤ _____ in 10 minutes.

5회 연습 체크 : 1 2 3 4 5   총연습 횟수 : ( )회

에피소드 02 여름 휴가 계획에 대해 이야기하는 상황

Jason I ① _____ until July!

Erin Why? Do you have ② _____ special plans?

Jason Oh, yeah. ③ _____ New York this summer.

Erin Jealous! ④ _____ are you staying there?

5회 연습 체크 : 1 2 3 4 5   총연습 횟수 : ( )회

에피소드 03 다른 친구들의 근황에 대해 물어보는 상황

Jason When was the last time ① _____ Jihyun and Minwoo?

Erin Maybe ② _____ two or three months ago. Why?

Jason I haven't met them ③ _____ . They must be busy.

Erin Oh, yes they are. ④ _____ English these days.

5회 연습 체크 : 1 2 3 4 5   총연습 횟수 : ( )회

잘 들었는지 체크! 우리말 대화를 보고 영어로 말해보기

에피소드 01

정답 ① video chat ② I'm doing ③ be available ④ with ⑤ call you back

Jason 야! 영상 통화할 수 있어?

Erin 미안. 나 지금 뭐 좀 하고 있어.

Jason 오, 그럼 언제 통화 *가능한데? 나 너한테 꼭 *보여주고 싶은 사람이랑 지금 같이 있단 말이야!

Erin 알았어, 그럼 내가 10분 뒤에 다시 전화할게.

* available 시간이 있는, 이용할 수 있는
* wanna 동사 ~하고 싶다(= want to 동사)

에피소드 02

정답 ① can't wait ② any ③ I'm going to ④ How long

Jason 7월까지 *못 기다리겠어!

Erin 왜? 뭐 특별한 계획 있어?

Jason 오, 그럼. 나 이번 여름에 뉴욕 가.

Erin *부럽다! 거기 얼마나 있어?

* I can't wait until ~ ~까지 못 기다리겠다 (어떤 일을 앞두고 설렘과 강한 기대감을 나타낼 때 써요.)
* Jealous! 좋겠다! (부러움을 나타낼 때 써요. Good for you!, Lucky you!도 가능해요~)

에피소드 03

정답 ① you met ② about ③ for a while ④ They're learning

Jason 너 지현이랑 민우 *마지막으로 본 게 언제야?

Erin 아마 2~3개월 전? 왜?

Jason *한동안 못 봤거든. 걔네 바쁜가 봐.

Erin 응, 바빠. 걔들 요즘 영어 배우잖아.

* When was the last time 주어 + 동사? 마지막으로 ~한 게 언제야?
* haven't 과거분사 ~해오지 않았다 (32일차에서 배울 내용이니, 일단 의미만 익혀두세요!)

앞서 연습한 문장을 직접 써보면서 확실하게 내 것으로 만들기

01 나 이번 여름에 뉴욕 가.

02 나 지금 뭐 좀 하고 있어.

03 나 지금 누구 좀 만나고 있어.

04 나 이번 여름에 뉴욕을 떠나.

05 Erin은 살 빼려고 노력 중이야.

06 그녀는 지금 청소기 돌리는 중이야.

07 그녀는 지금 샤워 중이야.

08 Erin은 살 빼려고 운동 중이야.

09 나 지금 어디 좀 가고 있어.

10 걔네 요즘 운전 배우더라.

정답 은 앞 페이지에서 확인하세요!

새로운 문장을 직접 써보면서 학습 마무리

A 주어진 단어로 문장을 완성해 보세요.

01 나 지금 다리 꼬고 있어. I [   ] my legs. (cross)

02 Erin은 다리 한 짝을 떨고 있어요. Erin [   ] her leg. (shake)

03 Jason은 벽에 기대 있어요. Jason [   ] against the wall. (lean)

04 우리 요즘 살 빼려고 식이요법하고 있어요. We [   ] to lose weight these days. (go on a diet)

05 그들은 초콜릿 칩 쿠키를 굽고 있어요. They [   ] chocolate chip cookies. (bake)

B 박스 안에 주어진 단어들 중 하나를 골라 문장을 만들어보세요.

> **work out at home   learn to cook   come   get dark   play golf**

01 나 금방 가!

[   ]

02 Erin 요즘 홈트레이닝해.

[   ]

03 우리 엄마 아빠 지금 골프 치는 중이셔.

[   ]

04 날이 어두워지고 있어.

[   ]

05 우리는 요즘 요리를 배우고 있어.

[   ]

정답 374p

지금은 안 하고 있는 중인 일 말하기

문법 〉 말하기 〉 듣기 〉 쓰기

🎧 저자 무료 음성 강의

말하기를 위한 기본기 기르기

❗문법 POINT 지금 이 순간 하고 있지 않은 일들이나 요즘 벌어지지 않고 있는 일들을 말할 때는 현재진행 시제 부정문

01 '~안 하고 있어, 안 하는 중이야'의 현재진행 시제 부정문은 be동사 뒤에 not만 붙이면 돼요.

Be동사의 현재형(am/is/are) + not + 동사ing
~ 안 하고 있어, ~ 안 하는 중이야

02 현재진행 시제 부정문으로 '현재 하고 있지 않은 일', '요즘 반복적으로 하지 않는 일', '확실한 계획'에 대해 말할 수 있어요.

✎ 지금 하고 있지 않은 일

우리 지금 영어 공부하는 중 아니야. We**'re not studying** English now.

✎ 요즘 반복적으로 하지 않고 있는 일

걔들 요즘 같이 안 다녀. They**'re not getting along** together these days.

✎ 변경될 가능성이 거의 없는 확실한 계획

나 내일 안 떠나. I**'m not leaving** tomorrow.

문법 〉 **말하기** 〉 듣기 〉 쓰기

🎧 원어민 mp3 듣기 [천천히/빠르게]

문법 포인트를 기억하며 우리말 보고 영어로 말하기

01 문장 연습을 하기 위해 필요한 단어들을 먼저 확인하세요.

anything	(부정문에서) 아무것도	**right now**	(바로) 지금, 당장	**think about**	~에 대해 생각하다
see	(흔히 진행형으로) (애인으로) 만나다	**anyone**	(부정문에서) 아무도	**go out with**	(흔히 진행형으로) ~와 교제하다
anywhere	(부정문에서) 아무 데도	**anybody**	(부정문에서) 아무도	**come**	오다
get along	어울리다	**hang out**	놀다	**work**	(기계장치가) 작동하다

02 천천히 읽기 4번, 원어민의 속도에 맞춰 빠르게 읽는 연습을 4번 해보세요.

		천천히	빠르게
나 지금 아무것도 안 하고 있어.	I'm not doing anything right now.	☐☐	☐☐
나 지금 아무 생각도 안 해.	I'm not thinking about anything right now.	☐☐	☐☐
나 만나는 사람 없어.	I'm not seeing anyone.	☐☐	☐☐
나 Erin이랑 안 사귀어.	I'm not going out with Erin.	☐☐	☐☐
그는 오늘 밤 아무 데도 안 가.	He isn't going anywhere tonight.	☐☐	☐☐
그는 오늘 밤 아무도 안 만날 거야.	He isn't meeting anybody tonight.	☐☐	☐☐
Erin은 안 올 거야.	Erin isn't coming.	☐☐	☐☐
우리 요즘 같이 어울리지 않아.	We aren't getting along together these days.	☐☐	☐☐
우리 요즘 같이 안 놀아.	We aren't hanging out together these days.	☐☐	☐☐
여기 와이파이가 안 돼요.	The Wi-Fi isn't working here.	☐☐	☐☐

실전 대화 연습! 대화를 듣고 빈칸 채우기

에피소드 01 〉 친구에게 도움을 요청하는 상황

Jason   Hey. Are you busy?

Erin   Nope. ① [   ] anything ② [   ].

Jason   Oh, good. ③ [   ] please ④ [   ] with this?

Erin   Sorry! Now I remember! I ⑤ [   ] email my boss!

5회 연습 체크 : **1** **2** **3** **4** **5**   총연습 횟수 : (   )회

에피소드 02 〉 소개팅을 주선하려는 상황

Jason   ① [   ] anybody ② [   ]?

Erin   No, ③ [   ] anyone.

Jason   Wanna meet a friend of mine?

Erin   ④ [   ] he like?

5회 연습 체크 : **1** **2** **3** **4** **5**   총연습 횟수 : (   )회

에피소드 03 〉 아들의 친구 전화를 엄마가 받은 상황

Jason   Hello, ① [   ] Jason. Can I ② [   ] James?

Erin   He's ③ [   ] now. What's it about?

Jason   I'm just ④ [   ] if he's coming to Lynn's party tonight.

Erin   ⑤ [   ] anywhere tonight. He's cramming for the test all night.

5회 연습 체크 : **1** **2** **3** **4** **5**   총연습 횟수 : (   )회

잘 들었는지 체크! 우리말 대화를 보고 영어로 말해보기

에피소드 01

정답 ① I'm not doing ② right now ③ Will you ④ help me ⑤ have to

Jason	야, 바빠?
Erin	아니. 나 지금 아무것도 안 하고 있어.
Jason	잘됐다. *나 이것 좀 도와줄래?
Erin	미안! 이제야 기억났어! 나 사장님께 메일 보내야 해!

* **Will you (please) + 동사?** ~해줄래? (도움을 요청할 때 써주면 좋아요!)
* **Now I remember!** 이제야 기억났다 (remember만 쓰면 '(이미) 기억하고 있다'의 뜻이지만 앞에 now를 붙여주면 '이제야 기억났어!' 이런 느낌을 살려줄 수 있어요!)

에피소드 02

정답 ① Are you seeing ② these days ③ I'm not seeing ④ What's

Jason	너 요즘 만나는 사람 있어?
Erin	아니, 없어.
Jason	내 친구 하나 *만나볼래?
Erin	*어떤 앤데?

* **Wanna 동사?** ~하고 싶어? (회화체에서 흔히 want to의 축약형 wanna 뒤에 바로 동사를 붙여 묻기도 해요~)
* **What's he like?** 걔 어떤 사람이야? (like가 be동사와 함께 쓰일 때는 '~같은'이라는 뜻의 전치사예요. 그래서 What's he like?는 What kind of person is he? '그는 어떤 류의 사람이야?'라는 뜻의 질문이죠.)

에피소드 03

정답 ① this is ② speak to ③ studying ④ wondering ⑤ He's not going

Jason	여보세요, 저 Jason인데요. James 좀 바꿔주세요.
Erin	지금 공부하는데. 무슨 일이니?
Jason	*James가 오늘 밤 Lynn의 파티에 오는지 궁금해서요.
Erin	그는 오늘 밤 아무 데도 안 가. 밤새 *시험공부 할 거야.

* **I'm (just) wondering if 주어 + 동사** ~인지 아닌지 (그냥) 궁금해서요
* **cram for** 벼락치기를 하다, 당일치기로 공부하다 (cram이 '막 쑤셔 넣다'의 뜻을 가지고 있어서, 시험이 닥쳤을 때 급하게 머릿속에 집어넣는 느낌으로 쓴답니다!)

앞서 연습한 문장을 직접 써보면서 확실하게 내 것으로 만들기

01 나 지금 아무것도 안 하고 있어.

02 우리 요즘 같이 안 놀아.

03 Erin은 안 올 거야.

04 나 만나는 사람 없어.

05 그는 오늘 밤 아무 데도 안 가.

06 우리 요즘 같이 어울리지 않아.

07 나 지금 아무 생각도 안 해.

08 나 Erin이랑 안 사귀어.

09 그는 오늘 밤 아무도 안 만날 거야.

10 여기 와이파이가 안 돼요.

정답 은 앞 페이지에서 확인하세요!

새로운 문장을 직접 써보면서 학습 마무리

Ⓐ 주어진 단어로 문장을 완성해 보세요.

01 나 지금은 일하는 중이 아니야. I [   ] right now. (work)

02 나 요즘 운동 안 해. I [   ] these days. (work out)

03 Erin 다음 주에 출근 안 할 거야. Erin [   ] next week. (go to work)

04 너 지금 내 말 안 듣고 있지, 그렇지? You [   ] to me, are you? (listen)

05 여기 기계가 멈췄어요. The machine [   ] here. (work)

Ⓑ 박스 안에 주어진 단어들 중 하나를 골라 문장을 만들어보세요.

eat   look at   work   come   go shopping

01 나 아무도 안 쳐다보고 있어.

[   ]

02 나 지금 점심 먹는 중이 아니야.

[   ]

03 내 핸드폰이 안 돼.

[   ]

04 그는 안 올 거야.

[   ]

05 우리는 쇼핑하러 안 가.

[   ]

정답 374p

영어 습관 24 일차

지금 하고 있는 중인 일 묻기

🎧 저자 무료 음성 강의

말하기를 위한 기본기 기르기

❗ 문법 POINT 지금 뭐하고 있는지 또는 요즘 무엇을 하고 있는지 물을 때는 현재진행 시제 의문문

01 '~하고 있어?'를 뜻하는 현재진행 시제 의문문은 주어랑 be동사의 위치만 바꿔주면 돼요.

Be동사의 현재형(am/is/are) + 주어 + 동사ing ~?
~하고 있어?, ~하는 중이야?

02 현재진행 시제로 '지금 하고 있는 일', '요즘 반복적으로 하고 있는 일', '확실한 계획'에 대해 물어볼 수 있어요.

✍️ 지금 하고 있는 일

걔네 지금 Erin 수업 듣는 중이야? **Are** they **taking** Erin's class now?

✍️ 요즘 반복적으로 하고 있는 일

Erin 요즘 운동해? **Is Erin working out** these days?

✍️ 변경될 가능성이 거의 없는 확실한 계획

너 올 거야? **Are** you **coming**?

🎧 원어민 mp3 듣기 [천천히/빠르게]

문법 포인트를 기억하며 우리말 보고 영어로 말하기

01 문장 연습을 하기 위해 필요한 단어들을 먼저 확인하세요.

see	(흔히 진행형으로) (애인으로) 만나다	anyone	(의문문에서) 누구, 아무	nap	낮잠을 자다, 낮잠
rest	쉬다	goof off	빈둥거리다	what time	몇 시
depart	출발하다	look at	~을 보다	listen to	~을 듣다
stare at	~을 빤히 쳐다보다	frown at	~을 보며 인상을 찌푸리다	talk about	~에 대해 이야기하다

02 천천히 읽기 4번, 원어민의 속도에 맞춰 빠르게 읽는 연습을 4번 해보세요.

		천천히	빠르게
너 만나는 사람 있니?	Are you seeing anyone?	☐☐	☐☐
낮잠 자는 중이야?	Are you napping?	☐☐	☐☐
쉬고 있어?	Are you resting?	☐☐	☐☐
그냥 빈둥대고 있어?	Are you goofing off?	☐☐	☐☐
다음 열차 몇 시에 출발해요?	What time is the next train departing?	☐☐	☐☐
뭘 봐?	What are you looking at?	☐☐	☐☐
뭐 들어?	What are you listening to?	☐☐	☐☐
날 왜 그렇게 빤히 봐?	Why are you staring at me?	☐☐	☐☐
왜 나한테 눈살을 찌푸려?	Why are you frowning at me?	☐☐	☐☐
뭔 소리 하는 거야?	What are you talking about?	☐☐	☐☐

실전 대화 연습! 대화를 듣고 빈칸 채우기

에피소드 01 기차 스케줄을 확인하는 상황

Jason Excuse me. What time ① _____?

Erin It's ② _____ at 6. It ③ _____ every 15 minutes.

Jason Oh, thanks. Where's the ④ _____?

Erin You can go to the ⑤ _____ 4 over there.

5회 연습 체크 : **1** **2** **3** **4** **5**   총연습 횟수 : ( )회

에피소드 02 이상형을 발견한 상황

Jason What ① _____?

Erin I'm looking at that man ② _____ an umbrella.

Jason Who is he? Do you know him?

Erin No, but he's my ③ _____ type. I've gotta ④ _____ him.

5회 연습 체크 : **1** **2** **3** **4** **5**   총연습 횟수 : ( )회

에피소드 03 친구 입가에 무언가 묻어 있는 상황

Jason Why ① _____ at me?

Erin You have cookie ② _____ ③ _____ your mouth.

Jason Oops. Do you have a ④ _____?

Erin Yes. Here it is.

5회 연습 체크 : **1** **2** **3** **4** **5**   총연습 횟수 : ( )회

잘 들었는지 체크! 우리말 대화를 보고 영어로 말해보기

에피소드 01

정답 ① is the next train leaving ② leaving ③ departs ④ platform ⑤ gate

Jason	실례합니다. 다음 열차는 몇 시에 떠나나요?
Erin	여섯 시에 출발할 거예요. *15분마다 있거든요.
Jason	감사합니다. 승강장은 어디인가요?
Erin	저쪽에 4번 게이트로 가시면 돼요.

* **every 시간** ~마다 ('매일'이 every day인 것처럼 '15분 마다'는 every fifteen minutes!)

에피소드 02

정답 ① are you looking at ② with ③ ideal ④ talk to

Jason	뭘 그렇게 보고 있어?
Erin	저기 우산 *들고 있는 저 남자 보고 있어.
Jason	누군데? 아는 사람이야?
Erin	아니, 근데 내 이상형이야. *말 걸어 봐야겠어.

* **with 무엇** ~을 들고, 착용하고 (원래 with는 '~와 함께'라는 뜻이지만 착용하거나 들고 있는 소지품을 얘기할 때도 쓸 수 있어요.)

* **'ve gotta 동사** ~ 해야 해 ('~해야 한다'의 have got to는 축약되어서 've got to = 've gotta = gotta 가 다 가능해요! 이때 주어가 3인칭 단수일 때는 has got to의 축약형 's got to = 's gotta = gotta가 되고요!)

에피소드 03

정답 ① are you staring ② crumbs ③ around ④ mirror

Jason	왜 그렇게 빤히 봐?
Erin	너 입 주변에 과자 *부스러기 묻었어.
Jason	이런. 거울 있어?
Erin	응. *여기.

* **crumb** 부스러기
* **Here it is.** 여기 있어 (뭔가를 건네 줄 때 쓰는 말로, Here you are. 이라고 해도 돼요!)

앞서 연습한 문장을 직접 써보면서 확실하게 내 것으로 만들기

01 뭘 봐?

02 너 만나는 사람 있니?

03 날 왜 그렇게 빤히 봐?

04 뭔 소리 하는 거야?

05 다음 열차 몇 시에 출발해요?

06 낮잠 자는 중이야?

07 그냥 빈둥대고 있어?

08 쉬고 있어?

09 뭐 들어?

10 왜 나한테 눈살을 찌푸려?

정답 은 앞 페이지에서 확인하세요!

새로운 문장을 직접 써보면서 학습 마무리

A 주어진 단어로 문장을 완성해 보세요.

01 내 말 듣고 있어? [   ] you [   ] to me? (listen)

02 Erin 와? [   ] Erin [   ]? (come)

03 너 뭐 해? What [   ] you [   ]? (do)

04 나 여기서 뭐하냐? What [   ] I [   ] here? (do)

05 그는 언제 떠나? When [   ] he [   ]? (leave)

B 주어진 단어들을 현재진행형으로 바꿔, 어순에 맞게 배열하여 문장을 만들어보세요.

01 오고 있어? (you / come / are)

[   ]

02 너희 요즘 스쿼시 해? (you / these days / play squash / are)

[   ]

03 너 숙제하고 있어? (you / homework / are / do)

[   ]

04 Erin 거기 간대? (Erin / go / there / is)

[   ]

05 왜 울고 있어? (why / cry / you / are)

[   ]

정답 374p

그 당시 뭐하고 있었는지 말하기

🎧 저자 무료 음성 강의

말하기를 위한 기본기 기르기

❗ 문법 POINT 과거의 한 시점에 하고 있었던 일이나 벌어지고 있었던 일들을 말할 때는 과거진행 시제 평서문

01 '~하는 중이었어'를 의미하는 과거진행 시제는 진행 시제를 만드는 공식 'be동사 + 동사ing'에서 be 동사를 과거형으로 써주면 돼요.

Be동사의 과거형(was/were) + 동사ing
~하고 있었어, ~하는 중이었어

02 과거진행 시제로 과거의 한 시점에서 하고 있던 일을 말할 수 있어요.

나 그때 자고 있었어.
I **was sleeping** then.

Erin은 8시에 운전 중이었어.
Erin **was driving** at 8.

Erin이 우리한테 전화했을 때 우린 술 마시고 있었어.
We **were drinking** when Erin called us.

* 과거진행 시제는 과거의 시점을 나타내는 말들과 종종 같이 쓰여요.
  예. then/at that time(그때), at 8(8시에), when 주어 + 동사 (주어가 동사할 때), while 주어 + 동 사 (주어가 동사하는 동안)

문법 포인트를 기억하며 우리말 보고 영어로 말하기

01 문장 연습을 하기 위해 필요한 단어들을 먼저 확인하세요.

take a shower	샤워를 하다	**do one's homework**	숙제를 하다	**dinner**	저녁
social network	SNS, 소셜 네트워크	**rain**	비가 오다	**when**	~할 때
play a game	게임을 하다	**get back**	돌아오다	**do the housework**	집안일을 하다
while	~하는 동안에	**separate**	분류하다	**garbage**	쓰레기

02 천천히 읽기 4번, 원어민의 속도에 맞춰 빠르게 읽는 연습을 4번 해보세요.

나 그때 자고 있었어.	I **was sleeping** then.	천천히 ☐☐ 빠르게 ☐☐
나 그때 샤워하던 중이었어.	I **was taking a shower** then.	천천히 ☐☐ 빠르게 ☐☐
그녀는 7시에 숙제하고 있었어.	She **was doing her homework** at 7.	천천히 ☐☐ 빠르게 ☐☐
그녀는 7시에 저녁 먹고 있었어.	She **was eating** dinner at 7.	천천히 ☐☐ 빠르게 ☐☐
그녀는 7시에 **SNS** 하고 있었어.	She **was doing social network** at 7.	천천히 ☐☐ 빠르게 ☐☐
내가 출근할 때는 비가 내리고 있었어.	It **was raining** when I went to work.	천천히 ☐☐ 빠르게 ☐☐
내가 집에 돌아왔을 때 넌 게임 중이었어.	You **were playing games** when I got back home.	천천히 ☐☐ 빠르게 ☐☐
내가 집에 돌아왔을 때 넌 컴퓨터로 일하던 중이었어.	You **were working** on the computer when I got back home.	천천히 ☐☐ 빠르게 ☐☐
네가 요리하는 동안 나는 집안일을 하고 있었어.	I **was doing the housework** while you were cooking.	천천히 ☐☐ 빠르게 ☐☐
네가 요리하는 동안 나는 분리수거를 하고 있었어.	I **was separating the garbage** while you were cooking.	천천히 ☐☐ 빠르게 ☐☐

실전 대화 연습! 대화를 듣고 빈칸 채우기

에피소드 01 초저녁부터 전화를 받지 않은 친구와 이야기하는 상황

Jason Why ① [＿＿＿＿＿] answer my call yesterday?

Erin I ② [＿＿＿＿＿] then. Sorry.

Jason At 6? Are you ③ [＿＿＿＿＿]? You're a ④ [＿＿＿＿＿].

Erin Yup. I got up at 7 p.m. and ⑤ [＿＿＿＿＿] all night.

5회 연습 체크 : **1 2 3 4 5**　　총연습 횟수 : (　　)회

에피소드 02 날씨에 대해 이야기하는 상황

Erin Wow, the weather is so ① [＿＿＿＿＿] today.

Jason Are you ② [＿＿＿＿＿]?

Erin Oh, yes. I ③ [＿＿＿＿＿] my bicycle because it's very clear outside.

Jason What? It ④ [＿＿＿＿＿] when I ⑤ [＿＿＿＿＿].

5회 연습 체크 : **1 2 3 4 5**　　총연습 횟수 : (　　)회

에피소드 03 하우스메이트가 집 안에 들어왔는지 몰랐던 상황

Jason Hey. When did you ① [＿＿＿＿＿]?

Erin About 20 minutes ago.

Jason I ② [＿＿＿＿＿] you ③ [＿＿＿＿＿]. I didn't hear anything.

Erin You ④ [＿＿＿＿＿] when I ⑤ [＿＿＿＿＿] home. That's why.

5회 연습 체크 : **1 2 3 4 5**　　총연습 횟수 : (　　)회

잘 들었는지 체크! 우리말 대화를 보고 영어로 말해보기

에피소드 01

정답 ① **didn't you** ② **was sleeping** ③ **kidding** ④ **night owl** ⑤ **stayed up**

Jason	어제 전화 왜 안 받았어?
Erin	그때 자고 있었어. 미안.
Jason	여섯 시에? *장난해? 너 *야행성이잖아.
Erin	맞아. 나 저녁 일곱 시에 일어나서 밤새웠어.

* **Are you kidding?** 장난해? (kid가 '농담하다'의 뜻이라서 흔히 상대방의 말에 믿음이 가지 않을 때 '장 난쳐? 뻥이지?'같은 느낌의 반응으로 쓸 수 있답니다.)

* **night owl** 야행성 (반대로 '아침형 인간'은 early bird!)

에피소드 02

정답 ① **beautiful** ② **serious** ③ **rode** ④ **was raining** ⑤ **went to work**

Erin	와, 오늘 날씨 엄청 좋다.
Jason	*진심이야?
Erin	그럼. 날이 아주 맑아서 나 자전거 타고 왔는걸.
Jason	뭐? 내가 출근할 때는 비가 내리고 있었는데.

* **Are you serious?** 진심이야? (짧게 Seriously? 해도 돼요!)

에피소드 03

정답 ① **come back** ② **didn't notice** ③ **came in** ④ **were playing games**
⑤ **got back**

Jason	야. 언제 왔어?
Erin	20분 전쯤.
Jason	나 넌 들어온 줄도 *몰랐어. 아무 소리도 안 났는데.
Erin	나 집에 왔을 때 너 게임 중이었거든. *그래서 그래.

* **notice** 알아차리다
* **That's why.** 그래서 그래. (That's why 뒤에는 you didn't notice I came in이 생략됐어요. 즉, 원래 문장은 That's why you didn't notice I came in.이고, '그래서 네가 내가 들어오는지 몰 랐던 거야.'라는 의미랍니다.)

앞서 연습한 문장을 직접 써보면서 확실하게 내 것으로 만들기

01 나 그때 샤워하던 중이었어.

02 그녀는 7시에 저녁 먹고 있었어.

03 그녀는 7시에 SNS 하고 있었어.

04 내가 출근할 때는 비가 내리고 있었어.

05 네가 요리하는 동안 나는 집안일을 하고 있었어.

06 나 그때 자고 있었어.

07 네가 요리하는 동안 나는 분리수거를 하고 있었어.

08 내가 집에 돌아왔을 때 넌 게임 중이었어.

09 그녀는 7시에 숙제하고 있었어.

10 내가 집에 돌아왔을 때 넌 컴퓨터로 일하던 중이었어.

정답 은 앞 페이지에서 확인하세요!

새로운 문장을 직접 써보면서 학습 마무리

A 주어진 단어를 활용하여 문장을 완성해 보세요.

01 나 졸고 있었어. I [＿＿＿＿＿＿＿＿＿＿]. (nod off)

02 우리 Erin 얘기 중이었어. We [＿＿＿＿＿＿＿] about Erin. (talk)

03 그는 핸드폰으로 뭔가 하고 있었어. He [＿＿＿＿＿＿＿] something on the phone. (do)

04 그들은 심각하게 뭔가 의논 중이었어. They [＿＿＿＿＿＿＿] something seriously. (discuss)

05 그녀는 나를 보면서 미소 짓고 있었어. She [＿＿＿＿＿＿＿] at me. (smile)

B 주어진 단어들을 과거진행형으로 바꿔, 어순에 맞게 배열하여 문장을 만들어보세요.

01 나 그때 낮잠 자고 있었어. (I / then / take a nap / was)

[＿＿＿＿＿＿＿＿＿＿＿＿＿＿＿＿＿＿＿＿＿＿]

02 Erin은 9시에 출근 중이었지. (Erin / at 9 / go to work / was)

[＿＿＿＿＿＿＿＿＿＿＿＿＿＿＿＿＿＿＿＿＿＿]

03 네가 나한테 전화했을 때 나 설거지하고 있었어.
(you / me / called / when / I / do the dishes / was)

[＿＿＿＿＿＿＿＿＿＿＿＿＿＿＿＿＿＿＿＿＿＿]

04 내가 청소기를 돌리는 동안 우리 아내는 빨래를 갰어요.
(I / vacuum / was / while / my wife / fold the laundry)

[＿＿＿＿＿＿＿＿＿＿＿＿＿＿＿＿＿＿＿＿＿＿]

05 그녀가 요리하는 동안 나는 상을 차리고 있었어.
(set the table / while / she / was / was / I / cook)

[＿＿＿＿＿＿＿＿＿＿＿＿＿＿＿＿＿＿＿＿＿＿]

정답 375p

영어 습관 26 일차

그 당시 안 하고 있었던 일 말하기

문법 〉 말하기 〉 듣기 〉 쓰기

🎧 저자 무료 음성 강의

말하기를 위한 기본기 기르기

❗ **문법 POINT** 과거에 하고 있지 않았던 일들을 말할 때는 과거진행 시제 부정문

01 '~안 하고 있었어, 안 하는 중이었어'의 과거진행 시제 부정문은 be동사 뒤에 not만 붙이면 돼요.

Be동사의 과거형(was/were) + not + 동사ing
~ 안 하고 있었어, ~ 안 하는 중이었어

02 과거진행 시제 부정문으로 '과거의 한 시점에 하고 있지 않았던 일'에 대해 말할 수 있어요.

나 그때 안 자고 있었어.
I **was not sleeping** then.

Erin은 8시에 운전 중이 아니었어.
Erin **was not driving** at 8.

Erin이 우리한테 전화했을 때 우린 술 마시고 있지 않았어.
We **were not drinking** when Erin called us.

문법 말하기 듣기 쓰기

🎧 원어민 mp3 듣기 (천천히/빠르게)

문법 포인트를 기억하며 우리말 보고 영어로 말하기

01 문장 연습을 하기 위해 필요한 단어들을 먼저 확인하세요.

think of	~을 생각하다	say	말하다	concentrate on (= focus on)	~에 집중하다
at that time	그때(에)	prepare for	~을 준비하다	drop by (= stop by)	들르다
listen to	~을 듣다	look at	~을 보다	think	생각하다
lie	거짓말하다	talk big	과장하다, 허풍을 떨다	talk behind one's back	뒷담화를 하다

02 천천히 읽기 4번, 원어민의 속도에 맞춰 빠르게 읽는 연습을 4번 해보세요.

우리말	영어	천천히	빠르게
나 아무 생각도 안 하고 있었어.	I wasn't thinking of anything.	☐☐	☐☐
나 아무 말도 안 하고 있었어.	I wasn't saying anything.	☐☐	☐☐
그때 Erin은 수업에 집중하고 있지 않았어.	Erin wasn't concentrating on the class at that time.	☐☐	☐☐
그때 Erin은 수업 준비 중이 아니었어.	Erin wasn't preparing for the class at that time.	☐☐	☐☐
내가 들렀을 때 그는 아무것도 하고 있지 않았어.	He wasn't doing anything when I dropped by.	☐☐	☐☐
너 내 말 안 듣고 있었지, 그치?	You weren't listening to me, were you?	☐☐	☐☐
너 나 안 보고 있었지, 그치?	You weren't looking at me, were you?	☐☐	☐☐
그들이 거짓말하는 것 같지 않았어.	I think they weren't lying.	☐☐	☐☐
그들이 과장하는 것 같지 않았어.	I think they weren't talking big.	☐☐	☐☐
우리 네 뒷담화 하던 중 아니었어.	We weren't talking behind your back.	☐☐	☐☐

실전 대화 연습! 대화를 듣고 빈칸 채우기

에피소드 01 > 아침에 들은 수업에 대해 이야기하는 상황

Erin   Did you ① _____ Prof. Brian's class this morning?

Jason   Yes, I did, but I don't remember what I learned.

Erin   What ② _____ during class?

Jason   I ③ _____ anything. I just ④ _____.

5회 연습 체크: 1 2 3 4 5   총연습 횟수: ( )회

에피소드 02 > 말이 헛나온 상황

Erin   That's how I ① _____ Jake.

Jason   Hmm. That's what happened. ② _____, how is Jake doing?

Erin   You ③ _____ me, ④ _____?

Jason   Sorry! Just ⑤ _____ my tongue! I meant Jay not Jake!

5회 연습 체크: 1 2 3 4 5   총연습 횟수: ( )회

에피소드 03 > 돈을 훔친 범인을 추리하는 상황

Erin   The boys ① _____ stealing my money.

Jason   They ② _____ lying. What do you think?

Erin   I think they ③ _____. They are just kids.

Jason   Sometimes you're too ④ _____. For me, they're ⑤ _____ suspects.

5회 연습 체크: 1 2 3 4 5   총연습 횟수: ( )회

잘 들었는지 체크! 우리말 대화를 보고 영어로 말해보기

에피소드 01

정답 ① take ② were you thinking about ③ wasn't thinking of ④ nodded off

Erin	오늘 아침에 Brain 교수님 강의 들었어?
Jason	응, 근데 뭘 배웠는지 기억이 안 나네.
Erin	수업 시간에 뭔 생각을 하고 있었길래?
Jason	아무 생각 안 하고 있었어. 그냥 좀 *졸았어.

* **nod off** 꾸벅꾸벅 졸다

에피소드 02

정답 ① broke up with ② By the way ③ weren't listening to ④ were you ⑤ a slip of

Erin	*그렇게 Jake랑 헤어지게 된 거야.
Jason	흠. 그래서 그런 거구나. 그건 그렇고 Jake는 어떻게 지내?
Erin	너 내 말 안 듣고 있었구나, 그치?
Jason	미안! *말이 헛나왔어! Jake 말고 Jay 물어보려던 거였어!

* **That's how 주어 + 동사** 그렇게 해서 ~하게 된 거야 (사건의 경위를 설명할 때 써주면 좋아요~)
* **a slip of the tongue** 말실수, 헛나온 말 (이때 tongue 대신 '입술'을 뜻하는 lip을 써서 a slip of the lip 해도 돼요!)

에피소드 03

정답 ① denied ② could be ③ weren't lying ④ naive ⑤ prime

Erin	그들이 내 돈 훔치지 않았대.
Jason	*거짓말하고 있을 수도 있지. 넌 어떻게 생각해?
Erin	걔들이 거짓말하는 것 같진 않았어. 그냥 애들이잖아.
Jason	넌 가끔 너무 *순진하게 군다니까. 내가 볼 땐 그들이 유력한 용의자야.

* **could** ~일 수도 있다 (가능성이나 추측을 말할 때 써줄 수 있어요~)
* **naive** 순진한 (물론 '순진무구한', '천진난만한'으로 좋게 쓸 수도 있겠지만, 보통은 경험이나 지식 등이 부족해서 '순진해 빠진, 세상 물정 모르는'과 같은 못마땅한 느낌으로 쓰인답니다!)

앞서 연습한 문장을 직접 써보면서 확실하게 내 것으로 만들기

01 나 아무 생각도 안 하고 있었어.

02 그때 Erin은 수업에 집중하고 있지 않았어.

03 내가 들렀을 때 그는 아무것도 하고 있지 않았어.

04 너 내 말 안 듣고 있었지, 그치?

05 그들이 거짓말하는 것 같지 않았어.

06 나 아무 말도 안 하고 있었어.

07 그들이 과장하는 것 같지 않았어.

08 우리 네 뒷담화 하던 중 아니었어.

09 너 나 안 보고 있었지, 그치?

10 그때 Erin은 수업 준비 중이 아니었어.

정답 은 앞 페이지에서 확인하세요!

새로운 문장을 직접 써보면서 학습 마무리

A 주어진 단어로 문장을 완성해 보세요.

01 그녀는 아무 데도 가고 있지 않았어. She _____ anywhere. (go)

02 우리 Erin 험담하고 있던 거 아니에요! We _____ about Erin behind her back! (talk)

03 그가 나한테 진실을 말하고 있었던 것 같지 않아. I think he _____ me the truth. (tell)

04 나 프레젠테이션할 때 다리 떨고 있지 않았어. I _____ my leg during the presentation. (shake)

05 그들은 영화를 보는 중이 아니었어. They _____ a movie. (watch)

B 박스 안에 주어진 단어들 중 하나를 골라 문장을 만들어보세요.

look at   nod off   cross   work   talk with

01 저 수업 시간에 안 졸고 있었어요!

_____

02 나 다리 안 꼬고 있었는데.

_____

03 오늘 아침에는 엘리베이터가 작동하고 있지 않았어요.

_____

04 나 Tom 보고 있던 거 아니야.

_____

05 그녀는 나랑 이야기하던 중이 아니었어.

_____

정답 375p

그 당시 뭐 하고 있었는지 묻기

🎧 저자 무료 음성 강의

말하기를 위한 기본기 기르기

❗ 문법 POINT 과거에 벌어지고 있었던 일들을 물어볼 때는 과거진행 시제 의문문

01 '너 ~하고 있었지?'를 뜻하는 과거진행 시제 의문문은 주어와 be동사의 위치만 바꿔주면 돼요.

Be동사의 과거형(was/were) + 주어 + 동사ing ~?
~하고 있었어?, ~하는 중이었어?

02 과거진행 시제 의문문으로 '과거의 한 시점에 하고 있었던 일'을 물어볼 수 있어요.

내가 그때 자고 있었나?
Was I sleeping then?

Erin 8시에 운전 중이었어?
Was Erin driving at 8?

Erin이 우리한테 전화했을 때 우리 술 마시고 있었나?
Were we drinking when Erin called us?

🎧 원어민 mp3 듣기 (천천히/빠르게)

문법 포인트를 기억하며 우리말 보고 영어로 말하기

01 문장 연습을 하기 위해 필요한 단어들을 먼저 확인하세요.

think of	~을 생각하다	talk about	~에 대해 이야기하다	bad-mouth	험담하다
take a walk	산책하다	call	전화하다	work out	운동하다
get dressed	옷을 입다	about	약, ~쯤	read	읽다
talk with	~와 함께 이야기하다	just now	당장, 방금	look for	~을 찾다

02 천천히 읽기 4번, 원어민의 속도에 맞춰 빠르게 읽는 연습을 4번 해보세요.

너 내 생각하고 있었지?	Were you thinking of me?
너 내 얘기 하고 있었지?	Were you talking about me?
너 내 험담하고 있었지?	Were you bad-mouthing me?
내가 전화했을 때 너 산책 중이었니?	Were you taking a walk when I called you?
내가 전화했을 때 너 운동 중이었니?	Were you working out when I called you?
내가 전화했을 때 너 옷 입는 중이었니?	Were you getting dressed when I called you?
저녁 8시쯤에 너 뭐 하고 있었어?	What were you doing at about 8 p.m.?
저녁 8시쯤에 너 뭐 읽고 있었어?	What were you reading at about 8 p.m.?
너 방금 누구랑 얘기하고 있었어?	Who were you talking with just now?
내가 뭐 찾고 있었지?	What was I looking for?

(각 문장 옆에 천천히/빠르게 체크박스가 있습니다.)

실전 대화 연습! 대화를 듣고 빈칸 채우기

에피소드 01 〉 어제 본 사람이 친구가 맞았는지 확인하는 상황

Erin   What ① [   ] at about 8 p.m.?

Jason   I ② [   ] some ③ [   ] at the market. Why?

Erin   Oh, it was you! ④ [   ] at Siwon Market?

Jason   Yes, I was! Did you see me?

5회 연습 체크 : **1** **2** **3** **4** **5**   총연습 횟수 : (   )회

에피소드 02 〉 친구가 혼잣말을 하고 있는 거라 착각한 상황

Erin   Okay, I'll see you there. Bye.

Jason   Hey. Who ① [   ] ② [   ] with just now?

Erin   My sister. She's gonna ③ [   ] after class today.

Jason   Oh, you ④ [   ] AirPods. I didn't see them.

5회 연습 체크 : **1** **2** **3** **4** **5**   총연습 횟수 : (   )회

에피소드 03 〉 한창 대화를 나누던 중 급한 전화를 받는 상황

Jason   Wait a sec. It's an ① [   ] call.

Erin   No problem. ② [   ] the phone.

Jason   Sorry. What ③ [   ]?

Erin   You ④ [   ] talk about your new ⑤ [   ].

5회 연습 체크 : **1** **2** **3** **4** **5**   총연습 횟수 : (   )회

잘 들었는지 체크! 우리말 대화를 보고 영어로 말해보기

에피소드 01

정답   ① were you doing ② was buying ③ groceries ④ Were you

Erin	저녁 8시쯤에 뭐 하고 있었어?
Jason	나 마트에서 *장 좀 보고 있었는데. 왜?
Erin	너였구나! 너 시원 마켓에 있었지?
Jason	응, 맞아! 너 나 봤구나?

* groceries 식료품류

에피소드 02

정답   ① were you ② talking ③ pick me up ④ were wearing

Erin	알았어, 그러면 거기서 보자. 안녕.
Jason	야. 너 방금 누구랑 얘기하고 있었어?
Erin	우리 언니. 오늘 수업 끝나고 나 *데리러 온대.
Jason	아, 에어팟 *끼고 있었구나. 몰랐네.

* pick up ~를 태우러 가다
* wear 입다, 신다, 쓰다, 착용하다 등

에피소드 03

정답   ① urgent ② Pick up ③ was I saying ④ were about to ⑤ contract

Jason	*잠깐만. 급한 전화가 왔어.
Erin	괜찮으니까 받아.
Jason	미안. 내가 무슨 얘기하고 있었지?
Erin	너 새 계약 건에 대해 *막 이야기하려던 참이었어.

* Wait a sec. 잠깐만. (Wait a second.를 줄여서 좀 더 캐주얼하게 말할 수 있어요.)
* be about to 동사 막 ~하려고 하다, ~할 뻔하다

앞서 연습한 문장을 직접 써보면서 확실하게 내 것으로 만들기

01 너 내 얘기하고 있었지?

02 저녁 8시쯤에 너 뭐 하고 있었어?

03 내가 뭐 찾고 있었지?

04 너 내 생각하고 있었지?

05 너 방금 누구랑 얘기 하고 있었어?

06 내가 전화했을 때 너 산책 중이었니?

07 너 내 험담하고 있었지?

08 저녁 8시쯤에 너 뭐 읽고 있었어?

09 내가 전화했을 때 너 옷 입는 중이었니?

10 내가 전화했을 때 너 운동 중이었니?

정답 은 앞 페이지에서 확인하세요!

새로운 문장을 직접 써보면서 학습 마무리

A 주어진 단어로 문장을 완성해 보세요.

01 너 목욕하고 있었어? [   ] you [   ]? (take a bath)

02 너희 밤새 전화로 수다 떨고 있었지? [   ] you [   ] on the phone all night? (chat)

03 내가 여기 왔을 때 Erin이 뭐 하고 있었더라? What [   ] Erin [   ] when I got here? (do)

04 내가 문을 열었을 때 너 뭘 보고 있었던 거야? What [   ] you [   ] when I opened the door? (watch)

05 저녁으로 뭘 요리하고 있었던 거야? What [   ] you [   ] for dinner? (cook)

B 주어진 단어들을 과거진행형으로 바꿔, 어순에 맞게 배열하여 문장을 만들어보세요.

01 너 홈트레이닝 중이었니? (you / work out at home / were)

[   ]

02 너 뭐 먹고 있었어? (you / what / eat / were)

[   ]

03 Erin 7시에 어디 가던 중이었지? (Erin / at 7 / where / go / was)

[   ]

04 내가 노크했을 때, 너희 누구랑 얘기하고 있었어?
(I / knocked the door / when / you / who / talk with / were)

[   ]

05 그녀는 방금 누구에게 귓속말하고 있었어? (was / who / whisper to / just now / she)

[   ]

정답 375p

미래에 일어나고 있을 일 말하기

문법 〉 말하기 〉 듣기 〉 쓰기

🎧 저자 무료 음성 강의

말하기를 위한 기본기 기르기

❗ 문법 POINT　미래의 한 시점에 일어나고 있을 일들을 말할 때는
미래진행 시제 평서문

01 '~하고 있을 거야'처럼 미래에 하고 있을 일을 말할 때는 미래진행 시제로 나타내요. 이러한 미래진행 시제는 주어에 상관없이 be동사 앞에 will만 붙여 쓰면 돼요.

나 뭐 좀 하고 있을 거야.

I **will be doing** something.

02 **미래진행 시제로** '미래의 한 시점에 진행되고 있을 일'에 대해 말할 수 있어요.

7시경에 내가 기다리고 있을 거야.

I**'ll be waiting** at around 7.

그때쯤이면 그녀가 오는 중일 거야.

She'**ll be coming** by that time.

네가 회사에 있을 때면 걔네는 울고 있을 거야.

They'**ll be crying** when you're at work.

* when, while 접속사를 넣어서 '주어가 동사할 때' 혹은 '주어가 동사하는 동안에'라고 문장을 확장할 수 있었
죠? 미래진행 시제를 쓸 때는 이 접속사 부분의 동사를 미래 시제가 아닌 단순 현재 시제로 쓴답니다!
　예. They'll be crying when you'll be at work. (X)
　　　They'll be crying when you are at work. (O)

🎧 원어민 mp3 듣기 (천천히/빠르게)

문법 포인트를 기억하며 우리말 보고 영어로 말하기

01 문장 연습을 하기 위해 필요한 단어들을 먼저 확인하세요.

wait for	~를 기다리다	**miss**	그리워하다	**watch**	지켜보다
by the time +주어+동사	~할 때쯤이면	**arrive**	도착하다	**work**	일하다
set	(상에 수저 등을) 차리다	**fix**	고치다	**give a class**	수업을 하다
around	약, ~쯤	**prepare for**	~를 준비하다	**take on**	~을 맡다

02 천천히 읽기 4번, 원어민의 속도에 맞춰 빠르게 읽는 연습을 4번 해보세요.

내가 널 기다리고 있을 거야.	I'll be waiting for you.
내가 널 그리워하고 있을 거야.	I'll be missing you.
내가 널 지켜보고 있을 거야.	I'll be watching you.
너 도착할 때쯤이면 난 자고 있을 거야.	I'll be sleeping by the time you arrive.
너 도착할 때쯤이면 난 일하고 있을 거야.	I'll be working by the time you arrive.
너 도착할 때쯤이면 난 상을 차리고 있을 거야.	I'll be setting the table by the time you arrive.
사무실에 계실 동안 저희가 차를 고치고 있을게요.	We'll be fixing your car when you're at work.
11시경이면 Erin이 수업하고 있을 거야.	Erin will be giving a class at around 11.
11시경이면 Erin은 수업 준비를 하고 있을 거야.	Erin will be preparing for a class at around 11.
다음 달엔 우리 팀장님이 그 프로젝트를 맡고 계실 거야.	My team leader will be taking on the project next month.

천천히 □□ 빠르게 □□

 대화문 듣기 (천천히/빠르게)

실전 대화 연습! 대화를 듣고 빈칸 채우기

에피소드 01 친구가 공항에 픽업해주러 나오는 상황

Erin   So, what time are you ① _____ at the airport?

Jason   My ② _____ arrives at 5:20.

Erin   I got it. I ③ _____ for you.

Jason   Thanks for ④ _____ me up.

5회 연습 체크 : **1** **2** **3** **4** **5**   총연습 횟수 : ( )회

에피소드 02 야근하는 하우스메이트와 통화하는 상황

Erin   Hey, are you ① _____ at work?

Jason   Yeah... I'm working ② _____. I guess I can ③ _____ the office after 11.

Erin   Oh, I'm sorry to hear that. ④ _____ by the time you arrive.

Jason   I know... I'll see you in the morning.

5회 연습 체크 : **1** **2** **3** **4** **5**   총연습 횟수 : ( )회

에피소드 03 수업 시간에 Erin을 영화관에서 마주친 상황

Jason   Hey, what are you doing here?

Erin   Jason! I'm ① _____ this movie. It starts at 11.

Jason   But your ② _____ said, "Erin ③ _____ a class at around 11."

Erin   Oh, it's been ④ _____. Let's watch this movie together!

5회 연습 체크 : **1** **2** **3** **4** **5**   총연습 횟수 : ( )회

잘 들었는지 체크! 우리말 대화를 보고 영어로 말해보기

에피소드 01

정답　① arriving ② flight ③ will be waiting ④ picking

Erin　그래서, 공항에 몇 시에 도착한다고?
Jason　5시 20분에 도착이야.
Erin　*알았어. 내가 널 기다리고 있을 거야.
Jason　*나 픽업해줘서 고마워.

* **I got it.** 알겠어.
* **thanks for 동사ing** ~해줘서 고마워

에피소드 02

정답　① still ② overtime ③ leave ④ I'll be sleeping

Erin　야, 너 아직도 일해?
Jason　응... 야근 중이야. 11시는 넘어야 퇴근할 수 *있을 거 같아.
Erin　오, *안 됐다. 너 도착할 때쯤엔 나 자고 있을 거야.
Jason　그치... 내일 아침에 보자고.

* **guess** 추측하다 (여기 문장에서는 think로 바꿔도 좋아요!)
* **I'm sorry to hear that.** 유감이네요. (안타까운 이야기를 들었을 때 쓸 수 있는 반응이에요.)

에피소드 03

정답　① waiting for ② coworker ③ will be giving ④ cancel(l)ed

Jason　야, 너 여기서 뭐 해?
Erin　Jason! 나 이 영화 기다리고 있어. 11시에 시작하거든.
Jason　그렇지만 네 *동료가 "Erin은 11시경에 수업 중일 거예요."라고 했는데.
Erin　아, 그거 *휴강 됐어. 이 영화 같이 보자!

* **coworker** 동료
* **cancel** 취소하다

앞서 연습한 문장을 직접 써보면서 확실하게 내 것으로 만들기

01 내가 널 기다리고 있을 거야.

02 내가 널 지켜보고 있을 거야.

03 11시경이면 Erin이 수업하고 있을 거야.

04 너 도착할 때쯤이면 난 자고 있을 거야.

05 다음 달엔 우리 팀장님이 그 프로젝트 업무를 맡고 계실 거야.

06 사무실에 계실 동안 저희가 차를 고치고 있을게요.

07 내가 널 그리워하고 있을 거야.

08 11시경이면 Erin은 수업 준비를 하고 있을 거야.

09 너 도착할 때쯤이면 난 상을 차리고 있을 거야.

10 너 도착할 때쯤이면 난 일하고 있을 거야.

정답 은 앞 페이지에서 확인하세요!

새로운 문장을 직접 써보면서 학습 마무리

A 주어진 단어로 문장을 완성해 보세요.

01 8시쯤이면 나 학교 가고 있을 거야. I [　　　　　　　　] at about 8. (go to school)

02 정오에 우리 부부는 점심 식사하고 있을 거예요. My husband and I [　　　　　　] lunch at noon. (have)

03 다음 주에는 Erin이 그 계약 문제를 다루고 있을 거예요. Erin [　　　　　　] with the contract next week. (deal)

04 네가 이 편지를 받을 때쯤이면 난 홍콩으로 날아가고 있을걸. I [　　　　　　] to Hong Kong by the time you receive this letter. (fly)

05 10시경이면 나는 대회를 준비하고 있을 거야. I [　　　　　　] for the contest at around 10. (prepare)

B 박스 안에 주어진 단어들 중 하나를 골라 문장을 만들어보세요.

take on　get dark　clear up　work　practice driving

01 그때쯤엔 나 운전 연습하고 있을 거야.

[　　　　　　　　　　　　　　　　　　　　　　　　]

02 2시쯤엔 날이 개고 있을 거야.

[　　　　　　　　　　　　　　　　　　　　　　　　]

03 10시쯤엔 어두워지고 있을 거야.

[　　　　　　　　　　　　　　　　　　　　　　　　]

04 여러분이 여기 도착하실 때쯤이면 엘리베이터가 작동하고 있을 거예요.

[　　　　　　　　　　　　　　　　　　　　　　　　]

05 내년에는 우리 팀이 그 프로젝트를 진행하고 있을 거야.

[　　　　　　　　　　　　　　　　　　　　　　　　]

정답 375p

미래에 일어나고 있지 않을 일 말하기

영어 습관
29일차

문법 말하기 듣기 쓰기

🎧 저자 무료 음성 강의

말하기를 위한 기본기 기르기

❗ 문법 POINT 미래의 한 시점에 일어나고 있지 않을 일들을 말할 때는 미래진행 시제 부정문 사용

01 '~안 하고 있을 거야'의 미래진행 시제 부정문은 will 뒤에 not만 붙이면 돼요.

will + not + be동사 + 동사ing
~안 하고 있을 거야

02 미래진행 시제 부정문으로 '미래의 한 시점에 진행되고 있지 않을 일'에 대해 말할 수 있어요.

나는 기다리고 있지 않을 거야.
I **won't be waiting.**

그녀는 오는 중이 아닐 거야.
She **won't be coming.**

걔네는 울고 있지 않을 거야.
They **won't be crying.**

🎧 원어민 mp3 듣기 (천천히/빠르게)

문법 포인트를 기억하며 우리말 보고 영어로 말하기

01 문장 연습을 하기 위해 필요한 단어들을 먼저 확인하세요.

come	오다	join	함께 하다	take a class	수업을 듣다
go to+장소	~에 가다	work	직장	get off work	퇴근하다
stay	머무르다	(for) long	오랫동안	talk	말하다, 대화하다
work	작동하다	go well	잘 진행되다	happen	발생하다, 벌어지다

02 천천히 읽기 4번, 원어민의 속도에 맞춰 빠르게 읽는 연습을 4번 해보세요.

나 안 갈래.	I won't be coming.
난 너랑 함께 하고 있지 않을 거야.	I won't be joining you.
걔네 수업 듣는 중 아닐걸.	They won't be taking a class.
그녀는 출근하는 중 아닐걸.	She won't be going to work.
그녀는 퇴근하는 중 아닐걸.	She won't be getting off work.
나 오래 있지는 않을 거야.	I won't be staying long.
나 오래 대화하고 있지는 않을 거야.	I won't be talking long.
그거 작동하지 않을 거야.	It won't be working.
그거 잘 되어가고 있지 않을 거야.	It won't be going well.
그 일은 벌어지고 있지 않을 거야.	It won't be happening.

실전 대화 연습! 대화를 듣고 빈칸 채우기

에피소드 01 친구들의 저녁 일정에 대해 이야기하는 상황

Jason   Will Jina and Hyemi be ① [   ] an online class at around 7?

Erin   No, they ② [   ].

Jason   Why not? They ③ [   ] Chinese last week.

Erin   They already ④ [   ].

5회 연습 체크 : **1** **2** **3** **4** **5**   총연습 횟수 : (   )회

에피소드 02 눈치 없는 친구에게 충고하는 상황

Erin   I ① [   ] and ask my manager at 8 tomorrow morning.

Jason   I think she'll be ② [   ] work then. Just ask her at work.

Erin   She ③ [   ] work. She took the morning ④ [   ] tomorrow.

Jason   If so, ⑤ [   ] not call her in the morning!

5회 연습 체크 : **1** **2** **3** **4** **5**   총연습 횟수 : (   )회

에피소드 03 회식이 잡힌 친구와 대화하는 상황

Erin   ① [   ] go to the ② [   ] tomorrow?

Jason   Yes, but I ③ [   ] long.

Erin   Why not?

Jason   I don't like drinking, and I don't like parties ④ [   ].

5회 연습 체크 : **1** **2** **3** **4** **5**   총연습 횟수 : (   )회

잘 들었는지 체크! 우리말 대화를 보고 영어로 말해보기

에피소드 01

정답 ① taking ② won't be studying ③ started ④ gave it up

Jason 7시쯤에 지나랑 헤미랑 온라인 수업 듣고 있으려나?

Erin 아니, 걔네 공부하는 중 아닐 거야.

Jason 왜? 걔들 지난주에 중국어 시작했잖아.

Erin 진작에 *그만뒀지.

* give up 포기하다

에피소드 02

정답 ① should call ② on her way to ③ won't be going to ④ off
⑤ you'd better

Erin 내일 아침 8시에 부장님께 전화해서 물어보는 게 낫겠다.

Jason 그 시간이면 출근 중이실 것 같은데. 그냥 회사에서 물어봐.

Erin 출근 중 아니실 거야. 내일 *오전 반차 내셨거든.

Jason 그런 거면 아침에 전화 *안 하는 게 좋을걸!

* take 기간 off ~ 기간 동안 휴가를 내다
* had better not 동사 ~ 안 하는 게 좋을걸 (경고할 때 많이 쓰여요. 반대로 '~하는 게 좋을 거야'라고 말
할 때는 not을 빼고 'had better 동사'를 써요!)

에피소드 03

정답 ① Will you ② company dinner ③ won't be staying ④ either

Erin 너 내일 *회식 갈 거야?

Jason 응, 근데 오래 있지는 않을 거야.

Erin 왜?

Jason 나 술도 안 좋아하고 *모임도 안 좋아해.

* company dinner 회식 (사실 미국에는 회식 문화가 없답니다. 그치만 한국에 살고 있어서 회식 문화를
접해본 제 미국인 친구들은 work drinks 라고 하기도 해요. 아니면 get-together/
dining after work와 같이 '퇴근 후 모임'으로 풀어서 얘기하기도 하죠.)

* either ~도 아닌 (보통 평서문에서는 '~도' 라는 뜻으로 too를 쓰지만 부정문에서는 either을 써요!)

앞서 연습한 문장을 직접 써보면서 확실하게 내 것으로 만들기

01 나 안 갈래.

02 걔네 수업 듣는 중 아닐걸.

03 그 일은 벌어지고 있지 않을 거야.

04 난 너랑 함께 하고 있지 않을 거야.

05 그녀는 퇴근하는 중 아닐걸.

06 나 오래 있지는 않을 거야.

07 그거 작동하지 않을 거야.

08 그거 잘 되어가고 있지 않을 거야.

09 나 오래 대화하고 있지는 않을 거야.

10 그녀는 출근하는 중 아닐걸.

정답 은 앞 페이지에서 확인하세요!

새로운 문장을 직접 써보면서 학습 마무리

A 주어진 단어로 문장을 완성해 보세요.

01 자정이면 나 안 자고 있을 거야. I [   ] at midnight. (sleep)

02 7시 이후면 내 동료들은 근무 중이 아닐 거예요. My colleagues [   ] after 7. (work)

03 Erin 아직 일을 끝마치고 있지 않을 거야. Erin [   ] working yet. (finish)

04 내일 이때쯤이면 엘리베이터가 작동하고 있지 않을 거예요. The elevator [   ] by this time tomorrow. (work)

05 그는 설거지하는 중이 아닐걸. He [   ] the dishes. (do)

B 박스 안에 주어진 단어들 중 하나를 골라 문장을 만들어보세요.

> **rain   work   paint   have   wash**

01 그때쯤엔 비가 오고 있지 않을 거야.

[   ]

02 난 Erin이랑 저녁을 먹고 있지 않을 거예요.

[   ]

03 2050년이면 그녀가 여기서 일하고 있지는 않을 거예요.

[   ]

04 내일 이때쯤이면 그들이 페인트칠하고 있지 않을 거예요.

[   ]

05 전 제 차를 세차하는 중이 아닐 거예요.

[   ]

정답 375p

미래에 무슨 일이 일어나고 있을지 묻기

문법 〉 말하기 〉 듣기 〉 쓰기

🎧 저자 무료 음성 강의

말하기를 위한 기본기 기르기

❗ **문법 POINT** 미래의 한 시점에 일어날 일들을 물을 때는 미래진행 시제 의문문 사용

01 '~하고 있을 거야?'를 뜻하는 미래진행 시제 의문문은 주어와 will의 위치만 바꿔주면 돼요.

Will + 주어 + be동사 + 동사ing ~?
~하고 있을 거야?

02 미래진행 시제로 '미래의 한 시점에 진행되고 있을 일'을 물어볼 수 있어요.

내가 기다리고 있을까?
Will I be waiting?

그녀는 오고 있는 중일까?
Will she be coming?

걔네는 울고 있을까?
Will they be crying?

문법 포인트를 기억하며 우리말 보고 영어로 말하기

01 문장 연습을 하기 위해 필요한 단어들을 먼저 확인하세요.

wait for	~를 기다리다	**miss**	그리워하다	**sleep**	자다
by then	그 시간에, 그때까지	**work out**	운동하다	**make dinner**	저녁을 만들다
shop for groceries	장을 보다	**leave**	떠나다, ~를 나서다	**office**	사무실
at about (= at around)	~쯤에	**work overtime**	초과 근무를 하다	**Will you be staying for ~?**	~하러 더 있으실래요?

02 천천히 읽기 4번, 원어민의 속도에 맞춰 빠르게 읽는 연습을 4번 해보세요.

나 기다리고 있을 거야?	**Will you be waiting for** me?
나 그리워하고 있을 거야?	**Will you be missing** me?
그녀는 그때쯤이면 자고 있으려나?	**Will she be sleeping** by then?
그녀는 그때쯤이면 운동하고 있으려나?	**Will she be working out** by then?
날 위해 저녁을 만들고 있을 거야?	**Will you be making dinner** for me?
날 위해 장을 보고 있을 거야?	**Will you be shopping for groceries** for me?
Erin이 9시쯤엔 퇴근 중일까?	**Will Erin be leaving the office** at about 9?
Erin이 9시쯤엔 야근 중일까?	**Will Erin be working overtime** at about 9?
저녁 드시고 가실래요?	**Will you be staying for** dinner?
게임 한 판하고 가실래요?	**Will you be staying for** a game?

🎧 대화문 듣기 (천천히/빠르게)

실전 대화 연습! 대화를 듣고 빈칸 채우기

에피소드 01 친구랑 퇴근 후 피자 먹기로 약속하는 상황

Erin I'm ① _____ pizza.

Jason Me too! I'll get it ② _____ after work.

Erin ③ _____ be home at about 7. ④ _____ waiting for me?

Jason Sure. I'll ⑤ _____ at 6:30.

5회 연습 체크 : 1 2 3 4 5   총연습 횟수 : (   )회

에피소드 02 밤에 친구에게 전화하려고 고민하는 상황

Erin I have ① _____ ask Lynn tonight.

Jason ② _____ call her now? She ③ _____ early.

Erin I can call her after 9 ④ _____ my work.
⑤ _____ by then?

Jason Probably. You should leave her a text now.

5회 연습 체크 : 1 2 3 4 5   총연습 횟수 : (   )회

에피소드 03 친구를 위해 저녁을 만들어주는 상황

Jason Yay! I'll ① _____ early today!

Erin ② _____ ! What are you gonna do?

Jason I'm gonna cook some ③ _____ pasta for you! I found a great ④ _____
on social media.

Erin ⑤ _____ dinner for me? Oh, you're so sweet!

5회 연습 체크 : 1 2 3 4 5   총연습 횟수 : (   )회

잘 들었는지 체크! 우리말 대화를 보고 영어로 말해보기

에피소드 01

정답 ① craving ② delivered ③ I'll ④ Will you be ⑤ order it

Erin	피자 *땡긴다.
Jason	나도! 퇴근 후에 *배달시킬게.
Erin	나 7시쯤에 집 도착하는데. 나 기다리고 있을 거야?
Jason	그럼. 6시 30분에 주문할게.

* **crave** 갈망하다
* **get 무엇 delivered** ~을 배달시키다

에피소드 02

정답 ① something to ② Why don't you ③ goes to bed ④ because of
⑤ Will she be sleeping

Erin	나 오늘 밤 Lynn한테 *물어볼 게 있어.
Jason	*지금 전화하지 그래? 걔 일찍 자러 가잖아.
Erin	일 때문에 아홉 시 이후에나 전화할 수 있는데. 그때쯤이면 자고 있으려나?
Jason	아마도. 그냥 지금 문자 남겨.

* **something to 동사** ~할 것 (예를 들어 '먹을 것'이라면 something to eat, '할 것'이라면 something to do)
* **Why don't you 동사?** ~하지 그래?

에피소드 03

정답 ① get home ② Good for you ③ amazing ④ recipe
⑤ Will you be making

Jason	오예! 나 오늘 집에 일찍 간다!
Erin	*잘됐다! 뭐할 거야?
Jason	널 위해 놀라운 파스타를 만들 거야! *SNS에서 엄청난 레시피를 발견했거든.
Erin	날 위해 저녁을 만들고 있을 거라고? 야, 너 진짜 스윗하다!

* **Good for you!** 좋았어! 잘됐다! (기쁜 소식을 들었을 때의 반응이에요.)
* **social media** SNS

앞서 연습한 문장을 직접 써보면서 확실하게 내 것으로 만들기

01 게임 한 판하고 가실래요?

02 그녀는 그때쯤이면 운동하고 있으려나?

03 나 기다리고 있을 거야?

04 그녀는 그때쯤이면 자고 있으려나?

05 날 위해 장을 보고 있을 거야?

06 저녁 드시고 가실래요?

07 나 그리워하고 있을 거야?

08 Erin이 9시쯤엔 퇴근 중일까?

09 날 위해 저녁을 만들고 있을 거야?

10 Erin이 9시쯤엔 야근 중일까?

정답 은 앞 페이지에서 확인하세요!

새로운 문장을 직접 써보면서 학습 마무리

Ⓐ 주어진 단어로 문장을 완성해 보세요.

01 그것을 구글링하고 있을 거야? [   ] you [   ] it? (Google)

02 그때까지 술 마시고 있을 거야? [   ] you [   ] by then? (drink)

03 Erin이 옷장 정리를 하고 있을까? [   ] Erin [   ] the closet? (clean out)

04 내가 돌아왔을 때 그들이 회의를 하고 있을까? [   ] they [   ] a meeting when I come back? (have)

05 폭우가 내리고 있을까? [   ] it [   ]? (pour)

Ⓑ 박스 안에 주어진 단어들 중 하나를 골라 문장을 만들어보세요.

snow   prepare for   cram for   garden   clean

01 눈이 오고 있을까?

[   ]

02 우리 할머니가 정원 손질을 하고 계실까?

[   ]

03 오후 3시에 세미나를 준비하고 계실 건가요?

[   ]

04 오늘 밤에 벼락치기 하고 있을 거야?

[   ]

05 내 남편은 그때쯤이면 집을 청소하고 있으려나?

[   ]

정답 375p

지금까지 계속 해 온 일 말하기

문법 말하기 듣기 쓰기

🎧 저자 무료 음성 강의

말하기를 위한 기본기 기르기

❗ 문법 POINT **과거부터 지금까지 계속 해 온 일들을 말할 때는 현재완료 시제 평서문**

01 현재완료 시제는 '했다'의 과거 시제와 '한다'의 현재 시제를 이어서 '해왔다'를 만들어주는 시제예요. 즉, 과거의 한 시점부터 지금까지 쭈욱 계속되고 있는 일을 이야기할 수 있고, 'have + 과거분사 (p.p.)'로 나타내요.

[현재] 난 널 사랑해. I **love** you. (그냥 현재 사랑하는 마음을 표현)

[과거] 난 널 사랑했어. I **loved** you. (과거에 사랑했음은 분명하지만 현재는 알 수 없음)

[현재완료] 난 널 10년 동안 사랑해왔어. I **have loved** you for 10 years.
(10년 전부터 지금까지 쭈욱 사랑해왔음을 표현)

* 과거분사(p.p.)란? 동사의 3단 변화에서 맨 마지막에 있는 단어!
예) love-loved-**loved** / eat-ate-**eaten** / do-did-**done**

02 현재완료의 have는 일반동사 have와는 달리 주어와 've로 축약이 가능해요. 그리고 주어가 3인칭 단수라면 has를 써야 하고, 마찬가지로 주어와 's로 축약이 가능해요.

우린 10년 동안 알고 지냈어. **We've** known each other for 10 years.

그는 Erin이랑 알고 지낸 지 10년 됐어. **He's** known Erin for 10 years.

03 현재 눈앞에서 진행 중인 일임을 강조하고 싶을 때는 '계속 ~해오고 있는 중이다'라는 의미의 '현재완료 진행형(have/has been + 동사ing)'을 써요.

난 20분째 뛰고 있어. **I've been running** for 20 minutes.

그녀는 두 시간 동안 울고 있어. **She's been crying** for two hours.

문법 포인트를 기억하며 우리말 보고 영어로 말하기

01 문장 연습을 하기 위해 필요한 단어들을 먼저 확인하세요.

trust	믿다, 신뢰하다	all one's life	(~의) 평생	have a crush on	~에게 반하다
know	알다	for	~동안	date	~와 데이트하다
stare at	~를 빤히 쳐다보다	take	복용하다	medicine	약
since	~이후로	be on medication	약물 치료를 하다	grapple with	~을 해결하려고 노력하다

02 천천히 읽기 4번, 원어민의 속도에 맞춰 빠르게 읽는 연습을 4번 해보세요.

		천천히	빠르게
내 평생 널 믿어 왔는데!	I've **trusted** you all my life!	☐☐	☐☐
난 평생을 널 볼 때마다 반해왔어!	I've **had a crush on** you all my life!	☐☐	☐☐
난 Erin을 안 지 2년 됐어.	I've **known** Erin for 2 years.	☐☐	☐☐
난 Erin이랑 **사귄 지** 2년 됐어.	I've **dated** Erin for 2 years.	☐☐	☐☐
그가 널 한 시간째 **기다리고** 있어.	He's **been waiting for** you for an hour.	☐☐	☐☐
그가 널 한 시간째 **쳐다보고** 있어.	He's **been staring at** you for an hour.	☐☐	☐☐
저 지난달부터 이 약을 먹고 있어요.	I've **taken** this medicine since last month.	☐☐	☐☐
저 지난달부터 약물 치료를 받고 있어요.	I've **been on medication** since last month.	☐☐	☐☐
그녀가 오후 내내 그 문제 가지고 씨름하고 있어.	She's **been grappling with the problem** all afternoon.	☐☐	☐☐
비가 아침 내내 **오고** 있어.	It's **been raining** all morning.	☐☐	☐☐

실전 대화 연습! 대화를 듣고 빈칸 채우기

에피소드 01 두 친구를 화해시키려고 Jason이 애쓰는 상황

Jason	Erin, are you still ① _____ Aaron?
Erin	I'm not angry. I'm just ② _____ him.
Jason	You guys ③ _____ talk. ④ _____ for you for an hour.
Erin	I know, but I don't wanna talk to him ⑤ _____.

5회 연습 체크 : **1** 2 3 4 5   총연습 횟수 : ( )회

에피소드 02 아픈 친구에게 약을 추천해주는 상황

Jason	I feel ① _____ and heavy in my ② _____.
Erin	Take this ③ _____ when you feel ④ _____.
Jason	What's this? Is it effective?
Erin	Yes. ⑤ _____ this medicine since last month. It works for me.

5회 연습 체크 : **1** 2 3 4 5   총연습 횟수 : ( )회

에피소드 03 점심 시간을 놓쳐버린 동료와 대화하는 상황

Erin	Ah! I had a really ① _____!
Jason	Jealous! I'm hangry.
Erin	② _____ you would have lunch with your assistant manager.
Jason	Yeah, you see? ③ _____ all afternoon! She ④ _____ saying one moment, one moment, and one moment again!

5회 연습 체크 : **1** 2 3 4 5   총연습 횟수 : ( )회

잘 들었는지 체크! 우리말 대화를 보고 영어로 말해보기

에피소드 01

정답 ① angry at ② disappointed with ③ need to ④ He's been waiting ⑤ right now

Jason Erin, 너 아직도 Aaron한테 *화나 있는 거야?
Erin 나 화난 거 아니거든. 걔한테 *실망한 거야.
Jason 너넨 대화가 필요해. 걔가 널 한 시간째 기다리고 있어.
Erin 알아, 근데 지금은 걔랑 얘기하기 싫단 말이야.

* angry at ~에게 화난
* be disappointed with ~에게 실망하다

에피소드 02

정답 ① gassy ② stomach ③ pill ④ bloated ⑤ I've taken

Jason 속이 *가스가 차고 답답해.
Erin *속이 더부룩할 때 이 약을 먹어봐.
Jason 이게 뭔데? 효과가 있어?
Erin 응. 나 지난달부터 이 약을 먹고 있거든. 나한테는 약효가 있어.

* feel gassy 가스가 차다
* feel heavy, feel bloated 속이 더부룩하다

에피소드 03

정답 ① big lunch ② You said ③ She's been working ④ keeps

Erin 아! 점심 엄청 많이 먹었네!
Jason 좋겠다! 나는 *배고파서 짜증나.
Erin 너 대리님이랑 점심 먹는다고 했잖아.
Jason 그랬지. 근데 저기 보여? 대리님 오후 내내 계속 일하고 계신다고!
잠깐만 잠깐만 *계속 이 말만 반복하면서 말이야!

* hangry 배가 고파 예민한, 짜증나는 (hungry와 angry가 합쳐진 신조어예요.)
* keep + 동사ing 계속해서 ~하다

앞서 연습한 문장을 직접 써보면서 확실하게 내 것으로 만들기

01 그녀가 오후 내내 그 문제 가지고 씨름하고 있어.

02 내 평생 널 믿어 왔는데!

03 그가 널 한 시간째 쳐다보고 있어.

04 난 평생을 널 볼 때마다 반해왔어!

05 난 Erin이랑 사귄 지 2년 됐어.

06 그가 널 한 시간째 기다리고 있어.

07 저 지난달부터 이 약을 먹고 있어요.

08 난 Erin을 안 지 2년 됐어.

09 저 지난달부터 약물 치료를 받고 있어요.

10 비가 아침 내내 오고 있어.

정답 은 앞 페이지에서 확인하세요!

새로운 문장을 직접 써보면서 학습 마무리

A 주어진 단어로 현재완료 시제의 문장을 완성해 보세요.

01 나 요즘 계속 바빠. I ⬚ busy these days. (be)

02 그들은 지난달부터 계속 서울에 있어요. They ⬚ in Seoul since last month. (stay)

03 저 지난달부터 여기에서 살고 있어요. I ⬚ here since last month. (live)

04 Erin은 영어를 가르친 지 10년 됐어. Erin ⬚ English for 10 years. (teach)

05 그녀는 2015년부터 영어를 공부하고 있어. She ⬚ English since 2015. (study)

B 박스 안에 주어진 단어들 중 하나를 골라 현재완료 진행 시제의 문장을 만들어보세요.

work out   whine   ring   wash the dishes   look at

01 우리 아들이 한 시간째 떼를 쓰고 있어요.

⬚

02 네 핸드폰이 여러 번 울리고 있어.

⬚

03 Jason은 설거지를 30분째 하고 있어.

⬚

04 그는 한 시간째 운동하고 있어.

⬚

05 나는 두 시간째 모니터만 보고 있어.

⬚

정답 375p

지금까지도 계속 안 하고 있는 일 말하기

문법 〉 말하기 〉 듣기 〉 쓰기

🎧 저자 무료 음성 강의

말하기를 위한 기본기 기르기

❗ 문법 POINT 과거부터 지금까지 꾸준히 하고 있지 않은 일들을 말할 때는 현재완료 시제 부정문

01 현재완료 시제 부정문은 have나 has 뒤에 not만 붙이면 돼요.

have/has + not + 과거분사(p.p.)
~해오지 않았어

* have not은 haven't로, has not은 hasn't로 축약이 가능해요.

02 현재완료 시제 부정문은 과거의 한 시점에서부터 지금까지 쭉 하고 있지 않은 일을 이야기할 때, **또는** 아직 얼마큼의 기간이 되지 않았다고 말할 때 **써요.**

난 널 본 지 얼마 안 됐어.
I **haven't seen** you for long.

전 그 약을 먹은 지 오래되지 않았어요.
I **haven't taken** the medicine for long.

Erin은 일한 지 2개월이 안 됐어요.
Erin **hasn't worked** for two months.

🎧 원어민 mp3 듣기 (천천히/빠르게)

문법 포인트를 기억하며 우리말 보고 영어로 말하기

01 문장 연습을 하기 위해 필요한 단어들을 먼저 확인하세요.

for long	오랫동안	**yet**	아직	**forget**	잊다
each other	서로	**since**	~이후로 지금까지, ~한 지	**contact**	연락하다
change	변하다	**a bit**	약간	**age**	나이가 들다
start	시작하다	**business**	사업	**set up**	시작하다

02 천천히 읽기 4번, 원어민의 속도에 맞춰 빠르게 읽는 연습을 4번 해보세요.

한국어	영어	천천히 / 빠르게
나 그녀를 안 지 아직 얼마 안 됐어.	I **haven't known** her **for long** yet.	
난 아직 그녀를 잊지 못했어.	I **haven't forgotten** her yet.	
지난여름 이후 한 번도 못 뵈었네요.	We **haven't seen** each other since last summer.	
지난여름 이후 한 번도 연락을 못 했네요.	We **haven't contacted** each other since last summer.	
넌 어쩜 하나도 안 변했다.	You **haven't changed** a bit.	
넌 어쩜 하나도 안 늙었다.	You **haven't aged** a bit.	
그녀는 여기 산 지 얼마 안 됐어.	She **hasn't lived here long**.	
그녀는 여기서 일한 지 얼마 안 됐어.	She **hasn't worked here long**.	
제 사업을 시작한 지 오래 되지 않았어요.	It **hasn't been long** since I started my business.	
제 사업을 시작한 지 1년이 채 되지 않았어요.	It **hasn't been a year** since I set up my business.	

실전 대화 연습! 대화를 듣고 빈칸 채우기

에피소드 01 오랜만에 만난 두 친구가 대화하는 상황

Erin	Long time no see!
Jason	We ① [ ] each other ② [ ] last summer.
Erin	It's really good ③ [ ] you! How have you been?
Jason	I've ④ [ ] great! What about you?

5회 연습 체크 : **1** **2** **3** **4** **5**   총연습 횟수 : (   )회

에피소드 02 동창회에서 만난 노년의 두 친구가 대화하는 상황

Erin	You ① [ ] a bit.
Jason	That's what I was gonna say! You ② [ ] a day!
Erin	Ha ha. Look at my gray hair and ③ [ ].
Jason	No, really! You look ④ [ ].

5회 연습 체크 : **1** **2** **3** **4** **5**   총연습 횟수 : (   )회

에피소드 03 약속 시간에 늦은 친구에게 전화를 건 상황

Erin	① [ ] say that you were almost here?
Jason	I did. ② [ ] the elevator now.
Erin	What ③ [ ] so long?
Jason	I took a lost child home. She said she ④ [ ] here long.

5회 연습 체크 : **1** **2** **3** **4** **5**   총연습 횟수 : (   )회

문법 〉 말하기 〉 **듣기** 〉 쓰기

잘 들었는지 체크! 우리말 대화를 보고 영어로 말해보기

에피소드 01

정답   ① haven't seen ② since ③ to see ④ been doing

Erin   *이게 얼마 만이야!

Jason   지난여름 이후에 한 번도 못 봤지 우리.

Erin   진짜 반갑다! *너 잘 지냈어?

Jason   난 잘 지냈지! 넌?

* **Long time no see!** 이게 얼마 만이야! (오랜만에 만났을 때 하는 인사예요.)
* **How have you been?** 그동안 어떻게 지냈어? (이 역시 오랜만에 만났을 때 안부를 묻는 질문이에요~ How are you?의 현재완료 형태로 보시면 돼요!)

에피소드 02

정답   ① haven't changed ② haven't aged ③ wrinkles ④ the same

Erin   넌 어쩜 하나도 안 변했다.

Jason   내가 하려던 말이야! *너 하나도 안 늙었다!

Erin   하하. 내 흰머리랑 주름 좀 보라고.

Jason   아니, 진짜로! 너 예전이랑 똑같아.

* **You haven't aged a day.** 너 하나도 안 늙었다. (You haven't aged a bit.에서 '조금'의 a bit 대신 우리가 마지막으로 본 이후 단 하루도 더 나이 먹지 않았다는 듯이 a day를 붙이기도 한답니다!)

에피소드 03

정답   ① Didn't you ② I'm in ③ took you ④ hasn't lived

Erin   거의 다 왔다고 하지 않았어?

Jason   그랬어. 지금 엘리베이터 안이야.

Erin   *뭐 하다 늦었어?

Jason   길 잃은 아이 하나를 집에 데려다줬어. 여기 산 지 얼마 안 됐다고 하더라고.

* **What took you so long?** 뭐 하다 늦었어?, 왜 그렇게 오래 걸렸어?

앞서 연습한 문장을 직접 써보면서 확실하게 내 것으로 만들기

01 지난여름 이후 한 번도 못 뵈었네요.

02 나 그녀를 안 지 아직 얼마 안 됐어.

03 제 사업을 시작한 지 1년이 채 되지 않았어요.

04 넌 어쩜 하나도 안 늙었다.

05 그녀는 여기 산 지 얼마 안 됐어.

06 제 사업을 시작한 지 오래 되지 않았어요.

07 넌 어쩜 하나도 안 변했다.

08 지난여름 이후 한 번도 연락을 못 했네요.

09 난 아직 그녀를 잊지 못했어.

10 그녀는 여기서 일한 지 얼마 안 됐어.

정답 은 앞 페이지에서 확인하세요!

새로운 문장을 직접 써보면서 학습 마무리

A 주어진 단어로 문장을 완성해 보세요.

01 우리 지금 5분 동안 꼼짝하지 않고 있어요. We ⬚⬚⬚⬚ for 5 minutes. (move)

02 저 지난주부터 술 끊었어요. I ⬚⬚⬚⬚ since last week. (drink)

03 Erin이 한동안 이 사이트에 로그인을 안 하고 있어. Erin ⬚⬚⬚⬚ to this site for a while. (log on)

04 영어를 배우기 시작한 지 얼마 안 됐어요. It ⬚⬚⬚⬚ long since I started learning English. (be)

05 나 그와 사귄 지 얼마 안 됐어. I ⬚⬚⬚⬚ him for long yet. (date)

B 박스 안에 주어진 단어들 중 하나를 골라 문장을 만들어보세요.

> **rain   work out   talk to   smoke   go to the cinema**

01 두 달 동안 비가 오지 않고 있어요.

⬚⬚⬚⬚

02 나 Erin이랑 일주일째 말 안 섞고 있어.

⬚⬚⬚⬚

03 나 영화관에 안 간 지 1년은 됐어.

⬚⬚⬚⬚

04 내 남편은 지난주부터 담배를 끊었어.

⬚⬚⬚⬚

05 나 두 달 동안 운동을 안 하고 있어.

⬚⬚⬚⬚

정답 375p

33 일차 얼마나 해 왔는지 묻기

문법 말하기 듣기 쓰기

저자 무료 음성 강의

말하기를 위한 기본기 기르기

❗ 문법 POINT 얼마나 오래 같은 일을 지속해 왔는지 기간을 물어볼 때는 현재완료 시제 의문문

01 현재완료 시제 의문문은 주어와 have/has 위치만 바꿔주면 돼요.

Have/Has + 주어 + 과거분사(p.p.) ~?
~해왔어?

02 현재완료 시제 의문문은 과거의 한 시점부터 지금까지 쭉 진행되고 있는 일을 물어볼 수 있어요.

우리가 알고 지낸 지 10년째인가? **Have we known** each other for 10 years?

그녀가 여기 산 지 10년 됐나? **Has she lived** here for 10 years?

03 특히 현재완료 의문문은 얼마동안 해 왔는지 기간을 물어보는 의문사와 많이 쓰여요.

너 그녀를 사랑한지 얼마나 됐지? **How long** have you loved her?

우리가 알고 지낸 지가 몇 년 째지? **How many years** have we known each other?

04 진행 중인 일임을 강조하고 싶을 때는 '계속 ~해오고 있는 중이야?'라는 의미의 현재완료 진행 의문문(Have/Has + 주어 + been + 동사ing ~?)으로 표현해요.

너 몇 시간째 TV를 보고 있는 거니? How many hours **have you been watching** TV?

그녀는 몇 분째 뛰고 있는 거야? How many minutes **has she been running**?

문법 포인트를 기억하며 우리말 보고 영어로 말하기

01 문장 연습을 하기 위해 필요한 단어들을 먼저 확인하세요.

how+형용사/부사	얼마나 ~한/하게	**how long**	얼마나 오래	**know**	알다
work for	~을 위해 일하다	**how many +명사**	얼마나 많은 ~	**attend**	참석하다
read	읽다	**comic**	만화책	**talk on the phone**	통화하다
married	기혼인	**unemployed**	무직인	**wait**	기다리다

02 천천히 읽기 4번, 원어민의 속도에 맞춰 빠르게 읽는 연습을 4번 해보세요.

우리말	영어	천천히	빠르게
Erin을 안 지 얼마나 됐어?	How long have you known Erin?	☐☐ ☐☐	☐☐ ☐☐
Erin이랑 함께 한 지 얼마나 됐어?	How long have you been with Erin?	☐☐ ☐☐	☐☐ ☐☐
Erin 밑에서 일한 지 얼마나 됐어?	How long have you worked for Erin?	☐☐ ☐☐	☐☐ ☐☐
여기 입사 몇 년 차예요?	How many years have you worked here?	☐☐ ☐☐	☐☐ ☐☐
여기 참여하신 지 몇 년 됐어요?	How many years have you attended here?	☐☐ ☐☐	☐☐ ☐☐
몇 시간째 만화책을 보고 있는 거니?	How many hours have you been reading comics?	☐☐ ☐☐	☐☐ ☐☐
몇 시간째 통화하고 있는 거니?	How many hours have you been talking on the phone?	☐☐ ☐☐	☐☐ ☐☐
결혼하신 지 얼마나 되셨죠?	How long have you been married?	☐☐ ☐☐	☐☐ ☐☐
일을 쉰 지 얼마나 되셨죠?	How long have you been unemployed?	☐☐ ☐☐	☐☐ ☐☐
얼마나 기다렸어?	How long have you been waiting?	☐☐ ☐☐	☐☐ ☐☐

실전 대화 연습! 대화를 듣고 빈칸 채우기

에피소드 01 직장 상사와 대화하는 상황

Jason ① [　　　　　] years ② [　　　　　] here?

Erin I've worked here for over 10 years.

Jason Wow. It ③ [　　　　　] I hired you just a few months ago.

Erin Yeah. ④ [　　　　　].

5회 연습 체크 : **1** **2** **3** **4** **5**　　총연습 횟수 : (　)회

에피소드 02 드라마에 빠져있는 친구와 대화하는 상황

Jason ① [　　　　　] hours ② [　　　　　] TV?

Erin I don't know. Maybe two hours?

Jason That's what ③ [　　　　　] three hours ago.

Erin Did I? Anyway, you must watch this! This ④ [　　　　　] is really cool!

5회 연습 체크 : **1** **2** **3** **4** **5**　　총연습 횟수 : (　)회

에피소드 03 결혼한 친구에게 정보를 묻는 상황

Erin Hey, Jason. How long ① [　　　　　　　　]?

Jason ② [　　　　　] for 7 years.

Erin ③ [　　　　　] did you have your wedding?

Jason We ④ [　　　　] in the winter.

5회 연습 체크 : **1** **2** **3** **4** **5**　　총연습 횟수 : (　)회

잘 들었는지 체크! 우리말 대화를 보고 영어로 말해보기

에피소드 01

정답 ① How many ② have you worked ③ seems like ④ Time flies

Jason	자네 입사 몇 년 차지?
Erin	이 회사에 근무한 지 10년 넘었죠.
Jason	와. 내가 자넬 고용한 게 엊그제 *같은데 말이야.
Erin	그렇죠. *시간 정말 빨리 가요.

* **It seems like 주어 + 동사** ~한 것 같다
* **Time flies.** 시간 참 빠르다.

에피소드 02

정답 ① How many ② have you been watching ③ you said ④ series

Jason	몇 시간째 TV 보고 있는 거야?
Erin	몰라. 두 시간 됐나?
Jason	너 그 말 세 시간 전에도 했어.
Erin	내가? 암튼 너 이거 꼭 봐! 이 *드라마 진짜 짱이다!

* **series** 드라마 (사실 drama는 액션물, 로맨스물처럼 여러 장르들 중 하나를 뜻해요. 요즘 많이 쓰는 K-drama 또한 정확한 표현은 K-drama series 라는 거! series 대신에 TV show 라고도 해요!)

에피소드 03

정답 ① have you been married ② I've been married ③ Which season ④ married

Erin	Jason, *너 결혼한 지 얼마나 됐지?
Jason	7년 됐어.
Erin	*결혼식을 무슨 계절에 했지?
Jason	겨울에 했지.

* **have you? vs. did you?** 결혼식을 올린 시점부터 지금까지 기혼인 기간을 묻거나 말할 때는 현재완료를, 결혼식을 올린 과거의 한 사건에 대해 이야기할 때에는 과거 시제를!

앞서 연습한 문장을 직접 써보면서 확실하게 내 것으로 만들기

01 Erin을 안 지 얼마나 됐어?

02 얼마나 기다렸어?

03 일을 쉰 지 얼마나 되셨죠?

04 여기 입사 몇 년 차예요?

05 Erin이랑 함께 한 지 얼마나 됐어?

06 몇 시간째 통화하고 있는 거니?

07 여기 참여하신 지 몇 년 됐어요?

08 Erin 밑에서 일한 지 얼마나 됐어?

09 결혼하신 지 얼마나 되셨죠?

10 몇 시간째 만화책을 보고 있는 거니?

정답 은 앞 페이지에서 확인하세요!

새로운 문장을 직접 써보면서 학습 마무리

A 주어진 단어로 문장을 완성해 보세요.

01 Erin의 수업 들은 지 얼마나 됐어? How long [   ] you [   ] Erin's class? (take)

02 담배 끊은 지 몇 주나 됐어? How many weeks [   ] you [   ] smoking? (stop)

03 그는 며칠째 결근하는 거야? How many days [   ] he [   ] absent from work? (be)

04 그녀는 몇 분째 저기 서 있는 거야? How many minutes [   ] she [   ] there? (stand)

05 너 몇 시간째 그 영화를 보고 있는 거야? How many hours [   ] you [   ] the movie? (watch)

B 박스 안에 주어진 단어들 중 하나를 골라 문장을 만들어보세요.

rain   grapple with   drive   stay in the hospital   jog

01 운전한 지 얼마나 됐어요?

[   ]

02 그가 입원한 지 몇 주 됐죠?

[   ]

03 몇 시간째 그 문제로 씨름하고 있는 거야?

[   ]

04 며칠째 비가 오고 있는 거야?

[   ]

05 조깅을 한 지 얼마나 됐어요?

[   ]

정답 376p

문법 말하기 〉 듣기 〉 쓰기

🎧 저자 무료 음성 강의

말하기를 위한 기본기 기르기

❗ 문법 POINT **해 본 적이 있는 일들을 말할 때는 현재완료 시제 평서문**

01 앞서 배운 '~해왔다'의 현재완료 시제는 '~해봤다'라는 경험의 의미도 있어요.

have/has + 과거분사(p.p.)
~해봤어, ~해 본 적 있어

02 경험을 뜻하는 현재완료 시제로 '해 본 적이 있는 일'에 대해 말할 수 있어요.

나는 벌레 쿠키를 먹어본 적이 있어. I've eaten a worm cookie.

우리 번지 점프해봤어. We've bungee-jumped.

걔네 스카이 다이빙해봤어. They've sky-dived.

나 프랑스에 가 본 적 한 번 있어. I've been to France once.

* '~에 가 본 적이 있다'는 have gone to가 아니라 have been to를 써야 해요.

03 특히 경험의 현재완료는 몇 번이나 해봤는지 횟수를 말하는 말과 많이 쓰여요.

한 번 once / 두 번 twice

세 번 three times / 네 번 four times / 다섯 번 five times ...

몇 번 several times / 여러 번 many times

문법 포인트를 기억하며 우리말 보고 영어로 말하기

01 문장 연습을 하기 위해 필요한 단어들을 먼저 확인하세요.

ghost	귀신	**paralysis**	마비	**hear**	듣다
things	(사실, 사건, 행동, 사물 등) 것, 일	**experience**	경험하다	**mention**	언급하다
go through	겪다, 경험하다	**war**	전쟁	**climb**	오르다
Mt.	산(mountain의 축약형)	**several**	몇몇의	**be in the hospital (= be hospitalized)**	입원하다

02 천천히 읽기 4번, 원어민의 속도에 맞춰 빠르게 읽는 연습을 4번 해보세요.

		천천히	빠르게
나 귀신 본 적 한 번 있어.	I've seen a ghost once.	☐☐☐☐	☐☐☐☐
나 가위눌려 본 적 한 번 있어.	I've had sleep paralysis once.	☐☐☐☐	☐☐☐☐
나 환청 들어본 적 한 번 있어.	I've heard things once.	☐☐☐☐	☐☐☐☐
나도 겪어봤지.	I've experienced it.	☐☐☐☐	☐☐☐☐
나도 읽어봤지.	I've read it.	☐☐☐☐	☐☐☐☐
내가 언급한 적 있지.	I've mentioned it.	☐☐☐☐	☐☐☐☐
Erin은 홍콩에 가 본 적이 한 번 있어요.	Erin has been to Hong Kong once.	☐☐☐☐	☐☐☐☐
우리 할머니는 한국 전쟁을 겪어보셨어.	My grandmother has gone through the Korean War.	☐☐☐☐	☐☐☐☐
우리는 여러 차례 에베레스트를 등반해봤어요.	We've climbed Mt. Everest several times.	☐☐☐☐	☐☐☐☐
그는 병원에 입원한 적 있어.	He's been in the hospital.	☐☐☐☐	☐☐☐☐

🎧 대화문 듣기 (천천히/빠르게)

실전 대화 연습! 대화를 듣고 빈칸 채우기

에피소드 01 무서운 얘기를 나누는 상황

Jason   ① _____ you ever ② _____ a hair-raising experience?

Erin   Yes, ③ _____ a ghost once.

Jason   What did it ④ _____?

Erin   It was a woman with long hair and she was grinning at me.

5회 연습 체크 : **1** **2** 3 4 5   총연습 횟수 : ( )회

에피소드 02 친구 연인 사이에 껴서 여행을 다녀온 친구와 통화하는 상황

Jason   I just ① _____ from a trip with Amy and her boyfriend.

Erin   How was your trip?

Jason   It was ② _____! I ③ _____ I was a third wheel.

Erin   I fully understand how you felt. ④ _____ it.

5회 연습 체크 : **1** **2** 3 4 5   총연습 횟수 : ( )회

에피소드 03 전쟁 기념관에 다녀온 친구와 대화하는 상황

Jason   I ① _____ the War Memorial of Korea yesterday.

Erin   Oh, ② _____?

Jason   I ③ _____ cried when I ④ _____ the list of those killed in battle.

Erin   So did I. My grandmother ⑤ _____ the Korean War.

5회 연습 체크 : **1** **2** 3 4 5   총연습 횟수 : ( )회

잘 들었는지 체크! 우리말 대화를 보고 영어로 말해보기

에피소드 01

정답   ① Have ② had ③ I've seen ④ look like

Jason   *섬뜩한 경험을 해 본 적 있어?

Erin   응, 나 귀신 본 적 한 번 있어.

Jason   어떻게 생겼는데?

Erin   긴 머리 여자였는데 날 보면서 *히죽거리고 있었어.

* **hair-raising** 섬뜩한, 소름 돋는, 머리털이 쭈뼛 서는
* **grin at** ~을 보며 히죽이 웃다

에피소드 02

정답   ① came back ② terrible ③ felt like ④ I've experienced

Jason   나 Amy랑 걔 남친이랑 셋이 여행 갔다가 방금 돌아왔어.

Erin   여행 어땠어?

Jason   진짜 별로였어! 나 *꼽사리 낀 느낌이었다니까.

Erin   네 기분이 어땠을지 충분히 이해해. 나도 경험해 봤지.

* **third wheel** 꼽사리 (불필요한 자리에 굳~이 낀 쓸모없는 사람, 없어도 되는 사람이라는 의미예요.)

에피소드 03

정답   ① visited ② how was it ③ nearly ④ read ⑤ has experienced

Jason   어제 한국 전쟁 기념관에 갔었어.

Erin   오, 어땠어?

Jason   전사자 명단 보다가 울 뻔했어.

Erin   *나도 그랬어. 우리 할머니는 6.25를 경험하셨거든.

* **So did I.** 나도 그랬어. (현재 시제로 '나도 그래'라면 So do I.라고 한답니다~)

앞서 연습한 문장을 직접 써보면서 확실하게 내 것으로 만들기

01 나 가위눌려 본 적 한 번 있어.

02 내가 언급한 적 있지.

03 나 귀신 본 적 한 번 있어.

04 우리는 여러 차례 에베레스트를 등반해봤어요.

05 그는 병원에 입원한 적 있어.

06 나도 겪어봤지.

07 Erin은 홍콩에 가 본 적이 한 번 있어요.

08 나도 읽어봤지.

09 나 환청 들어본 적 한 번 있어.

10 우리 할머니는 한국 전쟁을 겪어보셨어.

정답 은 앞 페이지에서 확인하세요!

새로운 문장을 직접 써보면서 학습 마무리

A 주어진 단어로 문장을 완성해 보세요.

01 나 거기 한 번 가 본 적 있어. I [   ] there once. (be)

02 Erin은 해외 거주 경험이 있어. Erin [   ] abroad. (live)

03 우리 아들도 같은 질문을 한 적이 있었지. My son [   ] the same question. (ask)

04 나 그 뮤지컬을 본 적 있어. I [   ] the musical. (watch)

05 그녀는 감옥에 간 적이 있어. She [   ] in prison. (be)

B 박스 안에 주어진 단어들 중 하나를 골라 시제에 맞게 변형하여 문장을 만들어보세요.

be hospitalized   see   work abroad   tell   discuss

01 난 U.F.O.를 본 적이 한 번 있어.

[   ]

02 저는 해외에서 근무해 본 경험이 있어요.

[   ]

03 네가 나한테 그거 말한 적 있었어.

[   ]

04 그는 여러 차례 입원했었어.

[   ]

05 그녀는 그 문제를 논의한 적이 있어.

[   ]

정답 376p

한 번도 해 본 적 없는 일 말하기

문법 〉 말하기 〉 듣기 〉 쓰기

🎧 저자 무료 음성 강의

말하기를 위한 기본기 기르기

⚠ 문법 POINT 경험이 전무할 때는 현재완료 시제 부정문

01 경험을 의미하는 현재완료 시제 부정문도 have나 has 뒤에 not만 붙이면 돼요.

have/has + not + 과거분사(p.p.)
~해 본 적 없어

02 경험의 현재완료 시제 부정문은 '해 본 적이 없는 일'을 말할 때 써요.

나는 벌레 쿠키를 먹어본 적이 없어. I **haven't eaten** a worm cookie.

우리 번지 점프 안 해봤어. We **haven't bungee-jumped**.

그녀는 스카이 다이빙 안 해봤어. She **hasn't sky-dived**.

03 여태껏 한 번도 해보지 않았다는 것을 강조하고 싶을 때는 not 대신 never를 써주면 돼요!

나는 벌레 쿠키를 먹어본 적이 한 번도 없어. I've **never** eaten a worm cookie.

우리 번지 점프 한 번도 안 해봤어. We've **never** bungee-jumped.

그녀는 스카이 다이빙 한 번도 안 해봤어. She's **never** sky-dived.

🎧 원어민 mp3 듣기 (천천히/빠르게)

문법 포인트를 기억하며 우리말 보고 영어로 말하기

01 문장 연습을 하기 위해 필요한 단어들을 먼저 확인하세요.

hear of	~에 대해 듣다	mention	언급하다	be late for	~에 늦다
class	수업	skip	거르다, 빼먹다	be on a flight	비행기를 타다
abroad	해외로, 해외에서	better	더 나은	fight	싸우다, 다투다
each other	서로	have an argument	말다툼을 하다	win	이기다

02 천천히 읽기 4번, 원어민의 속도에 맞춰 빠르게 읽는 연습을 4번 해보세요.

난 한 번도 들어본 적 없어.	I've never heard of it.
난 한 번도 언급한 적 없어.	I've never mentioned it.
Erin은 한 번도 수업에 지각한 적이 없어요.	Erin has never been late for class.
Erin은 한 번도 수업을 빼먹은 적이 없어요.	Erin has never skipped class.
나는 비행기 한 번도 안 타봤어.	I've never been on a flight.
나는 해외에 나가본 적이 한 번도 없어.	I've never been abroad.
나 지금 컨디션 최고야.	I've never been better.
우리는 한 번도 서로 싸운 적이 없어.	We've never fought with each other.
우리는 한 번도 말다툼을 해 본 적이 없어.	We've never had an argument.
그는 한 번도 우승한 적이 없어.	He's never won.

(각 문장마다 천천히/빠르게 체크 박스)

실전 대화 연습! 대화를 듣고 빈칸 채우기

에피소드 01 요즘 인기있는 드라마에 대해 이야기하는 상황

Jason　This TV show is ⟨ ① ⟩ around the world.

Erin　What's it called?

Jason　Squid game! ⟨ ② ⟩ know it?

Erin　Nah. ⟨ ③ ⟩ never ⟨ ④ ⟩ of it.

5회 연습 체크 : **1** **2** **3** **4** **5**　　총연습 횟수 : ( )회

에피소드 02 인스타그램에 올릴 사진을 함께 고르는 상황

Jason　What are you doing?

Erin　I'm ⟨ ① ⟩ good photos to ⟨ ② ⟩ on Instagram.

Jason　Wow. This one ⟨ ③ ⟩ so instagrammable! Who is she?

Erin　She's my bestie Alison. ⟨ ④ ⟩ an ⟨ ⑤ ⟩.

5회 연습 체크 : **1** **2** **3** **4** **5**　　총연습 횟수 : ( )회

에피소드 03 오디션 프로그램 지원자에 대해 이야기하는 상황

Jason　Are you ⟨ ① ⟩ this singing audition program again?

Erin　Yup. The songs are ⟨ ② ⟩. They are ⟨ ③ ⟩ my head.

Jason　Who are you ⟨ ④ ⟩ in the finals?

Erin　That guy! ⟨ ⑤ ⟩ but I know he's gonna come through.

5회 연습 체크 : **1** **2** **3** **4** **5**　　총연습 횟수 : ( )회

잘 들었는지 체크! 우리말 대화를 보고 영어로 말해보기

에피소드 01

정답   ① all the rage ② Don't you ③ I've ④ heard

Jason   이 드라마 지금 전 세계에서 *난리잖아.

Erin   제목이 뭔데?

Jason   오징어 게임! 너 몰라?

Erin   *아니. 한 번도 들어본 적이 없어.

* **all the rage** 대단히 인기 있는, 유행하는 (all the go 라고도 한답니다.)
* **nah** 아니 (no와 nope 모두 같아요!)

에피소드 02

정답   ① selecting ② post ③ looks ④ We've never had ⑤ argument

Jason   뭐 해?

Erin   인스타에 올릴 사진 고르고 있어.

Jason   와. 이거 딱 *인스타 감성이다! 이 사람 누구야?

Erin   내 *찐친 Alison이야. 우린 한 번도 말다툼을 해 본 적이 없어.

* **instagrammable** 인스타에 어울리는, 인스타 감성인
* **bestie** 제일 친한 친구 (best friend의 비격식 표현이에요.)

에피소드 03

정답   ① watching ② catchy ③ stuck in ④ rooting for ⑤ He's never won

Jason   이 오디션 프로 또 보고 있는 거야?

Erin   응. 노래가 중독성이 있어. *머릿속에서 계속 맴돌아.

Jason   결승에서 너 누구 *응원해?

Erin   저 남자! 이제까지 한 번도 *우승한 적은 없지만 우승할 거야.

* **be stuck in one's head** 머릿속을 떠나지 않고 맴돈다
* **root for** ~을 응원하다
* **come through** 회복하다, 해내다, 헤쳐 나오다

앞서 연습한 문장을 직접 써보면서 확실하게 내 것으로 만들기

01 난 한 번도 언급한 적 없어.

02 우리는 한 번도 말다툼을 해 본 적이 없어.

03 Erin은 한 번도 수업에 지각한 적이 없어요.

04 나 지금 컨디션 최고야.

05 난 한 번도 들어본 적 없어.

06 우리는 한 번도 서로 싸운 적이 없어.

07 나는 해외에 나가본 적이 한 번도 없어.

08 나는 비행기 한 번도 안 타봤어.

09 Erin은 한 번도 수업을 빼먹은 적이 없어요.

10 그는 한 번도 우승한 적이 없어.

정답 은 앞 페이지에서 확인하세요!

새로운 문장을 직접 써보면서 학습 마무리

A 주어진 단어로 문장을 완성해 보세요.

01 난 한 번도 그런 말 한 적 없어. I [   ] that. (say)

02 년 평생 하루도 일해본 적이 없잖아. You [   ] a day in your life. (work)

03 그들은 한 번도 직접 만나본 적은 없어. They [   ] face to face. (meet)

04 그 앤 한 번도 안정된 직업을 가져 본 적이 없어. She [   ] a steady job. (have)

05 그는 한 번도 실수해 본적이 없어. He [   ] a mistake. (make)

B 박스 안에 주어진 단어들 중 하나를 골라 시제에 맞게 변형하여 문장을 만들어보세요.

doubt   be on the stage   drive   try   vote

01 난 한 번도 투표해 본 적이 없어.

[   ]

02 Erin은 한 번도 트럭을 운전해 본 적이 없어.

[   ]

03 그 가수는 한 번도 무대에 서 본 적이 없어.

[   ]

04 난 네 말을 한 번도 의심해 본 적이 없어.

[   ]

05 우리는 한 번도 멕시코 음식을 먹어본 적이 없어.

[   ]

정답 376p

경험 묻기

문법 〉 말하기 〉 듣기 〉 쓰기

🎧 저자 무료 음성 강의

말하기를 위한 기본기 기르기

❗ 문법 POINT   해 본 적이 있는지 물을 때는 현재완료 시제 의문문

01 경험의 현재완료 시제 의문문도 주어와 have/has의 위치만 바꿔주면 돼요.

Have/Has + 주어 + 과거분사(p.p.) ~?
~해 본 적 있어?

02 현재완료 시제 의문문으로 해 본 적이 있는지 경험을 물어볼 수 있어요.

너 벌레 쿠키 먹어본 적 있어? **Have you eaten** a worm cookie?

우리 번지 점프해 본 적 있었나? **Have we bungee-jumped**?

그녀는 스카이 다이빙해 본 적 있어? **Has she sky-dived**?

03 경험을 물 때 종종 '한 번이라도'의 ever를 넣기도 해요.

너 한 번이라도 번지 점프해 본 적 있어? Have you **ever** bungee-jumped?

너 한 번이라도 스카이 다이빙해 본 적 있어? Have you **ever** sky-dived?

너 한 번이라도 뉴욕에 가 본 적 있어? Have you **ever** been to New York?

🎧 원어민 mp3 듣기 [천천히/빠르게]

문법 포인트를 기억하며 우리말 보고 영어로 말하기

01 문장 연습을 하기 위해 필요한 단어들을 먼저 확인하세요.

ever	한 번이라도	**see**	보다	**visit**	방문하다
fortune teller	점쟁이	**try 동사ing**	~을 한 번 해보다	**surf**	서핑을 하다
African	아프리카의, 아프리카인	**abroad**	해외로, 해외에서	**study abroad**	외국에서 공부하다
here	여기에	**operation**	수술	**marriage**	결혼

02 천천히 읽기 4번, 원어민의 속도에 맞춰 빠르게 읽는 연습을 4번 해보세요.

너 U.F.O. 본 적 있어?	**Have you ever seen** a U.F.O.?
너 점쟁이한테 가 본 적 있어?	**Have you ever visited** a fortune teller?
너 서핑 해 본 적 있어?	**Have you ever tried** surfing?
너 아프리카 음식 먹어 본 적 있어?	**Have you ever tried** African food?
너 해외 나가 본 적 있어?	**Have you ever been abroad**?
너 해외 연수 가 본 적 있어?	**Have you ever studied abroad**?
너 스페인 가 본 적 있어?	**Have you ever been** to Spain?
너 여기 와 본 적 있어?	**Have you ever been** here?
너 수술받은 적 있어?	**Have you ever had** any operations?
너 결혼 생각 해 본 적 있어?	**Have you ever thought of** marriage?

실전 대화 연습! 대화를 듣고 빈칸 채우기

에피소드 01 서핑 경험에 대해 이야기하는 상황

Erin (①) tried surfing?

Jason Yes, (②). Several times. (③) in Yangyang and Jejudo.

Erin How did you like it?

Jason It was fun, but it was difficult to stay (④) at first.

5회 연습 체크 : **1 2 3 4 5**   총연습 횟수 : ( )회

에피소드 02 해외에 나가 본 경험에 대해 이야기하는 상황

Jason (①) abroad?

Erin Nope. (②) on a flight. What about you?

Jason Me? I'm American! I was (③) in Illinois!

Erin Ah yes! I forgot! (④) I am!

5회 연습 체크 : **1 2 3 4 5**   총연습 횟수 : ( )회

에피소드 03 입원해 본 경험에 대해 이야기하는 상황

Erin (①) ever been hospitalized?

Jason Yes, (②) in the hospital for (③) weeks.

Erin What happened?

Jason I got a (④) to (⑤) polyps.

5회 연습 체크 : **1 2 3 4 5**   총연습 횟수 : ( )회

잘 들었는지 체크! 우리말 대화를 보고 영어로 말해보기

에피소드 01

정답   ① Have you ever ② I have ③ I've surfed ④ balanced

Erin   너 서핑 해 본 적 있어?
Jason   응, 있어. 몇 번. 양양이랑 제주도에서 해봤어.
Erin   어땠어?
Jason   재밌었는데 처음에는 *균형 잡기가 *힘들었어.

* **difficult to 동사** ~하기 어려운
* **stay balanced** 균형을 잡다 (= keep balanced)

에피소드 02

정답   ① Have you ever been ② I've never been ③ born ④ How silly

Jason   해외에 나가 본 적 있어?
Erin   아니. 난 비행기를 타본 적이 없어. 넌?
Jason   나? 야, 나 미국 사람이야! 나 일리노이에서 태어났다고!
Erin   아 맞다! 잊고 있었어! *바보 같기는!

* **How silly I am!** 바보 같긴! (감탄문을 만들 때 'How 형용사 + 주어 + 동사'의 어순을 기억해두면 좋아요~ 가령 '너 정말 웃기다!'라면 How funny you are!)

에피소드 03

정답   ① Have you ② I've stayed ③ a couple of ④ surgery ⑤ remove

Erin   입원해 본 적 있어?
Jason   응, 나 몇 주간 *입원했었어.
Erin   왜?
Jason   *용종 *제거하는 수술을 받았었거든

* **be hospitalized** 입원하다 (= stay in the hospital)
* **polyp** 용종
* **remove** 제거하다

앞서 연습한 문장을 직접 써보면서 확실하게 내 것으로 만들기

01 너 U.F.O. 본 적 있어?

02 너 여기 와 본 적 있어?

03 너 수술받은 적 있어?

04 너 결혼 생각해 본 적 있어?

05 너 스페인 가 본 적 있어?

06 너 점쟁이한테 가 본 적 있어?

07 너 아프리카 음식 먹어 본 적 있어?

08 너 해외 연수 가 본 적 있어?

09 너 해외 나가 본 적 있어?

10 너 서핑 해 본 적 있어?

정답 은 앞 페이지에서 확인하세요!

새로운 문장을 직접 써보면서 학습 마무리

A 주어진 단어로 문장을 완성해 보세요.

01 Dan에 대한 소문 들어본 적 있어? [　　　　] you [　　　　] the rumor about Dan? (hear)

02 그가 취한 거 본 적 있어? [　　　　] you [　　　　] him drunk? (see)

03 포르투갈에 가 본 적 있어? [　　　　] you [　　　　] to Portugal? (be)

04 렌즈 껴 본 적 있어? [　　　　] you [　　　　] contacts? (wear)

05 그녀를 위해 요리해 본 적 있어? [　　　　] you [　　　　] for her? (cook)

B 박스 안에 주어진 단어들 중 하나를 골라 문장을 만들어보세요. (ever을 사용하세요.)

study　　read　　hitchhike　　use　　listen to

01 〈해리포터〉 읽어 봤어?

[　　　　　　　　　　　　　　　　　　　　]

02 이 앱 써 본 적 있어?

[　　　　　　　　　　　　　　　　　　　　]

03 히치하이크 해 본 적 있어?

[　　　　　　　　　　　　　　　　　　　　]

04 이 음악 들어본 적 있어?

[　　　　　　　　　　　　　　　　　　　　]

05 중국어를 공부한 적 있어?

[　　　　　　　　　　　　　　　　　　　　]

정답 376p

영어 습관

37 일차 다 끝난 일 말하기

문법 ⟩ 말하기 ⟩ 듣기 ⟩ 쓰기

🎧 저자 무료 음성 강의

말하기를 위한 기본기 기르기

❗ 문법 POINT   다 완료해 놓은 일들을 말할 때는 현재완료 시제 평서문

01 앞서 배운 '~해왔다(계속)', '~해봤다(경험)'의 현재완료는 '~해놨다'라는 완료의 의미도 있어요.

have/has + 과거분사(p.p.)
~해놨어

02 완료를 뜻하는 현재완료 시제로 과거에 시작한 일이 이제 막 끝났거나 어떤 일이 완료된 상태를 말할 때 써요.

나 짐 다 쌌어. I**'ve packed** my suitcase.

그는 도착했어. He**'s arrived** here.

걔네 회의 끝났어. They**'ve finished** the meeting.

03 특히 완료 의미의 현재완료는 언제 그 일을 완료했느냐에 따라 already(이미, 벌써), just(막, 방금) 같은 부사와 함께 쓰일 수 있어요.

나 벌써 짐 다 싸놨어. I've **already** packed my suitcase.

그는 이제 막 도착했어. He's **just** arrived here.

걔네 이제 막 회의 끝났어. They've **just** finished the meeting.

문법 포인트를 기억하며 우리말 보고 영어로 말하기

01 문장 연습을 하기 위해 필요한 단어들을 먼저 확인하세요.

already	이미, 벌써	make a decision	결정하다	make up one's mind	결심하다, 마음을 먹다
make a choice	선택하다	return	돌아오다	book	예약하다
buy	사다	review	검토하다	report	보고서, 보고하다
have	먹다	lunch	점심	play	연극

02 천천히 읽기 4번, 원어민의 속도에 맞춰 빠르게 읽는 연습을 4번 해보세요.

		천천히	빠르게
이미 다 해놨지.	I've already done it.	☐☐☐☐	☐☐☐☐
난 이미 결정했어.	I've already made a decision.	☐☐☐☐	☐☐☐☐
난 이미 결심했어.	I've already made up my mind.	☐☐☐☐	☐☐☐☐
난 이미 선택했어.	I've already made a choice.	☐☐☐☐	☐☐☐☐
그녀는 이제 막 돌아왔어.	She's just returned.	☐☐☐☐	☐☐☐☐
내가 그 티켓 진작에 예매해놨어.	I've already booked the ticket.	☐☐☐☐	☐☐☐☐
내가 그 티켓 진작에 사놨어.	I've already bought the ticket.	☐☐☐☐	☐☐☐☐
우리 이제 막 그 보고서를 검토했어요.	We've just reviewed the report.	☐☐☐☐	☐☐☐☐
나 점심 이미 먹었는데.	I've already had lunch.	☐☐☐☐	☐☐☐☐
나 그 연극 이미 봤는데.	I've already seen the play.	☐☐☐☐	☐☐☐☐

실전 대화 연습! 대화를 듣고 빈칸 채우기

에피소드 01 〉 공연을 앞둔 친구와 대화하는 상황

Jason ① _____ have to ② _____ the performance?

Erin ③ _____ done it.

Jason Really? Do you wanna have a rehearsal with me?

Erin Nope. I trust my ④ _____ and luck.

5회 연습 체크 : **1** **2** **3** **4** **5**   총연습 횟수 : ( )회

에피소드 02 〉 종일 통화 중이던 친구와 대화하는 상황

Jason Hey, your ① _____ was busy all day!

Erin Sorry. I ② _____ with Seohyun.

Jason ③ _____ on her ④ _____ in Europe?

Erin Oh, ⑤ _____ .

5회 연습 체크 : **1** **2** **3** **4** **5**   총연습 횟수 : ( )회

에피소드 03 〉 좋아하는 밴드의 콘서트 투어에 대해 대화하는 상황

Jason Did you hear your all-time favorite band ① _____ their concert tour?

Erin Of course I did. I've already ② _____ the ticket.

Jason I ③ _____ ! When is the ④ _____ ?

Erin The first Sunday of next month. I ⑤ _____ till then!

5회 연습 체크 : **1** **2** **3** **4** **5**   총연습 횟수 : ( )회

잘 들었는지 체크! 우리말 대화를 보고 영어로 말해보기

에피소드 01

정답 ① Don't you ② prepare for ③ I've already ④ capability

Jason 너 공연 준비해야하지 않아?

Erin 이미 다 해놨지.

Jason 진짜? 나랑 리허설해 볼래?

Erin 아니. 난 내 *실력과 *운을 믿어.

* **capability** 능력
* **luck** 운

에피소드 02

정답 ① line ② was talking ③ Isn't she ④ journey ⑤ she's just returned

Jason 야, 너 하루 종일 *통화 중이더라!

Erin 미안. 서현이랑 얘기 좀 했어.

Jason 걔 유럽 *여행 중이지 않아?

Erin 아, 방금 돌아왔거든.

* **the line is busy** 통화 중이다 (line 대신 phone을 쓰기도 해요~)
* **be on one's journey** 여행 중이다 (on 자체가 '~중인'의 뜻이 있어서 뒤에 어떤 상황임을 많이 써줘요.
　　　　　　　　　　　journey 대신 trip, voyage, vacation을 써줘도 좋아요!)

에피소드 03

정답 ① started ② booked ③ knew it ④ big day ⑤ can't wait

Jason 네가 *제일 좋아하는 밴드가 콘서트 투어 시작했다는 소식 들었어?

Erin 당연하지. 이미 티켓도 다 예매해 놨다고.

Jason 그럴 줄 알았어! *그날이 언젠데?

Erin 다음 달 첫 번째 일요일. 그때까지 못 기다리겠어!

* **all-time favorite** 최애의, 누구나 좋아하는
* **big day** 중요한 날 (생일일 수도 있고 파티나 결혼식, 아기가 태어나는 날 등등 아주 중요한 일정을 얘기
　　　　　할 때 다 쓸 수 있어요.)

앞서 연습한 문장을 직접 써보면서 확실하게 내 것으로 만들기

01 이미 다 해놨지.

02 내가 그 티켓 진작에 예매해놨어.

03 난 이미 선택했어.

04 나 점심 이미 먹었는데.

05 내가 그 티켓 진작에 사놨어.

06 그녀는 이제 막 돌아왔어.

07 난 이미 결정했어.

08 우리 이제 막 그 보고서를 검토했어요.

09 난 이미 결심했어.

10 나 그 연극 이미 봤는데.

정답 은 앞 페이지에서 확인하세요!

새로운 문장을 직접 써보면서 학습 마무리

A 주어진 단어로 문장을 완성해 보세요. (**just** 또는 **already**를 사용하세요.)

01 나 이제 막 집에 왔어. I ⬚ home. (come back)

02 그는 이미 빚을 다 갚았어. He ⬚ his debts. (pay off)

03 우린 이제 막 그 계약서를 검토했어요. We ⬚ the contract. (look through)

04 Erin은 이미 떠나기로 했어요. Erin ⬚ to leave. (decide)

05 나 이미 그 보고서 제출했어. I ⬚ the report. (submit)

B 박스 안에 주어진 단어들 중 하나를 골라 문장을 만들어보세요.

read   tell   lose   begin   leave

01 저희는 이제 막 시작했어요.

⬚

02 부모님께 진작 말씀드렸지.

⬚

03 부장님이 이미 그 기사를 읽었어요.

⬚

04 Erin은 벌써 5kg 나 뺐어.

⬚

05 그 기차는 방금 막 떠났어요.

⬚

정답 376p

문법 〉 말하기 〉 듣기 〉 쓰기

🎧 저자 무료 음성 강의

말하기를 위한 기본기 기르기

❗ 문법 POINT 아직 완료되지 않은 일들을 말할 때는
현재완료 시제 부정문

01 완료를 의미하는 현재완료 시제 부정문 역시 have/has 뒤에 not만 붙이면 돼요.

have/has + not + 과거분사(p.p.)
~안 해놨어

02 과거에 시작한 일이 아직 안 끝났거나 어떤 일이 완료되지 않은 상태임을 이야기할 때 써요.

나 짐 다 안 쌌어. I **haven't packed** my suitcase.

그는 도착 안 했어. He **hasn't arrived** here.

걔네 회의 안 끝났어. They **haven't finished** the meeting.

03 특히 완료 의미의 현재완료 부정문은 '아직'이라는 yet과 자주 쓰여요.

나 아직 짐 다 안 쌌어. I haven't packed my suitcase **yet**.

그는 아직 도착 안 했어. He hasn't arrived here **yet**.

걔네 아직 회의 안 끝났어. They haven't finished the meeting **yet**.

* yet은 not 바로 뒤에 붙여서 have/has not yet의 어순으로 써도 좋지만 대개 문장 끝에 오기를 좋아한답니다.

문법 포인트를 기억하며 우리말 보고 영어로 말하기

01 문장 연습을 하기 위해 필요한 단어들을 먼저 확인하세요.

decide	결정하다	**choose**	선택하다	**return**	돌아오다
move out	이사를 가다	**finish 동사ing**	~하는 것을 끝내다	**shop**	사다, 쇼핑하다
read	읽다	**check in**	(짐을) 부치다, 맡아주다	**luggage**	수하물
claim	(짐) 찾다	**notify**	알려주다	**ask**	묻다

02 천천히 읽기 4번, 원어민의 속도에 맞춰 빠르게 읽는 연습을 4번 해보세요.

우리말	영어	천천히	빠르게
나 아직 결정 못 했어.	I **haven't decided** yet.	☐☐	☐☐
나 아직 선택 못 했어.	I **haven't chosen** yet.	☐☐	☐☐
그녀는 아직 안 돌아왔어.	She **hasn't returned** yet.	☐☐	☐☐
그녀는 아직 이사 안 갔어.	She **hasn't moved out** yet.	☐☐	☐☐
저 아직 쇼핑 다 안 끝났어요.	I **haven't finished shopping** yet.	☐☐	☐☐
저 아직 다 못 읽었어요.	I **haven't finished reading** yet.	☐☐	☐☐
저 아직 짐을 못 부쳤어요.	I **haven't checked in my luggage** yet.	☐☐	☐☐
저 아직 짐을 못 찾았어요.	I **haven't claimed my luggage** yet.	☐☐	☐☐
저희 아직 그녀에게 알리지 못했어요.	We **haven't notified** her yet.	☐☐	☐☐
저희 아직 그녀에게 묻지 못했어요.	We **haven't asked** her yet.	☐☐	☐☐

실전 대화 연습! 대화를 듣고 빈칸 채우기

에피소드 01 야식을 먹을지 말지 고민하는 상황

Jason　So, are you in?

Erin　I (①) yet.

Jason　It's not (②) those time-consuming (③)!

Erin　It's really (④) for me to decide (⑤) I will eat ramen or not!

5회 연습 체크 : ① ② ③ ④ ⑤　총연습 횟수 : ( )회

에피소드 02 지각이 잦은 친구에 대해 대화하는 상황

Erin　(①) everyone come? Where's Rachel?

Jason　She (②) yet.

Erin　Again? She's never (③)!

Jason　(④) call her.

5회 연습 체크 : ① ② ③ ④ ⑤　총연습 횟수 : ( )회

에피소드 03 회사 일 때문에 바쁜 친구와 대화하는 상황

Jason　(①) play badminton?

Erin　I'd love to but I (②). I have to email this report by 3.

Jason　You started this a week ago. Are you (③) working on it?

Erin　Yeah... I (④) it yet. It (⑤) longer than I thought.

5회 연습 체크 : ① ② ③ ④ ⑤　총연습 횟수 : ( )회

잘 들었는지 체크! 우리말 대화를 보고 영어로 말해보기

에피소드 01

정답 ① haven't decided ② one of ③ decisions ④ important ⑤ whether

Jason	그래서 *할 거야 말 거야?
Erin	아직 결정을 못 했어.
Jason	이렇게 시간이 오래 걸릴 만한 결정이 아니잖아!
Erin	나한테는 라면을 *먹을지 말지 결정하는 게 엄청 중요하다고!

* **Are you in?** 너 할 거야 말 거야? (무언가를 함께 하겠느냐 말겠느냐를 묻는 질문으로 Are you in or not? 이라고도 해요~)
* **whether 주어 + 동사** ~할지 말지

에피소드 02

정답 ① Has ② hasn't arrived ③ on time ④ Let me

Erin	모두 다 왔어? Rachel은 어딨지?
Jason	걔 아직 도착 안 했어.
Erin	또? Rachel은 *제때 오는 법이 없어!
Jason	*내가 전화해볼게.

* **be on time** 시간을 잘 지키다
* **let me 동사** 내가 ~해볼게 (= I will 동사)

에피소드 03

정답 ① Why don't we ② can't ③ still ④ haven't finished ⑤ takes

Jason	*우리 배드민턴 칠까?
Erin	그러고 싶은데 안돼. 이 보고서 세시까지 메일 보내야 하거든.
Jason	너 이거 일주일 전에 시작했잖아. 아직도 하는 거야?
Erin	응... 아직 못 끝냈어. 생각보다 오래 *걸리네.

* **Why don't we 동사?** 우리 ~하는 게 어때?
* **take** 시간이 걸리다

앞서 연습한 문장을 직접 써보면서 확실하게 내 것으로 만들기

01 저 아직 짐을 못 부쳤어요.

02 나 아직 결정 못 했어.

03 저희 아직 그녀에게 알리지 못했어요.

04 저희 아직 그녀에게 묻지 못했어요.

05 저 아직 쇼핑 다 안 끝났어요.

06 그녀는 아직 안 돌아왔어.

07 그녀는 아직 이사 안 갔어.

08 저 아직 다 못 읽었어요.

09 나 아직 선택 못 했어.

10 저 아직 짐을 못 찾았어요.

정답 은 앞 페이지에서 확인하세요!

새로운 문장을 직접 써보면서 학습 마무리

A 주어진 단어로 문장을 완성해 보세요.

01 그는 아직 선택 못 했어. He [   ] yet. (choose)

02 Erin은 아직 예약 확정을 안 했어. Erin [   ] the reservation yet. (confirm)

03 우리 아직 거기 도착 안 했어. We [   ] there yet. (be)

04 나 아직 디저트 다 안 먹었어. I [   ] dessert yet. (finish)

05 우리는 아직 그녀에게 말을 못 했어. We [   ] her yet. (tell)

B 박스 안에 주어진 단어들 중 하나를 골라 시제에 맞게 변형하여 문장을 만들어보세요.

do   depart   send in   fix   decide

01 저 아직 다 안 했어요.

[   ]

02 걔들 아직 출발 안 했어.

[   ]

03 Erin은 아직 그 보고서 제출 안 했어.

[   ]

04 나 아직 날짜를 안 잡았어.

[   ]

05 걔들은 아직 어디를 갈지(where to go) 정하지 못했어.

[   ]

정답 376p

영어 습관

39 일차

다 해놓았는지 묻기

문법 말하기 듣기 쓰기

🎧 저자 무료 음성 강의

말하기를 위한 기본기 기르기

❗ 문법 POINT 완료됐는지 아닌지 물어볼 때는 현재완료 시제 의문문

01 '완료' 의미의 현재완료 의문문도 주어와 have/has 위치만 바꿔주면 돼요.

Have/Has + 주어 + 과거분사(p.p.) ~?

다 ~해놨어?, ~했어?

02 완료의 현재완료 시제 의문문으로 어떤 일이 완료된 상태인지 아닌지를 물어볼 수 있어요.

너 짐 다 쌌어? **Have you packed** your suitcase?

그는 도착했어? **Has he arrived** here?

걔네 회의 다 끝났어? **Have they finished** the meeting?

문법 포인트를 기억하며 우리말 보고 영어로 말하기

01 문장 연습을 하기 위해 필요한 단어들을 먼저 확인하세요.

do one's homework	숙제를 하다	send in	제출하다	breakfast	아침 식사
check out	확인하다	complete	완료하다	make a reservation	예약하다
confirm	확인하다, 확정하다	report	보고하다	manager	관리자
clean up	청소하다	mop	대걸레로 닦다	floor	바닥

02 천천히 읽기 4번, 원어민의 속도에 맞춰 빠르게 읽는 연습을 4번 해보세요.

우리말	영어	천천히	빠르게
너 숙제 다 했어?	Have you done your homework?	☐☐	☐☐
너 숙제 제출했어?	Have you sent in your homework?	☐☐	☐☐
아침 드셨어요?	Have you eaten breakfast?	☐☐	☐☐
다 확인하신 건가요?	Have you checked it out?	☐☐	☐☐
다 완료하신 건가요?	Have you completed it?	☐☐	☐☐
너 예약 다 해놨어?	Have you made a reservation?	☐☐	☐☐
너 예약 확인했어?	Have you confirmed the reservation?	☐☐	☐☐
너 부장님께 보고 드렸어?	Have you reported to your manager?	☐☐	☐☐
너 방 청소 다 했어?	Have you cleaned up your room?	☐☐	☐☐
너 바닥 다 닦았어?	Have you mopped the floor?	☐☐	☐☐

실전 대화 연습! 대화를 듣고 빈칸 채우기

에피소드 01 〉 회의 자료에 대해 이야기하는 상황

Jason　These are the ⓵ [　　　　　] for tomorow's conference.

Erin　⓶ [　　　　　] it out?

Jason　Yes, but I need you to ⓷ [　　　　] it again.

Erin　Okay. ⓸ [　　　　] on my desk.

5회 연습 체크 : **1** **2** **3** **4** **5**　　총연습 횟수 : (　　)회

에피소드 02 〉 스노보드를 타러 가기로 약속한 상황

Erin　I'm so ⓵ [　　　　] to go snowboarding this weekend!

Jason　Yeah! ⓶ [　　　] a long time ⓷ [　　　] we went snowboarding together.

Erin　⓸ [　　　　　] a reservation?

Jason　What? I thought you ⓹ [　　　　] it!

5회 연습 체크 : **1** **2** **3** **4** **5**　　총연습 횟수 : (　　)회

에피소드 03 〉 반차를 쓴 동료와 통화하는 상황

Erin　What time are you ⓵ [　　　　] the office?

Jason　I took this morning ⓶ [　　　　]. I have a dental appointment.

Erin　⓷ [　　　　　] your manager? She's looking for you.

Jason　Of course I have. You know she's ⓸ [　　　　].

5회 연습 체크 : **1** **2** **3** **4** **5**　　총연습 횟수 : (　　)회

잘 들었는지 체크! 우리말 대화를 보고 영어로 말해보기

에피소드 01

정답   ① materials ② Have you checked ③ go over ④ Leave it

Jason   내일 회의 자료입니다.

Erin   다 확인하신 거죠?

Jason   네, 하지만 *한 번 더 *검토해 주셨으면 해요.

Erin   알았어요. 내 책상에 두고 가요.

* need 누구 to 동사 누가 ~해주기를 필요로 하다
* go over 검토하다

에피소드 02

정답   ① excited ② It's been ③ since ④ Have you made ⑤ would do

Erin   이번 주말에 *스노보드 타러 가서 정말 신나!

Jason   맞아! 같이 스노보드 타러 간 지 진짜 오래됐잖아.

Erin   예약 다 해놨지?

Jason   뭐? *네가 할 줄 알았는데!

* be excited to 동사 ~해서 신이 나다
* I thought (that) 주어 would 동사 ~할 거라고 생각했다

에피소드 03

정답   ① getting to ② off ③ Have you emailed ④ forgetful

Erin   몇 시에 사무실 *도착해?

Jason   나 오늘 *오전 반차야. 치과 예약 있거든.

Erin   부장님께 메일은 보내 놓은 거야? 너 찾고 계시던데.

Jason   당연히 보내놨지. 부장님 자주 깜빡깜빡하시는 거 너 알잖아.

* get to ~에 도착하다
* take 시간[기간] off ~의 일정을 비워두다 (대화문에서는 '아침'이 들어왔으니 '오전 반차를 내다'라는 의미가 돼요.)

앞서 연습한 문장을 직접 써보면서 확실하게 내 것으로 만들기

01 너 숙제 제출했어?

02 너 예약 확인했어?

03 아침 드셨어요?

04 너 숙제 다 했어?

05 너 방 청소 다 했어?

06 너 예약 다 해놨어?

07 다 확인하신 건가요?

08 너 바닥 다 닦았어?

09 다 완료하신 건가요?

10 너 부장님께 보고 드렸어?

정답 은 앞 페이지에서 확인하세요!

새로운 문장을 직접 써보면서 학습 마무리

A 주어진 단어로 문장을 완성해 보세요.

01 너 과제 제출 다 했어? [   ] you [   ] your assignment? (turn in)

02 Jason은 비행기 예약했나? [   ] Jason [   ] a flight? (book)

03 그들 날짜 잡은 거지? [   ] they [   ] the date? (set)

04 너 월차 냈어? [   ] you [   ] a day off? (take)

05 너 Erin을 초대했어? [   ] you [   ] Erin? (invite)

B 박스 안에 주어진 단어들 중 하나를 골라 문장을 만들어보세요.

submit   water   cancel   delay   buy

01 예약 취소 해놨지?

[   ]

02 치과 예약 미뤘지?

[   ]

03 꽃 사다 놨지?

[   ]

04 논문(paper) 제출했니?

[   ]

05 너 정원에 물 다 줬어?

[   ]

정답 376p

과거부터 이어진
현재 상태 말하기

영어 습관 **40** 일차

문법 〉 말하기 〉 듣기 〉 쓰기

🎧 저자 무료 음성 강의

말하기를 위한 기본기 기르기

❗ 문법 POINT 과거의 일이 현재까지도 여전히 그러함을 말할 때도
현재완료 시제 사용

01 앞서 배운 '~해왔다(계속)'/'~해봤다(경험)'/'~해놨다(완료)'의 현재완료 의미, 모두 기억하시죠?
마지막으로 현재완료에는 '~해있다'라는 결과의 의미가 있어요.

have/has + 과거분사(p.p.)
~해있어, ~해 버렸어(그래서 지금은 ~하다)

02 결과의 현재완료 시제는 과거의 일이 원인이 되어 그 결과가 현재까지 영향을 미칠 때 써요.

[단순과거] 나 신분증을 집에 두고 왔었어. I **left** my ID at home.
　　　　　　(과거에 두고 왔지만, 현재 가지고 있는지 없는지는 알 수 없음)
[현재완료] 나 신분증을 집에 두고 왔어. I**'ve left** my ID at home. (그래서 지금 없어…)

[단순과거] 그녀는 떠났어. She **left**. (지금은 어디 있는지 알 수 없음)
[현재완료] 그녀는 떠났어. She**'s left**. (그래서 지금 여기 없어…)

[단순과거] 걔네 출근했어. They **went** to work. (지금은 어디 있는지 알 수 없음)
[현재완료] 걔네 출근했어. They**'ve gone** to work. (그래서 지금 여기 없어…)

* '앞서 그런 일이 있었고, 지금도 그 상태야.' 즉, 결과의 현재완료는 지금도 그렇다는 얘기를 해줘요.

🎧 원어민 mp3 듣기 [천천히/빠르게]

문법 포인트를 기억하며 우리말 보고 영어로 말하기

01 문장 연습을 하기 위해 필요한 단어들을 먼저 확인하세요.

lose	잃어버리다, 분실하다	**wallet**	지갑	**find**	찾다, 발견하다
family	가족	**travel**	여행하다	**cousin**	사촌
come back	돌아오다	**leave**	두고 오다, 떠나다	**at home**	집에(서)
go to work	출근하다	**go on a business trip**	출장을 가다	**quit**	그만두다

02 천천히 읽기 4번, 원어민의 속도에 맞춰 빠르게 읽는 연습을 4번 해보세요.

		천천히	빠르게
나 지갑 잃어버렸어.	I've **lost** my wallet.	☐☐	☐☐
나 지갑 찾았어.	I've **found** my wallet.	☐☐	☐☐
우리 가족은 뉴욕에 가 있어.	My family **has gone** to New York.	☐☐	☐☐
우리 가족은 뉴욕에 여행 가 있어.	My family **has traveled** to New York.	☐☐	☐☐
내 사촌 한국에 와 있어.	My cousin **has come** to Korea.	☐☐	☐☐
내 사촌 한국에 돌아와 있어.	My cousin **has come back** to Korea.	☐☐	☐☐
나 핸드폰을 집에 두고 왔어.	I've **left** my phone at home.	☐☐	☐☐
우리 엄마 출근하셔서 지금 안 계셔.	My mom **has gone to work**.	☐☐	☐☐
우리 엄마 출장 가셔서 지금 안 계셔.	My mom **has gone on a business trip**.	☐☐	☐☐
그녀는 **그만뒀어**.	She**'s quit**.	☐☐	☐☐

실전 대화 연습! 대화를 듣고 빈칸 채우기

에피소드 01 지갑을 잃어버린 친구와 대화하는 상황

Jason Can you (①) 10,000 won?

Erin Sorry, but I don't have (②).
Why don't you use your (③)?

Jason (④) my wallet.

Erin What? When?

5회 연습 체크 : ❶ ❷ ❸ ❹ ❺ 총연습 횟수 : ( )회

에피소드 02 친구네 집에 놀러 간 상황

Jason Wow. Your house is really big! Do you live here (①)?

Erin No, I (②) my family. I have (③) family members.

Jason Where are they?

Erin My family (④) New York.

5회 연습 체크 : ❶ ❷ ❸ ❹ ❺ 총연습 횟수 : ( )회

에피소드 03 핸드폰을 두고 온 친구와 대화하는 상황

Erin Hey, can you (①) me?

Jason It's (②) but no one is answering.

Erin I think (③) my phone at home.

Jason Again? (④)!

5회 연습 체크 : ❶ ❷ ❸ ❹ ❺ 총연습 횟수 : ( )회

잘 들었는지 체크! 우리말 대화를 보고 영어로 말해보기

에피소드 01

정답 ① lend me ② any cash ③ credit card ④ I've lost

Jason 나 만 원만 *빌려줄래?
Erin 미안한데 나 현금이 없어. *카드 쓰지 그래?
Jason 지갑을 잃어버렸단 말이야.
Erin 뭐? 언제?

* lend 빌려주다 (반대로 '빌리다'는 borrow!)
* Why don't you 동사? ~하지 그러니?

에피소드 02

정답 ① all alone ② live with ③ twelve ④ has gone to

Jason 와. 집 정말 크다! 여기서 *혼자 사는 거야?
Erin 아니, 가족이랑 같이 살아. 우리 가족원이 열두 명이거든.
Jason 어디 계셔 다들?
Erin 우리 가족 지금 뉴욕에 가 있어.

* all alone 단 혼자서, 홀로

에피소드 03

정답 ① call ② ringing ③ I've left ④ Get a grip

Erin 야. 나한테 전화 좀 해줄래?
Jason 신호는 가는데 안 받네.
Erin 집에 핸드폰 두고 왔나 보다.
Jason 또? *정신 좀 차려!

* Get a grip! 정신 좀 차려! (= Wake up! / Pull yourself together! / Get yourself together! / Get it together! 모두 챙겨가세요~!)

앞서 연습한 문장을 직접 써보면서 확실하게 내 것으로 만들기

01 그녀는 그만뒀어.

02 나 지갑 찾았어.

03 내 사촌 한국에 와 있어.

04 나 지갑 잃어버렸어.

05 우리 엄마 출장 가셔서 지금 안 계셔.

06 내 사촌 한국에 돌아와 있어.

07 나 핸드폰을 집에 두고 왔어.

08 우리 가족은 뉴욕에 여행 가 있어.

09 우리 엄마 출근하셔서 지금 안 계셔.

10 우리 가족은 뉴욕에 가 있어.

정답 은 앞 페이지에서 확인하세요!

새로운 문장을 직접 써보면서 학습 마무리

A 주어진 단어로 문장을 완성해 보세요.

01 나 교재를 두고 왔어. I ⬚⬚⬚ my textbook. (leave)

02 황사가 돌아왔어요. Yellow dust ⬚⬚⬚. (return)

03 내가 가장 좋아하는 그룹이 새 앨범을 들고 컴백했어. My all-time favorite group
⬚⬚⬚ with a new album. (come back)

04 이 복고풍 스타일이 다시 유행하고 있어. These retro styles ⬚⬚⬚ into
fashion. (come back)

05 그는 담배를 끊었어. He ⬚⬚⬚ smoking. (quit)

B 박스 안에 주어진 단어들 중 하나를 골라 문장을 만들어보세요.

> **leave   move out   go   come   hurt**

01 그가 날 떠났어.

02 Simpson네 가족은 이사갔어요.

03 봄이 왔어요.

04 Erin은 지금 세미나에 가 있어.

05 그는 다리를 다쳤어.

정답 376p

문법 〉 말하기 〉 듣기 〉 쓰기

🎧 저자 무료 음성 강의

말하기를 위한 기본기 기르기

❗ 문법 POINT 꼭 해낼 일들을 말할 때는 조동사 will

01 요리할 때 짠 맛이 필요하면 소금을, 단 맛을 위해서는 설탕을 추가하듯이 조동사는 동사(~하다) 앞에서 조미료처럼 내가 원하는 말의 뉘앙스를 살려주는 단어예요.

> '능력'의 맛 조동사 can + do 하다 = can do 할 수 있다
> '조언'의 맛 조동사 should + go 가다 = should go 가야 해

02 다양한 조동사 중 '~하겠다, 할 것이다'라는 '의지'의 조동사는 will이에요.
조동사는 주어에 따른 변형이 없고, 뒤에는 무조건 동사원형이 와야 해요.

> 나는 열심히 공부해. I study hard.
> ➡ 나 공부 열심히 할 거야. I **will study** hard.
>
> 우리는 널 이겨. We beat you.
> ➡ 우리가 너 꼭 이길 거야. We **will beat** you.

03 '~안 할 거야'의 부정문은 will 뒤에 not만 붙여주면 되는데 won't로 축약 할 수 있어요.

> 나 더는 시간을 낭비하지 않을 거야. I **won't waste** time anymore.
> 나 너한테 안 질 거야. I **won't go** down to you.

04 '~할 거야?'의 의문문은 주어와 will의 위치만 바꿔주면 돼요.

> 넌 영어 공부를 열심히 할 거야. You will study English hard.
> ➡ 너 영어 공부 열심히 할 거야? **Will you** study English hard?

🎧 원어민 mp3 듣기 (천천히/빠르게)

문법 포인트를 기억하며 우리말 보고 영어로 말하기

01 문장 연습을 하기 위해 필요한 단어들을 먼저 확인하세요.

win	우승하다, 따다, 타다	**contract**	계약	**election**	선거
promise	약속하다	**keep ~ in mind**	~을 명심하다	**that**	앞서 사람이 한 말 또는 행동을 지칭
tell	알리다, 말하다	**there**	거기에	**back**	다시, 돌아와서
succeed (= make it)	성공하다	**give up**	포기하다	**open**	열다, 열린

02 천천히 읽기 4번, 원어민의 속도에 맞춰 빠르게 읽는 연습을 4번 해보세요.

내가 그 계약 따낸다!	I'll win the contract!
내가 꼭 당선되고 말 거야!	I'll win the election!
약속할게.	I'll promise. (= I promise.)
그 말 꼭 명심할게.	I'll keep that in mind.
내가 너한테 말해줄게.	I'll tell you that.
꼭 갈게요.	I'll be there.
꼭 돌아올게요.	I'll be back.
나는 가수로 꼭 성공할 거야.	I'll succeed as a singer.
우린 포기하지 않을 거야.	We won't give up.
내일 문 열어요?	Will you be open tomorrow?

실전 대화 연습! 대화를 듣고 빈칸 채우기

에피소드 01 약속 시간에 매번 늦는 친구와 대화하는 상황

Erin You ① _____ you wouldn't ② _____.

Jason I'm sorry. I ③ _____ traffic.

Erin You should've left home earlier.

Jason ④ _____ be late again. ⑤ _____ you that!

5회 연습 체크 : **1** **2** **3** **4** **5** 총연습 횟수 : ( )회

에피소드 02 가수의 꿈을 키우고 있는 친구와 대화하는 상황

Jason ① _____ please stop singing?

Erin I have to practice for the audition. ② _____ as a singer!

Jason Fat chance! ③ _____ 11p.m.!

Erin ④ _____ some earplugs!

5회 연습 체크 : **1** **2** **3** **4** **5** 총연습 횟수 : ( )회

에피소드 03 풋살 경기에 앞서 두 친구가 대화하는 상황

Erin Are you ① _____?

Jason I ② _____ born ready.

Erin Good. We ③ _____.

Jason Never. Futsal is my ④ _____ name.

5회 연습 체크 : **1** **2** **3** **4** **5** 총연습 횟수 : ( )회

잘 들었는지 체크! 우리말 대화를 보고 영어로 말해보기

에피소드 01

정답 ① said ② be late ③ was stuck in ④ I'll never ⑤ I'll promise

Erin	너 안 늦을 거랬잖아.
Jason	미안해. 차가 너무 *막혔어.
Erin	더 일찍 집에서 *나왔어야지.
Jason	다시는 안 늦을게. 약속해!

* **be stuck** 꼼짝 못하다 (그래서 be stuck in traffic은 교통체증에 갇힌 상황을 말해요~)
* **should've p.p.** ~했어야 했다 (과거의 일에 대한 후회 또는 질책할 때 쓰여요.)
* **I'll promise.** 약속할게. (그냥 I promise. '약속해.' 라고 해도 좋아요.)

에피소드 02

정답 ① Will you ② I'll succeed ③ It's already ④ Wear

Jason	제발 노래 좀 그만하면 안 돼?
Erin	나 오디션 연습해야 한단 말이야. 난 꼭 가수로 성공할 거라고!
Jason	*퍽이나! 벌써 11시야!
Erin	귀마개를 좀 써!

* **Fat chance!** 퍽이나! 꿈도 야무져라! (원래는 그럴만한 기회가 희박하다는 느낌으로 Slim chance!라고 썼던 것이 한 번 더 비꼬아서 Fat chance!가 되었어요~)

에피소드 03

정답 ① ready ② was ③ won't lose ④ middle

Erin	준비됐어?
Jason	*난 태어날 때부터 이미 준비 완료야.
Erin	좋아. 우린 지지 않을 거야.
Jason	절대. *풋살 하면 또 나지.

* **I was born ready.** 나는 항상 준비되어있어. (태어날 때부터 준비된 자세로 태어났다는 정말 재미있는 표현이죠?)
* **~ is my middle name** ~라면 또 나지. ~에 있어선 둘째가라면 서럽다고.

앞서 연습한 문장을 직접 써보면서 확실하게 내 것으로 만들기

01 우린 포기하지 않을 거야.

02 약속할게.

03 내가 그 계약 따낸다!

04 꼭 갈게요.

05 나는 가수로 꼭 성공할 거야.

06 내일 문 열어요?

07 꼭 돌아올게요.

08 내가 너한테 말해줄게.

09 내가 꼭 당선되고 말 거야!

10 그 말 꼭 명심할게.

정답 은 앞 페이지에서 확인하세요!

새로운 문장을 직접 써보면서 학습 마무리

A 주어진 단어로 문장을 완성해 보세요.

01 나 그 상 꼭 탈 거야! I ☐ the prize! (win)

02 그는 배우로 성공할 거야. He ☐ a success as an actor. (be)

03 나 더는 돈을 낭비하지 않을 거야. I ☐ money anymore. (waste)

04 우린 그들에게 지지 않을 거야. We ☐ to them. (go down)

05 내가 너에게 모든 걸 말해줄게. I ☐ you everything. (tell)

B 박스 안에 주어진 단어들 중 하나를 골라 문장을 만들어보세요.

make it   remember   win   beat   forget

01 나 그 상금 꼭 탈 거야!

☐

02 Erin은 영어 선생님으로 성공할 거야.

☐

03 우리가 너네 이긴다!

☐

04 절대 잊지 않겠어.

☐

05 내가 네 이름을 꼭 기억할게.

☐

정답 377p

영어 습관

42일차

할 수 있는 일과
해도 되는 일 말하기

문법 말하기 〉 듣기 〉 쓰기

🎧 저자 무료 음성 강의

말하기를 위한 기본기 기르기

> ❗ **문법 POINT** 할 수 있고 없고의 능력과 해도 되고 안 되고의
> 허가를 말할 때는 조동사 can

01 '~할 수 있다, ~해도 된다'라는 '능력, 허가'의 조동사는 can이에요.
Can도 will과 마찬가지로 주어에 따른 변형없이, 뒤에 늘 **동사원형**을 붙여야 해요.

　　나는 높이 뛸 수 있어. / 나는 높이 뛰어도 돼. I **can jump** high.

　　그녀는 프랑스어를 할 수 있어. / 그녀는 프랑스어를 해도 돼. She **can speak** French.

　　그는 빨리 먹을 수 있어. / 그는 빨리 먹어도 돼. He **can eat** fast.

02 '~못한다, ~하면 안 된다'의 부정문은 can 뒤에 not만 붙여주면 되는데 cannot으로 붙여 써요. 그리
고 can't로 축약할 수 있어요.

　　나는 높이 못 뛰어. / 나는 높이 뛰면 안 돼. I **cannot jump** high.

　　그녀는 프랑스어를 못 해. / 그녀는 프랑스어를 하면 안 돼. She **cannot speak** French.

　　그는 빨리 못 먹어. / 그는 빨리 먹으면 안 돼. He **can't eat** fast.

03 '~할 수 있어?, ~해도 돼?'의 의문문은 주어와 can의 위치만 바꿔주면 돼요.

　　넌 프랑스어를 할 수 있어. / 넌 프랑스어를 해도 돼. You can speak French.

　　➡ 너 프랑스어를 할 수 있어? / 너 프랑스어 해도 돼? **Can you** speak French?

문법 포인트를 기억하며 우리말 보고 영어로 말하기

01 문장 연습을 하기 위해 필요한 단어들을 먼저 확인하세요.

fast	빨리	**run**	달리다	**whatever** 주어+동사	누가 ~하는 무엇이든지
want	원하다	**sit**	앉다	**ask a question**	질문을 하다
speak	(특정한 언어를) 할 줄 알다	**Spanish**	스페인어, 스페인의	**serious**	심각한, 진지한
like	~처럼	**too**	너무 ~한	**careful**	조심하는

02 천천히 읽기 4번, 원어민의 속도에 맞춰 빠르게 읽는 연습을 4번 해보세요.

한국어	영어	천천히	빠르게
나 수영 빨리 할 수 있어.	I **can swim** fast.	☐☐ ☐☐	☐☐ ☐☐
나 빨리 뛸 수 있어.	I **can run** fast.	☐☐ ☐☐	☐☐ ☐☐
네가 원하는 건 뭐든 해도 돼.	You **can do** whatever you want.	☐☐ ☐☐	☐☐ ☐☐
네가 원하는 건 뭐든 먹어도 돼.	You **can eat** whatever you want.	☐☐ ☐☐	☐☐ ☐☐
저 여기 앉아도 돼요?	**Can I sit** here?	☐☐ ☐☐	☐☐ ☐☐
저 질문 하나 해도 돼요?	**Can I ask** a question?	☐☐ ☐☐	☐☐ ☐☐
Erin은 스페인어를 할 줄 몰라.	Erin **can't speak** Spanish.	☐☐ ☐☐	☐☐ ☐☐
설마 너 진심은 아니겠지.	You **can't be** serious.	☐☐ ☐☐	☐☐ ☐☐
너 이러면 안 돼.	You **can't be** like this.	☐☐ ☐☐	☐☐ ☐☐
아무리 조심해도 부족하다.	You **can't be** too careful.	☐☐ ☐☐	☐☐ ☐☐

🎧 대화문 듣기 (천천히/빠르게)

실전 대화 연습! 대화를 듣고 빈칸 채우기

에피소드 01 두 친구가 내기하는 상황

Erin	What ① [　　　] good at?
Jason	I ② [　　　] fast. Faster than you.
Erin	You ③ [　　　] bet?
Jason	④ [　　　] on.

5회 연습 체크 : **1** **2** **3** **4** **5**　　총연습 횟수 : (　)회

에피소드 02 축구 경기를 함께 보는 상황

Erin	① [　　　] here?
Jason	Go ahead.
Erin	What's the ② [　　　] score?
Jason	The Korean team ③ [　　　] ④ [　　　] two goals.

5회 연습 체크 : **1** **2** **3** **4** **5**　　총연습 횟수 : (　)회

에피소드 03 여자친구가 있는 사람에게 대시하려는 친구와 대화하는 상황

Erin	① [　　　] ask James out.
Jason	Don't you know ② [　　　] with Lauren?
Erin	I do, but I ③ [　　　] we're meant to be.
Jason	You ④ [　　　].

5회 연습 체크 : **1** **2** **3** **4** **5**　　총연습 횟수 : (　)회

잘 들었는지 체크! 우리말 대화를 보고 영어로 말해보기

에피소드 01

정답 ① are you ② can swim ③ wanna ④ Bring it

Erin 너 뭐 *잘해?
Jason 난 수영을 빨리 할 수 있어. 너보다 빨라.
Erin 내기할래?
Jason *덤벼.

* be good at ~을 잘하다
* Bring it on. 덤벼. 어디 한번 해봐. (상대의 도전을 당차게 받아주고 싶다면 멋지게 이렇게 말해보세요!)

에피소드 02

정답 ① Can I sit ② current ③ is ahead ④ by

Erin 나 여기 앉아도 돼?
Jason *그럼.
Erin 몇 대 몇이야 지금?
Jason 한국 팀이 두 골 차로 *이기고 있어.

* Go ahead. 물론이지. 그렇게 해. (쿨하게 승낙할 때 Of course. / No problem. / Be my guest. / Sure. 등과 같은 Yes의 의미로 써주시면 돼요~)
* be ahead 이기고 있다 (반대로 '뒤지고 있다'는 be behind!)

에피소드 03

정답 ① I'm gonna ② he's going out ③ feel like ④ can't be serious

Erin 나 James한테 데이트 신청할 거야.
Jason 걔 Lauren이랑 사귀는 거 몰라?
Erin 알아, 하지만 우리 *운명 같단 말이야.
Jason *설마 진심은 아니지?

* be meant to be ~하기로 되어있다, 그렇게 되어야 할 운명이다
* You can't be serious. (상대방의 말을 믿지 못할 때 또는 너무 허무맹랑한, 말도 안 되는 말에 대한 대답으로 써요~ '농담하는 거지?' Are you joking? 해도 좋아요.)

앞서 연습한 문장을 직접 써보면서 확실하게 내 것으로 만들기

01 네가 원하는 건 뭐든 먹어도 돼.

02 Erin은 스페인어를 할 줄 몰라.

03 나 수영 빨리 할 수 있어.

04 설마 너 진심은 아니겠지.

05 아무리 조심해도 부족하다.

06 저 여기 앉아도 돼요?

07 나 빨리 뛸 수 있어.

08 너 이러면 안 돼.

09 저 질문 하나 해도 돼요?

10 네가 원하는 건 뭐든 해도 돼.

정답 은 앞 페이지에서 확인하세요!

새로운 문장을 직접 써보면서 학습 마무리

A 주어진 단어로 문장을 완성해 보세요.

01 언제든 가셔도 좋습니다. You [   ] whenever you want. (leave)

02 Erin은 소주 두 병을 마실 수 있어. Erin [   ] two bottles of soju. (drink)

03 난 널 이해할 수가 없어. I [   ] you. (understand)

04 이거 영어로 번역해 주실 수 있어요? [   ] you [   ] this into English? (translate)

05 나는 너와 탁구를 칠 수 없어. I [   ] table tennis with you. (play)

B 박스 안에 주어진 단어들 중 하나를 골라 문장을 만들어보세요.

do   wait   stay   park   believe

01 난 할 수 있어.

[   ]

02 여기서 기다리시면 돼요.

[   ]

03 믿을 수가 없어.

[   ]

04 여기 주차하시면 안 돼요.

[   ]

05 제가 여기에 머물러도 될까요?

[   ]

정답 377p

문법 말하기 듣기 쓰기

🎧 저자 무료 음성 강의

말하기를 위한 기본기 기르기

❗ 문법 POINT   해야 하는 일들을 말하거나 누군가에게 조언을 건넬 때는 조동사 should

01 '〜해야 한다'라는 '조언, 충고'의 조동사는 should예요.
Can, will과 마찬가지로 주어에 따른 변형 없이, 뒤에 늘 동사원형을 써야 해요.

나 영어 공부 열심히 해야 돼. I **should study** English hard.

천천히 먹어. You **should eat** slowly.

그는 더 조심해야 해. He **should be** more careful.

02 '〜하면 안 된다'의 부정문은 should 뒤에 not만 붙여주면 되는데 shouldn't로 축약할 수도 있어요.

난 더 이상 시간을 낭비해서는 안 돼. I **shouldn't waste** time anymore.

빨리 먹으면 안 돼. You **shouldn't eat** fast.

그는 게으름 피우면 안 돼. He **shouldn't be** lazy.

03 '〜해야 해?'의 의문문은 주어와 should의 위치만 바꿔주면 돼요!

내가 그한테 전화해야 하나? **Should I** call him?

내가 더 열심히 노력해야 해? **Should I** try harder?

나 뭐 해야 하지? What **should I** do?

문법 포인트를 기억하며 우리말 보고 영어로 말하기

01 문장 연습을 하기 위해 필요한 단어들을 먼저 확인하세요.

start **+동사ing**	~을 시작하다	**exercise** **(= work out)**	운동하다	**believe** **(= trust)**	믿다
rely on **(= lean on)**	의지하다	**what**	무엇	**where**	어디로
how	어떻게	**solve**	풀다, 해결하다	**call in sick**	병가를 내다
take **+시간+off**	~의 휴가를 내다	**take 누구** **to 어디**	~를 ─로 데려가다	**go out**	외출하다

02 천천히 읽기 4번, 원어민의 속도에 맞춰 빠르게 읽는 연습을 4번 해보세요.

우리말	영어	천천히	빠르게
너 운동 시작해야겠다.	You **should start** exercising.	☐☐	☐☐
그를 믿지 마.	You **shouldn't believe** him.	☐☐	☐☐
그한테 의지하지 마.	You **shouldn't rely on** him.	☐☐	☐☐
나 뭐라고 말해야 하지?	What **should I** say?	☐☐	☐☐
나 어디로 가야 하지?	Where **should I** go?	☐☐	☐☐
내가 이걸 어떻게 해결해야 하지?	How **should I** solve this?	☐☐	☐☐
나 병가를 내는 게 낫겠어.	I **should call in sick**.	☐☐	☐☐
나 휴가 내는 게 좋겠어.	I **should take** time off.	☐☐	☐☐
우리가 그를 병원에 데려가야 할까요?	**Should we take** him to the hospital?	☐☐	☐☐
넌 외출하지 않는 게 좋겠어.	You **shouldn't go out**.	☐☐	☐☐

실전 대화 연습! 대화를 듣고 빈칸 채우기

에피소드 01   친구에게 운동을 권유하는 상황

Erin   ① _____ 10 kilograms.

Jason   You ② _____ exercising.

Erin   I know, but I don't have time to ③ _____ .

Jason   There's an excuse for everything. You ④ _____ at home.

5회 연습 체크 : **1** **2** **3** **4** **5**   총연습 횟수 : (   )회

에피소드 02   친구에게 조언을 구하는 상황

Erin   I'm ① _____ with my coworker. ② _____ ?

Jason   What ③ _____ trouble?

Erin   I ④ _____ join his project team and now he thinks I'm on his rival's side.

Jason   Have a heart-to-heart talk with him over the bottle.

5회 연습 체크 : **1** **2** **3** **4** **5**   총연습 횟수 : (   )회

에피소드 03   몸이 아픈 친구와 대화하는 상황

Erin   I ① _____ coughing.

Jason   You also ② _____ a terrible fever.

Erin   I ③ _____ .

Jason   You have to. Let me ④ _____ the hospital.

5회 연습 체크 : **1** **2** **3** **4** **5**   총연습 횟수 : (   )회

잘 들었는지 체크! 우리말 대화를 보고 영어로 말해보기

에피소드 01

정답 ① I've gained ② should start ③ go to the gym ④ could work out

Erin	나 10kg 쪘어.
Jason	너 운동 시작해야겠다.
Erin	알아, 하지만 운동하러 갈 시간이 없는걸.
Jason	*핑계 없는 무덤 없다지? *홈트하면 되잖아.

* **There's an excuse for everything.** 핑계 없는 무덤 없다.
* **could 동사** ~할 수 있다, ~해도 된다 (지난 차시에 배운 can과 똑같이 써주시면 돼요!)

에피소드 02

정답 ① in trouble ② What should I do ③ kind of ④ rejected to

Erin	나 동료랑 문제가 좀 생겼어. 어떻게 해야 하지?
Jason	어떤 문제인데?
Erin	내가 그의 프로젝트팀에 들어가는 걸 거절했는데 지금 그는 내가 그의 라이벌 편이라고 생각해.
Jason	*술 한잔하면서 *툭 터놓고 얘기해봐.

* **heart-to-heart** 마음을 터놓고, 숨김없이
* **over the bottle** 술을 마시면서

에피소드 03

정답 ① can't stop ② have ③ should call in sick ④ take you to

Erin	*기침이 *멈추지를 않아.
Jason	너 열도 심한데.
Erin	나 병가를 내는 게 낫겠다.
Jason	그래야지. 내가 병원 데려다줄게.

* **can't stop 동사ing** ~하지 않을 수가 없다
* **cough** 기침하다 (재채기할 때는 sneeze!)

앞서 연습한 문장을 직접 써보면서 확실하게 내 것으로 만들기

01 그한테 의지하지 마.

02 내가 이걸 어떻게 해결해야 하지?

03 우리가 그를 병원에 데려가야 할까요?

04 너 운동 시작해야겠다.

05 나 어디로 가야 하지?

06 나 병가를 내는 게 낫겠어.

07 넌 외출하지 않는 게 좋겠어.

08 그를 믿지 마.

09 나 뭐라고 말해야 하지?

10 나 휴가 내는 게 좋겠어.

정답 은 앞 페이지에서 확인하세요!

새로운 문장을 직접 써보면서 학습 마무리

A 주어진 단어로 문장을 완성해 보세요.

01 나 이제 그만 가봐야겠어. I [   ] now. (leave)

02 너 주치의랑 이야기를 좀 해봐. You [   ] with your doctor. (talk)

03 내가 그녀에게 진실을 말해야 할까? [   ] I [   ] her the truth? (tell)

04 그가 하는 말을 다 믿지는 마. You [   ] what he says. (believe)

05 나 용돈을 아껴야겠어. I [   ] my allowance. (save)

B 박스 안에 주어진 단어들 중 하나를 골라 문장을 만들어보세요.

| trust | go to bed | lean on | work out | speed up |

01 넌 날 믿어야 해.

[   ]

02 그들에게 기대지 마.

[   ]

03 나 운동을 시작해야 하나?

[   ]

04 여기서는 속도를 내지 않는 게 좋겠어.

[   ]

05 너 일찍 자는 게 좋겠어.

[   ]

정답 377p

영어 습관

44 일차 경고하기

말하기 > 듣기 > 쓰기

 저자 무료 음성 강의

말하기를 위한 기본기 기르기

❗ 문법 POINT 강하게 경고할 때는 조동사 had better

01 '~하는 게 좋을 것이다'라는 '경고'의 조동사는 had better이에요. 다른 조동사와 마찬가지로 주어에 따른 변형 없이 뒤에 늘 동사원형을 쓰고, 'd로 주어와 축약도 가능해요.

너 영어 공부 열심히 하는 게 좋을걸. You **had better study** English hard.

얌전히 구는 게 좋을 거야. You**'d better be** nice.

그는 더 조심하는 게 좋을걸. He**'d better be** more careful.

02 '~안 하는게 좋을 것이다'의 부정문은 had better 뒤에 not만 붙여주면 돼요!

아무 말도 안 하는 게 좋을 거야. You**'d better not** say anything.

그는 안 오는 게 좋을걸. He**'d better not** come.

우린 걔들이랑 함께하지 않는 게 좋겠어. We**'d better not** join them.

🎧 원어민 mp3 듣기 (천천히/빠르게)

문법 포인트를 기억하며 우리말 보고 영어로 말하기

01 문장 연습을 하기 위해 필요한 단어들을 먼저 확인하세요.

hurry up	서두르다	**watch out**	조심하다	**quit 동사ing**	~을 끊다, 그만두다
smoke	(담배를) 피우다	**play the fool**	바보같이 굴다	**mention**	언급하다
do	하다	**watch one's mouth**	말조심하다	**lay off**	그만 먹다
fatty	기름진	**late**	늦은	**fire**	해고하다

02 천천히 읽기 4번, 원어민의 속도에 맞춰 빠르게 읽는 연습을 4번 해보세요.

한국어	영어	천천히	빠르게
너 서두르는 게 좋을걸.	You'd better hurry up.	☐☐	☐☐
너 조심하는 게 좋을걸.	You'd better watch out.	☐☐	☐☐
담배 끊으셔야 해요.	You'd better quit smoking.	☐☐	☐☐
일 그만 두셔야 해요.	You'd better quit working.	☐☐	☐☐
그런 멍청한 짓은 그만하는 게 좋을 거예요.	You'd better quit playing the fool.	☐☐	☐☐
그건 언급 안 하는 게 나을 텐데.	You'd better not mention it.	☐☐	☐☐
그건 안 하는게 나을 텐데.	You'd better not do it.	☐☐	☐☐
너 말조심하는 게 좋을 거야.	You'd better watch your mouth.	☐☐	☐☐
기름진 음식은 그만 먹는 게 좋을 거예요.	You'd better lay off fatty foods.	☐☐	☐☐
너 다시는 늦지 않는 게 좋을걸. 그렇지 않으면 잘릴 거야.	You'd better not be late again, or you'll be fired.	☐☐	☐☐

실전 대화 연습! 대화를 듣고 빈칸 채우기

에피소드 01 기차 시간 때문에 서두르는 상황

Jason Are you done yet?

Erin Don't ① [   ]! I'm ② [   ] done!

Jason ③ [   ] hurry up or you'll miss the train.

Erin I know, but I ④ [   ] my pouch!

5회 연습 체크 : ① ② ③ ④ ⑤   총연습 횟수 : (   )회

에피소드 02 친구에게 금연하라고 경고하는 상황

Jason Hey, you must ① [   ] this.

Erin What's that? An anti-smoking advertisement?

Jason ② [   ] that damaged lung. ③ [   ] smoking.

Erin Aw... That picture ④ [   ] me wanna smoke.

5회 연습 체크 : ① ② ③ ④ ⑤   총연습 횟수 : (   )회

에피소드 03 임금 협상을 앞둔 친구와 대화하는 상황

Jason I'm thinking of ① [   ] a raise.

Erin Oh, you ② [   ] with your boss tomorrow.
What are you gonna say?

Jason I'll ③ [   ] my performance to my partner Sue.

Erin ④ [   ] say that.

5회 연습 체크 : ① ② ③ ④ ⑤   총연습 횟수 : (   )회

잘 들었는지 체크! 우리말 대화를 보고 영어로 말해보기

에피소드 01

정답 ① rush me ② almost ③ You'd better ④ can't find

Jason	아직 멀었어?
Erin	*재촉하지 마! 준비 거의 다 됐어!
Jason	서두르는 게 좋을걸. 안 그러면 기차 놓칠 거야.
Erin	알아, 근데 내 파우치가 안 보여!

* rush 서두르다, 재촉하다

에피소드 02

정답 ① watch ② Look at ③ You'd better quit ④ makes

Jason	야, 너 이거 *꼭 봐야 해.
Erin	뭔데? 금연 광고?
Jason	저 손상된 폐 좀 봐. 너 담배 끊는 게 좋을걸.
Erin	으... 저 사진 보니까 *한 대 피우고 싶네.

* must 동사 꼭 ~해야 한다 (= 've gotta = gotta)
* make 누구 wanna 동사 누가 ~하고 싶게 만들다

에피소드 03

정답 ① asking for ② have a meeting ③ compare ④ You'd better not

Jason	임금 인상을 *요구할까 해.
Erin	아, 너 내일 상사랑 미팅있지. 뭐라고 할 건데?
Jason	나랑 내 파트너 Sue의 업무 성과를 *비교할 거야.
Erin	그런 말은 안 하는 게 나을 텐데.

* ask for 요구하다
* compare A to B A를 B와 비교하다

앞서 연습한 문장을 직접 써보면서 확실하게 내 것으로 만들기

01 그건 언급 안 하는 게 나을 텐데.

02 너 말조심하는 게 좋을 거야.

03 너 다시는 늦지 않는 게 좋을걸, 그렇지 않으면 잘릴 거야.

04 일 그만 두셔야 해요.

05 기름진 음식은 그만 먹는 게 좋을 거예요.

06 너 서두르는 게 좋을걸.

07 담배 끊으셔야 해요.

08 그건 안 하는게 나을 텐데.

09 그런 멍청한 짓은 그만하는 게 좋을 거예요.

10 너 조심하는 게 좋을걸.

정답 은 앞 페이지에서 확인하세요!

새로운 문장을 직접 써보면서 학습 마무리

A 주어진 단어로 문장을 완성해 보세요.

01 너 말조심하는 게 좋을걸. You [   ] your language. (mind)

02 길을 건널 땐 차 조심해야 해. You [   ] for cars when crossing the street. (watch out)

03 더 가지 않는 게 좋겠어. We [   ] any further. (go)

04 내 일에 참견하지 않는 게 좋을 거야. You [   ] with my business. (interfere)

05 너 일주일에 두 번 운동하는 게 좋을 거야. You [   ] twice a week. (exercise)

B 박스 안에 주어진 단어들 중 하나를 골라 문장을 만들어보세요.

cut down on   on time   careful   leave   overeat

01 차는 두고 오는 게 좋을 거예요.

[   ]

02 과식하지 않는 게 좋을 거야.

[   ]

03 조심하는 게 좋을걸, 그렇지 않으면 잘릴 거야.

[   ]

04 제때 오는 게 좋을걸, 그렇지 않으면 기차를 놓칠 거야.

[   ]

05 매운 음식은 줄이는 게 좋을 거예요.

[   ]

정답 377p

꼭 해야만 하는 일 말하기

문법 〉 말하기 〉 듣기 〉 쓰기

🎧 저자 무료 음성 강의

말하기를 위한 기본기 기르기

❗ 문법 POINT   강한 필요나 중요성을 말할 때는 조동사 must

01 '반드시 ~해야 한다'라는 '필요성, 중요성'의 조동사는 must예요.
다른 조동사와 마찬가지로 주어에 따른 변형 없이 뒤에 늘 동사원형을 써요.

> 나 꼭 가야 해. I **must go**.
>
> 우리 그거 꼭 해야 해. We **must do** it.
>
> 걔네 반드시 제때와야 해. They **must be** on time.

02 '반드시 ~하지 않아야 한다'의 부정문은 must 뒤에 not만 붙여주면 돼요.

> 나 가면 안 돼. I **must not go**.
>
> 우리 그거 하면 안 돼. We **must not do** it.
>
> 걔네 늦으면 안 돼. They **must not be** late.

* must not의 축약형은 musn't이지만 must not 자체가 강한 '~하지마!'의 뉘앙스인 만큼 축약형을 쓰기보다는
   그냥 풀어서 not을 강하게 발음하는 편이에요.

문법 포인트를 기억하며 우리말 보고 영어로 말하기

01 문장 연습을 하기 위해 필요한 단어들을 먼저 확인하세요.

buy	사다	check	확인하다	try	해보다, 먹어보다, 써보다
drink and drive	음주 운전을 하다	go over	넘어가다	enter	들어가다
park	주차하다	fasten	매다	seatbelt	안전벨트
take off	이륙하다	think over	심사숙고하다	look over	검토하다

02 천천히 읽기 4번, 원어민의 속도에 맞춰 빠르게 읽는 연습을 4번 해보세요.

		천천히	빠르게
이건 사야 해!	I must buy this!	☐☐	☐☐
이건 꼭 확인해 봐야겠어.	I must check this.	☐☐	☐☐
너 그거 꼭 먹어봐야 해.	You must try it.	☐☐	☐☐
음주 운전해서는 안 됩니다.	You must not drink and drive.	☐☐	☐☐
제한 속도를 넘어가서는 안 됩니다.	You must not go over the speed limit.	☐☐	☐☐
외부인은 이곳에 출입 불가입니다.	Visitors must not enter here.	☐☐	☐☐
외부인은 여기에 주차하면 안 됩니다.	Visitors must not park here.	☐☐	☐☐
모든 승객은 비행기가 이륙할 때 안전벨트를 매야 합니다.	All the passengers must fasten their seatbelts when the plane takes off.	☐☐	☐☐
우린 그걸 신중히 생각해봐야 해요.	We must think it over.	☐☐	☐☐
우린 그걸 검토해봐야 해요.	We must look it over.	☐☐	☐☐

 대화문 듣기 (천천히/빠르게)

실전 대화 연습! 대화를 듣고 빈칸 채우기

에피소드 01 충동 구매를 하려는 친구와 대화하는 상황

Erin Hey, check this out. I ① [   ] this.

Jason But you never ② [   ].

Erin It's 60% off. It's a good ③ [   ].

Jason ④ [   ] money!

5회 연습 체크: 1 2 3 4 5 총연습 횟수: ( )회

에피소드 02 함께 레스토랑에서 식사하는 상황

Jason It's a nice ① [   ] here.

Erin Tell me about it. How does your steak taste?

Jason It ② [   ] so good. ③ [   ].

Erin This salmon ④ [   ] in my mouth, too!

5회 연습 체크: 1 2 3 4 5 총연습 횟수: ( )회

에피소드 03 술자리에서 대화하는 상황

Erin I need ① [   ].

Jason Didn't you drive here? You ② [   ] drink and drive.

Erin I can call someone ③ [   ] for me.

Jason ④ [   ] first, then you can drink.

5회 연습 체크: 1 2 3 4 5 총연습 횟수: ( )회

잘 들었는지 체크! 우리말 대화를 보고 영어로 말해보기

에피소드 01

정답 ① must buy ② ride a bicycle ③ bargain ④ What a waste of

Erin 야, 이것 좀 봐. 나 이거 사야겠어.
Jason 근데 너 자전거 아예 안 타잖아.
Erin 60%나 싸다고! 엄청 *특가지.
Jason 아 *돈 아까워!

* **good bargain** 싸게 잘 산 물건, 특가품
* **what a waste of ~** 아까워라! (가령 시간이 아깝다면 What a waste of time!)

에피소드 02

정답 ① atmosphere ② tastes ③ You must try it ④ melts

Jason 여기 분위기 좋다.
Erin *내 말이. 스테이크 맛은 어때?
Jason 맛이 끝내줘. 너 꼭 먹어 봐야 해.
Erin 이 연어도 입에서 *녹는다, 녹아!

* **Tell me about it.** 내 말이. (상대방의 의견에 강하게 동의할 때 써주면 돼요~ That's what I'm saying.과 같은 의미이죠!)
* **melt** 녹다

에피소드 03

정답 ① a drink ② must not ③ to drive ④ Find someone

Erin 술 한잔해야겠어.
Jason 너 차 가지고 오지 않았어? 음주 운전하면 안 돼.
Erin *대리운전해 줄 사람 부르면 되지.
Jason *먼저 부르고 마셔.

* **someone to 동사** ~해 줄 사람
* **then** 그 다음에, 그리고

앞서 연습한 문장을 직접 써보면서 확실하게 내 것으로 만들기

01 외부인은 여기에 주차하면 안 됩니다.

02 제한 속도를 넘어가서는 안 됩니다.

03 이건 사야 해!

04 우린 그걸 검토해봐야 해요.

05 모든 승객은 비행기가 이륙할 때 안전벨트를 매야 합니다.

06 이건 꼭 확인해 봐야겠어.

07 외부인은 이곳에 출입 불가입니다.

08 우린 그걸 신중히 생각해봐야 해요.

09 음주 운전해서는 안 됩니다.

10 너 그거 꼭 먹어봐야 해.

정답 은 앞 페이지에서 확인하세요!

새로운 문장을 직접 써보면서 학습 마무리

A 주어진 단어로 문장을 완성해 보세요.

01 그거 비밀로 유지해야 해. You ⬚⬚⬚⬚⬚⬚ it a secret. (keep)

02 졸음운전을 해서는 안 됩니다. You ⬚⬚⬚⬚⬚⬚ while driving. (nod off)

03 우린 우선 믿을 만한 사람부터 찾아야 해. We ⬚⬚⬚⬚⬚⬚ someone to trust first. (find)

04 앞 좌석을 발로 차면 안 돼요. You ⬚⬚⬚⬚⬚⬚ the front seat. (kick)

05 여러분은 최선을 다해야 합니다. You ⬚⬚⬚⬚⬚⬚ your best. (do)

B 박스 안에 주어진 단어들 중 하나를 골라 문장을 만들어보세요.

follow   see   ask for help   break   be

01 난 지금 당장 널 봐야겠어.

⬚⬚⬚⬚⬚⬚⬚⬚⬚⬚⬚⬚⬚⬚⬚⬚

02 넌 도움을 요청해야 해.

⬚⬚⬚⬚⬚⬚⬚⬚⬚⬚⬚⬚⬚⬚⬚⬚

03 우린 규칙을 깨서는 안 돼요.

⬚⬚⬚⬚⬚⬚⬚⬚⬚⬚⬚⬚⬚⬚⬚⬚

04 그는 여기 있으면 안 돼요.

⬚⬚⬚⬚⬚⬚⬚⬚⬚⬚⬚⬚⬚⬚⬚⬚

05 우리는 그 안전 지침(safety guide)을 따라야만 한다.

⬚⬚⬚⬚⬚⬚⬚⬚⬚⬚⬚⬚⬚⬚⬚⬚

정답 377p

꼭 안 해도 되는 일 말하기

문법 〉 말하기 〉 듣기 〉 쓰기

🎧 저자 무료 음성 강의

말하기를 위한 기본기 기르기

❗ 문법 POINT 해야 하거나 또는 꼭 안 해도 되는 일들을 말할 때는 조동사 have to

01 '～해야 한다'라는 '의무'의 조동사 have to는 뒤에 동사원형을 붙여서 써요.

　　나 가야 해. I **have to go**.

　　넌 말해야 해. You **have to say**.

　　걔들은 뭔가를 해야 해. They **have to do** something.

　　* have to 대신 have got to(= 've got to = got to = gotta) 또는 ought to를 써도 돼요.

02 조동사의 역할을 수행하는 have to는 일반동사 have의 성격을 가지고 있어서 주어가 3인칭 단수일 때 has to로 바꿔줘야 해요!

　　그녀는 가야 해. She **has to** go.

　　그는 가야 해. He **has to** go.

03 '～안 해도 된다'라는 부정문 역시 일반동사 부정문 만들 때와 같아요. 주어에 따라 have to 앞에 don't나 doesn't만 붙여주면 끝!

　　나 안 가도 돼. I **don't have to** go.

　　그녀는 안 가도 돼. She **doesn't have to** go.

04 '～해야 해?'라는 의문문도 주어에 따라 Do나 Does를 붙여 만들어요!

　　너 꼭 가야 해? **Do** you **have to** go?

　　그는 꼭 가야 해? **Does** he **have to** go?

　　Erin 꼭 가야 해? **Does** Erin **have to** go?

문법 포인트를 기억하며 우리말 보고 영어로 말하기

01 문장 연습을 하기 위해 필요한 단어들을 먼저 확인하세요.

buy	사다	**say**	말하다	**apologize**	사과하다
sign	서명하다	**want to**	~하기를 원하다	**How many times ~**	몇 번
tell	말하다	**remind**	상기시키다	**perfect**	완벽한
this way	이런 식	**stay in the hospital**	입원하다	**wear a cast**	깁스를 하다

02 천천히 읽기 4번, 원어민의 속도에 맞춰 빠르게 읽는 연습을 4번 해보세요.

우리말	영어	천천히	빠르게
(싫으면) 꼭 안 사셔도 돼요.	You **don't have to buy** it.	☐☐ ☐☐	☐☐ ☐☐
그거 꼭 말하지 않아도 돼요.	You **don't have to say** it.	☐☐ ☐☐	☐☐ ☐☐
내키지 않으면 **사과하지 않아도 돼**.	You **don't have to apologize** if you don't want to.	☐☐ ☐☐	☐☐ ☐☐
내키지 않으면 **서명 안 해도 돼**.	You **don't have to sign** if you don't want to.	☐☐ ☐☐	☐☐ ☐☐
내가 도대체 몇 번이나 **말해야 해?**	How many times **do I have to tell** you?	☐☐ ☐☐	☐☐ ☐☐
내가 도대체 몇 번이나 **상기시켜 줘야 해?**	How many times **do I have to remind** you?	☐☐ ☐☐	☐☐ ☐☐
꼭 완벽할 필요는 없어.	It **doesn't have to be** perfect.	☐☐ ☐☐	☐☐ ☐☐
꼭 이럴 필요는 없어.	It **doesn't have to be** this way.	☐☐ ☐☐	☐☐ ☐☐
그는 **입원해야 해?**	**Does** he **have to stay in the hospital**?	☐☐ ☐☐	☐☐ ☐☐
그는 팔에 **깁스해야 해?**	**Does** he **have to wear a cast** on his arm?	☐☐ ☐☐	☐☐ ☐☐

🎧 대화문 듣기 (천천히/빠르게)

실전 대화 연습! 대화를 듣고 빈칸 채우기

에피소드 01 언니랑 싸우고 속상해하는 친구와 대화하는 상황

Erin   I had ① [_____] with my sister.

Jason   Did she speak ② [_____] again?

Erin   Yes. ③ [_____] say sorry because I'm younger?

Jason   I don't think so. You ④ [_____] apologize if you don't want to.

5회 연습 체크 : ① ② ③ ④ ⑤   총연습 횟수 : (   )회

에피소드 02 일정을 자꾸 잊는 친구와 대화하는 상황

Jason   What time did you say ① [_____] at the airport?

Erin   Here we go again. How many times ② [_____] you?

Jason   Sorry! Tell me one more time, and I ③ [_____] you ever again!

Erin   ④ [_____] by 10 a.m.!

5회 연습 체크 : ① ② ③ ④ ⑤   총연습 횟수 : (   )회

에피소드 03 발표를 앞두고 긴장한 친구를 위로하는 상황

Jason   Are you okay? You ① [_____].

Erin   I couldn't ② [_____] because I was too nervous.

Jason   ③ [_____]. It ④ [_____] be perfect.

Erin   Thanks. Wish me luck.

5회 연습 체크 : ① ② ③ ④ ⑤   총연습 횟수 : (   )회

잘 들었는지 체크! 우리말 대화를 보고 영어로 말해보기

에피소드 01

정답 ① a big argument ② roughly ③ Do I have to ④ don't have to

Erin	언니랑 한 판 했어.
Jason	또 너희 언니가 *막말했어?
Erin	응. 내가 어리니까 미안하다고 해야 하는 걸까?
Jason	난 그렇게 생각 안 해. 하기 싫으면 사과하지 않아도 돼.

* **roughly** 거칠게, 험하게 (= harshly 심하게, 호되게)

에피소드 02

정답 ① I have to arrive ② do I have to tell ③ won't ask ④ At least

Jason	내가 몇 시까지 공항에 도착해야 한댔지?
Erin	*또 시작이네. 내가 너한테 몇 번이나 말해줘야 해?
Jason	미안! 한 번만 더 말해주면 나 진짜 더 안 물을게!
Erin	*늦어도 10시까지 와야 한다고!

* **Here we go again.** 또 시작이네. (같은 상황이나 같은 말이 반복될 때 쓰는 표현이에요.)
* **at least** 최소한

에피소드 03

정답 ① look pale ② sleep a wink ③ Take it easy ④ doesn't have to

Jason	괜찮아? 안색이 안 좋은데.
Erin	나 너무 긴장돼서 *한숨도 못 잤거든.
Jason	*진정해. 완벽할 필요는 없어.
Erin	고마워. 행운을 빌어줘.

* **can't sleep a wink** 한숨도 못 자다
* **Take it easy.** 진정해. (Relax. / Calm down. / Bring[Take] it down a notch. 등으로 다양하게 표현할 수 있어요~)

앞서 연습한 문장을 직접 써보면서 확실하게 내 것으로 만들기

01 내가 도대체 몇 번이나 말해야 해?

02 꼭 완벽할 필요는 없어.

03 내키지 않으면 사과하지 않아도 돼.

04 그는 팔에 깁스해야 해?

05 (싫으면) 꼭 안 사셔도 돼요.

06 그는 입원해야 해?

07 내키지 않으면 서명 안 해도 돼.

08 꼭 이럴 필요는 없어.

09 그거 꼭 말하지 않아도 돼요.

10 내가 도대체 몇 번이나 상기시켜 줘야 해?

정답 은 앞 페이지에서 확인하세요!

새로운 문장을 직접 써보면서 학습 마무리

A 주어진 단어로 문장을 완성해 보세요.

01 나 오전 비행기 타야 해. I [   ] a morning flight. (take)

02 원치 않으면 나랑 같이 안 가도 돼. You [   ] with me if you don't want to. (come)

03 꼭 비쌀 필요는 없어. It [   ] expensive. (be)

04 꼭 그렇게 거칠게 말해야겠어? [   ] you [   ] harshly like that? (speak)

05 제가 꼭 여기에 사인해야 하나요? [   ] I [   ] here? (sign)

B 박스 안에 주어진 단어들 중 하나를 골라 문장을 만들어보세요.

wear   repeat oneself   attend   face   get surgery

01 넌 현실(facts)을 직시해야 해.

[   ]

02 그 신입(newbie)은 회의에 꼭 참석하지 않아도 돼요.

[   ]

03 Erin이 몇 번이나 같은 말을 되풀이해야 해요?

[   ]

04 저 다리에 깁스해야 해요?

[   ]

05 그녀는 수술받아야 해?

[   ]

정답 377p

공손하게 허락 구하기

문법 말하기 듣기 쓰기

🎧 저자 무료 음성 강의

말하기를 위한 기본기 기르기

❗ 문법 POINT 해도 되는지 공손하게 물을 때는 조동사 **may**

01 '정중한 허락'의 조동사 may는 전에 배운 can에 비해 조금 더 공손하고 격식을 차리는 느낌을 줘요. 당연히 주어에 따른 변형 없이 동사원형을 붙여서 쓰면 돼요.

가셔도 됩니다. You **may go**.

그는 와도 돼요. He **may come**.

외부인이 들어와도 됩니다. Visitors **may enter**.

02 '~하시면 안 됩니다'라는 부정문은 may 뒤에 not만 붙여주면 돼요.

가시면 안 됩니다. You **may not** go.

그는 오면 안 돼요. He **may not** come.

외부인은 들어오면 안 됩니다. Visitors **may not** enter.

* may not의 축약형 mayn't는 자주 쓰이지는 않아요.

03 '정중한 허락'을 구하는 의문문은 주어 'I'랑만 쓰여요!

저 이만 가도 될까요? **May I** go now?

저 여기 앉아도 돼요? **May I** sit here?

제가 여기 주차해도 될까요? **May I** park here?

🎧 원어민 mp3 듣기 [천천히/빠르게]

문법 포인트를 기억하며 우리말 보고 영어로 말하기

01 문장 연습을 하기 위해 필요한 단어들을 먼저 확인하세요.

leave	떠나다	take 누구 home	집에 바래다주다	order	주문, 주문하다
see	보다	check	계산서	excuse	양해하다
for a moment	잠시	take	타다	over there	저쪽에
enter	들어가다	use	이용하다	parking lot	주차장

02 천천히 읽기 4번, 원어민의 속도에 맞춰 빠르게 읽는 연습을 4번 해보세요.

우리말	영어	천천히	빠르게
저 이만 가봐도 될까요?	May I leave now?	☐☐	☐☐
제가 댁까지 모셔다드려도 될까요?	May I take you home?	☐☐	☐☐
주문하시겠습니까?	May I take your order?	☐☐	☐☐
메뉴판 좀 다시 봐도 될까요?	May I see the menu again?	☐☐	☐☐
계산서 좀 주실래요?	May I have the check?	☐☐	☐☐
잠깐 실례해도 될까요?	May I be excused for a moment?	☐☐	☐☐
저쪽에 있는 엘리베이터를 타시면 돼요.	You may take the elevator over there.	☐☐	☐☐
저쪽에서 셔틀버스를 타시면 돼요.	You may take the shuttle bus over there.	☐☐	☐☐
방문객들은 여기를 출입하실 수 없습니다.	Visitors may not enter here.	☐☐	☐☐
방문객들은 주차장을 이용하실 수 없습니다.	Visitors may not use the parking lot.	☐☐	☐☐

실전 대화 연습! 대화를 듣고 빈칸 채우기

에피소드 01 〉 수업이 끝난 뒤 상황

Jason Okay then, let's ① [   ] a day.

Erin Thanks. ② [   ] now?

Jason Sure. Please ③ [   ] the door when you ④ [   ].

Erin I will. See you tomorrow.

5회 연습 체크 : **1** **2** **3** **4** **5**   총연습 횟수 : (   )회

에피소드 02 〉 식당에서 주문하는 상황

Jason ① [   ] take your ② [   ]?

Erin Oh, yes please. ③ [   ] this pasta.

Jason Okay. Any drinks?

Erin Would you please ④ [   ] some wine?

5회 연습 체크 : **1** **2** **3** **4** **5**   총연습 횟수 : (   )회

에피소드 03 〉 회의 도중 급한 전화가 온 상황

Jason How's ① [   ] with our Asian branch going?

Erin I ② [   ] them a couple of days ago and
I'm ③ [   ] a reply.

Jason Oh, wait a second. ④ [   ] excused?

Erin Sure. Take your time.

5회 연습 체크 : **1** **2** **3** **4** **5**   총연습 횟수 : (   )회

잘 들었는지 체크! 우리말 대화를 보고 영어로 말해보기

에피소드 01

정답   ① call it ② May I leave ③ close ④ leave

Jason	좋아요. *그럼 오늘은 여기까지 하죠.
Erin	감사합니다. 저 이만 가봐도 될까요?
Jason	그럼요. 나가실 때 문 좀 닫아 주세요.
Erin	그럴게요. 내일 뵈어요.

* **Let's call it a day.** 오늘은 여기까지 하죠.

에피소드 02

정답   ① May I ② order ③ I'll have ④ recommend

Jason	주문하시겠습니까?
Erin	네. *저 이 파스타로 할게요.
Jason	알겠습니다. 음료는요?
Erin	와인 좀 추천해 주실래요?

* **I'll have ~** 저 ~로 할게요. ('저는 ~로 할게요/먹을게요'라는 의미로 주문할 때 많이 사용하는 표현이에요. take나 get을 써도 좋아요.)

에피소드 03

정답   ① the contract ② emailed ③ still waiting for ④ May I be

Jason	우리 아시아 *지사와의 계약 건은 *어떻게 진행되고 있죠?
Erin	며칠 전에 그쪽에 메일 보냈고 아직 답변을 기다리고 있어요.
Jason	오, 잠깐만요. 잠시 실례해도 될까요?
Erin	물론이죠. 천천히 하세요.

* **branch** 지사
* **How's ~ going?** ~이 어떻게 되어 가나요? (진행 상황을 물어볼 때 쓰여요.)

앞서 연습한 문장을 직접 써보면서 확실하게 내 것으로 만들기

01 주문하시겠습니까?

02 잠깐 실례해도 될까요?

03 저 이만 가봐도 될까요?

04 저쪽에 있는 엘리베이터를 타시면 돼요.

05 메뉴판 좀 다시 봐도 될까요?

06 방문객들은 여기를 출입하실 수 없습니다.

07 방문객들은 주차장을 이용하실 수 없습니다.

08 제가 댁까지 모셔다드려도 될까요?

09 저쪽에서 셔틀버스를 타시면 돼요.

10 계산서 좀 주실래요?

정답 은 앞 페이지에서 확인하세요!

새로운 문장을 직접 써보면서 학습 마무리

A 주어진 단어로 문장을 완성해 보세요.

01 카드 결제해도 될까요? [   ] I [   ] by credit card? (pay)

02 주목해 주시겠습니까? [   ] I [   ] your attention? (get)

03 의자를 뒤로 젖혀도 될까요? [   ] I [   ] my seat? (recline)

04 영수증만 있다면 전액 환불을 받으실 수 있습니다. You [   ] a full refund as long as you have your receipt. (get)

05 제가 잠깐 이 프린터를 사용해도 될까요? [   ] I [   ] this printer for a while? (use)

B 박스 안에 주어진 단어들 중 하나를 골라 문장을 만들어보세요.

use　enter　speak to　come in　see

01 제 것을 사용하셔도 됩니다.

[   ]

02 제가 댁까지 모셔다 드려도 될까요?

[   ]

03 Erin이랑 통화할 수 있을까요?

[   ]

04 외부인은 허가 없이(without permission) 이곳에 출입하시면 안 됩니다.

[   ]

05 저 들어가도 될까요?

[   ]

정답 377p

문법 〉 말하기 〉 듣기 〉 쓰기

🎧 저자 무료 음성 강의

말하기를 위한 기본기 기르기

❗ 문법 POINT 추측할 때 확신의 정도에 따라 사용하는 조동사 must, may, can

01 무언가를 추측할 때 '확신의 정도'에 따라 must, may, can을 골라 써줄 수 있어요.

🖉 강한 확신: 틀림없이 ~일 것이다

너 배고프겠다. You **must** be hungry.

🖉 추측: ~일 지도 몰라

너 배고플 지도 몰라. You **may** be hungry.

🖉 가능성: ~일 수도 있어

너 배고플 수도 있어. You **can** be hungry.

02 '~이 아닐 거야'라는 부정문은 조동사들 뒤에 not만 붙여주면 돼요.

분명 사실이 아닐 거야. It **must not** be true.

사실이 아닐지도 몰라. It **may not** be true.

사실이 아닐 수도 있어. It **cannot** be true.

03 불확실한 추측일 때 may 대신 might, can 대신 could를 써줘도 돼요.

어쩌면 사실일 지도 몰라. It **might** be true.

어쩌면 그가 옳을지도 몰라. He **might** be right.

어쩌면 그녀가 거기 있을 수도 있어. She **could** be there.

* must는 확신에 가득 찬 추측이라는 것만 기억하시고 나머지 may, might, can, could는 뉘앙스 차이 없이 쓰면 돼요!

문법 〉 **말하기** 〉 듣기 〉 쓰기

🎧 원어민 mp3 듣기 [천천히/빠르게]

문법 포인트를 기억하며 우리말 보고 영어로 말하기

01 문장 연습을 하기 위해 필요한 단어들을 먼저 확인하세요.

expensive	비싼	**brand-name**	메이커	**nervous**	초조해하는
excited	신이 난	**disappointed**	실망한	**serious**	진지한, 심각한
joke	농담, 농담하다	**lie**	거짓말하다	**symptom**	증상
a sign of	~의 표시, 징후	**stress**	스트레스	**difficulty**	어려움, 곤란

02 천천히 읽기 4번, 원어민의 속도에 맞춰 빠르게 읽는 연습을 4번 해보세요.

		천천히	빠르게
비싸겠네.	It **must be expensive**.	☐☐	☐☐
분명 메이커일걸.	It **must be brand-name**.	☐☐	☐☐
너 떨리겠다.	You **must be nervous**.	☐☐	☐☐
너 신나겠다.	You **must be excited**.	☐☐	☐☐
너 실망했겠다.	You **must be disappointed**.	☐☐	☐☐
농담이지?	You **cannot be serious**.	☐☐	☐☐
장난하는 거지?	You **must be joking**.	☐☐	☐☐
거짓말 아니지?	You **must not be lying**.	☐☐	☐☐
그 증상은 스트레스 징후일 수 있어요.	The symptoms **can be a sign of stress**.	☐☐	☐☐
어쩌면 곤란한 상황들이 생길지도 모르겠어요.	**There might be difficulties**.	☐☐	☐☐

실전 대화 연습! 대화를 듣고 빈칸 채우기

에피소드 01 새로 산 옷을 자랑하는 상황

Erin Wow. Is this the new T-shirt you told me about?

Jason Yup. How ① [   ]?

Erin It ② [   ]. It ③ [   ] expensive.

Jason It's only twenty dollars. I ④ [   ] it on sale.

5회 연습 체크 : **1** **2** **3** **4** **5** 총연습 횟수 : (   )회

에피소드 02 촬영을 앞두고 긴장한 친구를 격려하는 상황

Erin I'm shooting my online live lecture this Friday.

Jason You ① [   ].

Erin Oh yes. I thought I ② [   ] to it but I'm still a bit ③ [   ].

Jason Don't worry. You're a professional. I bet you'll ④ [   ] them dead.

5회 연습 체크 : **1** **2** **3** **4** **5** 총연습 횟수 : (   )회

에피소드 03 스트레스 증상에 대해 대화하는 상황

Jason I have a migraine and look. My hands are ① [   ].

Erin The symptoms ② [   ] a sign of stress.

Jason Yeah... You're right. I've been ③ [   ] lately.

Erin Let's ④ [   ] your stress by eating spicy food!

5회 연습 체크 : **1** **2** **3** **4** **5** 총연습 횟수 : (   )회

잘 들었는지 체크! 우리말 대화를 보고 영어로 말해보기

에피소드 01

정답 ① does it look ② suits you ③ must be ④ bought

Erin 와. 이게 네가 나한테 말했던 그 새 티셔츠야?
Jason 응. 어때 보여?
Erin *너한테 잘 어울리는데. 비싸겠다.
Jason 20달러밖에 안 해. *세일할 때 샀거든.

> * **It suits you.** 너한테 잘 어울려. (= It really looks good on you.)
> * **on sale** 할인 판매 중

에피소드 02

정답 ① must be nervous ② got used ③ camera-shy ④ knock

Erin 나 이번 주 금요일에 온라인 라이브 강의 찍어.
Jason 떨리겠다.
Erin 응. *적응됐다고 생각했는데 여전히 카메라 울렁증이 좀 있어.
Jason 걱정 마. 너 프로잖아. *분명 잘할 거야.

> * **get used to** ~에 적응하다, 익숙해지다
> * **knock them dead** (좋은 의미로) 죽여주다, 뿅 가게 하다

에피소드 03

정답 ① a little shaky ② can be ③ stressed out ④ work off

Jason 나 *편두통 있어. 그리고 봐. 나 손도 좀 *떨려.
Erin 그 증상은 스트레스 징후일 수도 있어.
Jason 맞아. 나 요즘 스트레스가 심하거든.
Erin 우리 매운 음식 먹으면서 스트레스 좀 *풀자!

> * **migraine** 편두통
> * **shaky** 떨리는, 흔들리는
> * **work off** 풀다, 해소하다

앞서 연습한 문장을 직접 써보면서 확실하게 내 것으로 만들기

01 너 신나겠다.

02 농담이지?

03 거짓말 아니지?

04 비싸겠네.

05 너 떨리겠다.

06 어쩌면 곤란한 상황들이 생길지도 모르겠어요.

07 장난하는 거지?

08 그 증상은 스트레스 징후일 수 있어요.

09 분명 메이커일걸.

10 너 실망했겠다.

정답 은 앞 페이지에서 확인하세요!

새로운 문장을 직접 써보면서 학습 마무리

A 주어진 단어로 문장을 완성해 보세요.

01 Erin 맞죠? You [   ] Erin. (must)

02 그가 범인일지도 몰라. He [   ] the criminal. (may)

03 가능할 수도 있어. It [   ] possible. (could)

04 혹시 아실지 모르겠지만 저 노래를 잘 못해요. As you [   ], I'm not a good singer. (might)

05 너 배고프겠다. You [   ] hungry. (must)

B 박스 안에 주어진 단어들 중 하나를 골라 문장을 만들어보세요.

> **must be   may be   is   must not be   must be**

* 상황 1: 전화벨이 울리고 있어요! 아직 받지 않은 상태에서 발신자가 누구일지 추측해 볼까요?
01 Erin일지도 몰라.

[   ]

02 분명 Erin일 거야. (이 시간쯤 전화 준다고 했었거든.)

[   ]

03 분명 Erin은 아닐 거야. (Erin은 지금 수업 중이잖아? 분명 다른 사람일걸?)

[   ]

* 상황 2: 전화를 받았어요! 발신자가 누구인지 확인했다면 이제 추측할 필요 없이 바로 밝혀주면 되겠죠?
04 Erin이네.

[   ]

* 상황 3: 전화를 끊자마자 Erin의 표정이 밝아요! 얼마 전에 본 면접 결과가 좋았나 봐요!
05 Erin은 기쁘겠네.

[   ]

정답 377p

영어 습관

49 일차 부탁하기

🎧 저자 무료 음성 강의

말하기를 위한 기본기 기르기

❗문법 POINT **누군가에게 정중하게 부탁할 때 모두 사용 가능한 조동사 will, would, can, could**

01 'Will/Would/Can/Could you + 동사원형 ~?'으로 공손하게 부탁할 수 있어요.

저 물 좀 주실래요? **Will you** get me some water?

신분증 좀 보여주실래요? **Would you** show me your ID?

저한테 들러주실 수 있으세요? **Can you** come by me?

저랑 같이 가 주실 수 있으세요? **Could you** come with me?

* 이때 주어를 1인칭으로 바꾸면 당연히 "제가 ~해도 될까요?"와 같이 **허락**을 구하는 뉘앙스가 된답니다.
　제가 들러도 될까요? **Can/Could I** drop by you?

02 would와 could는 형식적으로는 will과 can의 과거형이지만 '절대' 과거시제로 해석하지 않고 그냥 공손함을 더 해주는 느낌이에요!

Would you show me your ID?

신분증 좀 보여주실 거였어요? (X)

➡ 신분증 좀 보여주실래요? (O)

Could you come with me?

저랑 같이 가 주실 수 있었어요? (X)

➡ 저랑 같이 가 주실 수 있으세요? (O)

🎧 원어민 mp3 듣기 (천천히/빠르게)

문법 포인트를 기억하며 우리말 보고 영어로 말하기

01 문장 연습을 하기 위해 필요한 단어들을 먼저 확인하세요.

do a favor	부탁을 들어주다	help 누구 with 명사	~을 도와주다	drop 누구 off	내려주다
bus stop	버스 정류장	pick 누구 up	~를 데리러 가다	speak	말하다
slowly	천천히	pay by	~으로 결제하다	credit	신용카드
get the phone	전화를 받다	answer the door	누가 왔는지 나가보다	pass	건네주다

02 천천히 읽기 4번, 원어민의 속도에 맞춰 빠르게 읽는 연습을 4번 해보세요.

		천천히	빠르게
부탁 좀 들어주실래요?	Would you do me a favor?	☐☐	☐☐
저 이것 좀 도와주실래요?	Would you help me with this?	☐☐	☐☐
버스 정류장에 내려 주시겠어요?	Would you drop me off at the bus stop?	☐☐	☐☐
버스 정류장으로 저를 데리러 와 주시겠어요?	Would you pick me up at the bus stop?	☐☐	☐☐
좀 더 천천히 말씀해 주시겠어요?	Could you speak more slowly?	☐☐	☐☐
영어로 말씀해 주시겠어요?	Could you speak English?	☐☐	☐☐
신용카드로 결제해도 되나요?	Can I pay by credit?	☐☐	☐☐
전화 좀 받아줄래?	Will you get the phone?	☐☐	☐☐
(초인종이 울릴 때) 누가 왔는지 나가볼래?	Will you answer the door?	☐☐	☐☐
거기 소금 좀 건네 줄 수 있어?	Can you pass me the salt?	☐☐	☐☐

🎧 대화문 듣기 (천천히/빠르게)

실전 대화 연습! 대화를 듣고 빈칸 채우기

에피소드 01 동료에게 부탁하는 상황

Jason	① _____ do me a favor?
Erin	Sure. What ② _____ for you?
Jason	Please ③ _____ my computer when the update is over.
	I've gotta leave now.
Erin	No problem. ④ _____ to me.

5회 연습 체크: 1 2 3 4 5   총연습 횟수: ( )회

에피소드 02 차를 태워다 달라고 부탁하는 상황

Erin	Are you ① _____ home?
Jason	Yup. Do you want me to ② _____ ?
Erin	Oh, thanks! ③ _____ ④ _____ at the bus stop?
Jason	Okay. It's a long walk from here to the nearest bus stop.

5회 연습 체크: 1 2 3 4 5   총연습 횟수: ( )회

에피소드 03 말이 빠른 상사에게 업무를 전달받는 상황

Jason	Have you ① _____ the report?
Erin	Yes, I have. I ② _____ to your personal email account.
Jason	I ③ _____ print it out and make ④ _____
	for the meeting at 8.
Erin	⑤ _____ speak more slowly?

5회 연습 체크: 1 2 3 4 5   총연습 횟수: ( )회

잘 들었는지 체크! 우리말 대화를 보고 영어로 말해보기

에피소드 01

정답 ① Would you ② can I do ③ turn off ④ Leave it

Jason   부탁 좀 들어줄래?

Erin   좋아. *뭘 해주면 될까?

Jason   업데이트 끝나면 내 컴퓨터 좀 꺼줘. 나 지금 나가봐야 하거든.

Erin   알겠어. *나한테 맡겨.

* **What can I do for you?** 뭘 해주면 될까? 어떻게 도와드릴까요?
* **Leave it to me.** 나한테 맡겨. 내가 해줄게.

에피소드 02

정답 ① driving ② give you a ride ③ Would you ④ drop me off

Erin   너 차 타고 집에 가?

Jason   응. *차 태워줄까?

Erin   고마워! 나 버스 정류장에 내려 줄래?

Jason   알았어. 여기서 가장 가까운 버스 정거장까지 *걸어서 가려면 한참이지.

* **give 누구 a ride** 차에 태워 주다
* **It's a long walk** 걸어서는 한참이다 (운전해서도 한참 가야 한다면 It's a long drive. 그냥 멀다고 말하고 싶으면 It's a long way 라고 말해요!)

에피소드 03

정답 ① emailed ② sent it ③ need you to ④ twenty copies ⑤ Could you

Jason   그 보고서 저한테 메일 보내놓으셨죠?

Erin   네. 개인 계정으로 보내드렸어요.

Jason   8시에 회의해야 하니까 *그거 출력해서 스무 장 *복사해 와요.

Erin   좀 더 천천히 말씀해 주시겠어요?

* **need 누구 to 동사** 누가 ~하기를 필요로 하다
* **make a copy** 복사본을 만들다

앞서 연습한 문장을 직접 써보면서 확실하게 내 것으로 만들기

01 저 이것 좀 도와주실래요?

02 버스 정류장으로 저를 데리러 와 주시겠어요?

03 신용카드로 결제해도 되나요?

04 (초인종이 울릴 때) 누가 왔는지 나가볼래?

05 부탁 좀 들어주실래요?

06 거기 소금 좀 건네 줄 수 있어?

07 전화 좀 받아줄래?

08 영어로 말씀해 주시겠어요?

09 버스 정류장에 내려 주시겠어요?

10 좀 더 천천히 말씀해 주시겠어요?

정답 은 앞 페이지에서 확인하세요!

새로운 문장을 직접 써보면서 학습 마무리

A 주어진 단어로 문장을 완성해 보세요.

01 어린이용 식탁 의자 좀 가져다 주실래요? [   ] me a feeding chair? (would, get)

02 다시 한번 말씀해 주시겠어요? [   ] me one more time? (could, tell)

03 제가 부탁 하나만 해도 될까요? [   ] you a favor? (could, ask)

04 나중에 다시 전화해주실 수 있으세요? [   ] me back later? (could, call)

05 제가 나중에 결제해도 될까요? [   ] later? (can, pay)

B 박스 안에 주어진 단어들 중 하나를 골라 문장을 만들어보세요.

pass   clear   help   drop off   drive

01 저 이 프로젝트 좀 도와주시겠어요? (would 이용)

[   ]

02 저를 가장 가까운(the nearest) 지하철역에 내려 주실 수 있으세요? (would 이용)

[   ]

03 테이블 좀 치워 주실 수 있나요? (can 이용)

[   ]

04 나 집까지 태워줄래? (will 이용)

[   ]

05 그 후추 좀 제게 건네주시겠어요? (can 이용)

[   ]

정답 378p

문법 〉말하기 〉듣기 〉쓰기

🎧 저자 무료 음성 강의

말하기를 위한 기본기 기르기

❗ 문법 POINT   부드럽게 제안할 때는 조동사 shall

01 'Shall we + 동사원형 ~?'으로 '우리 같이 ~할까요?'라고 부드럽게 제안할 수 있어요.

우리 춤출까요? **Shall we** dance?

가실까요? **Shall we** go?

시작할까요? **Shall we** start?

* Shall we 대신 Why don't we 또는 Let's를 쓸 수 있어요!
  예. 우리 춤추는 게 어때요? Why don't we dance?
      우리 춤춰요. Let's dance.

02 'Shall I + 동사원형 ~?'으로 '제가 ~해드릴까요?'라는 부드러운 제의를 말할 수도 있죠.

제가 시작할까요? **Shall I** begin?

제가 기다려 드릴까요? **Shall I** wait?

제가 한번 해볼까요? **Shall I** try?

* Shall I 대신 Should I 또는 Do you want me to를 쓸 수 있어요!
  예. 제가 기다릴까요? Should I wait?
      제가 기다렸으면 하세요? Do you want me to wait?

03 shall은 점점 고어가 되어가서 정말 격식 있게 제안/제의할 때만 쓰이고, 주어도 1인칭 즉, I와 We랑만 쓸 수 있다는 것 꼭 명심하세요!

문법 포인트를 기억하며 우리말 보고 영어로 말하기

01 문장 연습을 하기 위해 필요한 단어들을 먼저 확인하세요.

eat out	외식하다	**go Dutch** (= split the bill)	더치페이하다	**share**	나눠 내다
rent	임대료	**lend**	빌려주다	**mine**	나의 것
show	보여주다	**help**	도와주다	**handle**	다루다, 처리하다
meet	만나다	**drive**	태워다 주다	**home**	집에

02 천천히 읽기 4번, 원어민의 속도에 맞춰 빠르게 읽는 연습을 4번 해보세요.

		천천히	빠르게
오늘 저녁 외식할까요?	**Shall we eat out** tonight?	☐☐ ☐☐	☐☐ ☐☐
더치페이하는 게 어때요?	**Why don't we** go Dutch?	☐☐ ☐☐	☐☐ ☐☐
임대료를 나눠 내는 게 어때요?	**Why don't we share** the rent?	☐☐ ☐☐	☐☐ ☐☐
제 것 빌려드릴까요?	**Shall I lend** you mine?	☐☐ ☐☐	☐☐ ☐☐
제 것 보여드릴까요?	**Shall I show** you mine?	☐☐ ☐☐	☐☐ ☐☐
내가 도와줄까요?	**Do you want me to help** you?	☐☐ ☐☐	☐☐ ☐☐
내가 그거 처리하는 거 도와줄까요?	**Do you want me to help** you handle it?	☐☐ ☐☐	☐☐ ☐☐
우리 몇 시에 만날까요?	What time **shall we meet**?	☐☐ ☐☐	☐☐ ☐☐
우리 뭐 먹을까요?	What **shall we eat**?	☐☐ ☐☐	☐☐ ☐☐
댁까지 태워 드릴까요?	**Shall I drive** you home?	☐☐ ☐☐	☐☐ ☐☐

실전 대화 연습! 대화를 듣고 빈칸 채우기

에피소드 01 〉 친구에게 거하게 얻어먹은 상황

Erin Ohhh... I'm so ① [   ].

Jason Yeah, me too. We ate over ② [   ] won's worth.

Erin Really? That's too much. ③ [   ] go Dutch?

Jason No way, Jose. I told ya! My ④ [   ]!

5회 연습 체크 : **1** **2** **3** **4** **5**   총연습 횟수 : (   )회

에피소드 02 〉 동료에게 일을 부탁하는 상황

Erin Hey, ① [   ] leaving?

Jason I've gotta work overtime. I have to ② [   ] all these papers.

Erin ③ [   ] help you?

Jason Of course, yes! Oh, thank you! You're the best! I ④ [   ] one!

5회 연습 체크 : **1** **2** **3** **4** **5**   총연습 횟수 : (   )회

에피소드 03 〉 친구와 전화로 점심 약속을 잡는 상황

Jason Let's ① [   ] a sandwich for lunch.

Erin Sounds good. But I have something to ② [   ] before lunch.

Jason I can wait. What time ③ [   ]?

Erin It ④ [   ] long. Let me call you back in 2 minutes.

5회 연습 체크 : **1** **2** **3** **4** **5**   총연습 횟수 : (   )회

잘 들었는지 체크! 우리말 대화를 보고 영어로 말해보기

에피소드 01

정답 ① full ② three hundred thousand ③ Why don't we ④ treat

Erin 와... 진짜 배부르다.

Jason 응, 나도. 우리 30만 원어치 넘게 먹었어.

Erin 진짜? 너무 많이 나왔는데. 우리 더치페이하는 게 어때?

Jason *아니야. 말했잖아! *내가 쏜다니까!

* **No way, Jose.** 에이, 아니야~ (별다른 의미없이 그냥 way와 Jose의 라임을 이용한 일종의 말장난이에 요~)

* **My treat!** 내가 쏘는 거야! (= It's on me!)

에피소드 02

정답 ① aren't you ② review ③ Do you want me to ④ owe you

Erin 안 가?

Jason 나 오늘 *야근해야 해. 이 서류들 다 검토해야 하거든.

Erin 내가 도와줬으면 좋겠어?

Jason 물론이지! 야 고마워! 네가 최고야! *신세 한번 졌다!

* **'ve gotta 동사 / have to 동사** ~해야 한다
* **I owe you one.** 내가 신세 한번 졌다. ('빚을 지다'의 owe를 이용해서 나중에 갚을 신세에 대한 고마움 을 나타낼 수 있어요.)

에피소드 03

정답 ① grab ② figure out ③ shall we meet ④ won't take

Jason 점심에 샌드위치 *먹자.

Erin 좋지. 근데 나 점심 전에 *해결해야 할 일이 좀 있는데.

Jason 기다리면 되지. 몇 시에 만날까?

Erin 얼마 안 걸려. 내가 2분 뒤에 *다시 전화할게.

* **grab** 무언가를 대충 또는 가볍게 (보통 빠른 시간 안에) 먹거나 마시다
* **figure out** 해결하다
* **call 누구 back** 다시 전화를 걸다

앞서 연습한 문장을 직접 써보면서 확실하게 내 것으로 만들기

01 더치페이하는 게 어때요?

02 임대료를 나눠 내는 게 어때요?

03 우리 뭐 먹을까요?

04 우리 몇 시에 만날까요?

05 오늘 저녁 외식할까요?

06 댁까지 태워 드릴까요?

07 제 것 빌려드릴까요?

08 내가 도와줄까요?

09 제 것 보여드릴까요?

10 내가 그거 처리하는 거 도와줄까요?

정답 은 앞 페이지에서 확인하세요!

새로운 문장을 직접 써보면서 학습 마무리

A 주어진 단어로 문장을 완성해 보세요.

01 우리 셋이 나눠 낼까요? [　　　　　　　] the bill three ways? (shall, split)

02 퇴근 후 술 한잔하는 게 어때? [　　　　　　　] a drink after work? (why, grab)

03 파티에 제가 뭘 가져갈까요? What [　　　　　　　] to the party? (shall, bring)

04 그거 해결하는 거 내가 도와줬으면 좋겠어? [　　　　　　　] you figure it out?
(want, help)

05 집안일을 똑같이 나눠서 하는 게 어때요? [　　　　　　　] the housework
equally? (why, share)

B 박스 안에 주어진 단어들 중 하나를 골라 문장을 만들어보세요. (shall 이용)

> **dine out　begin　call back　drink　review**

01 우리 오늘 밤 외식할까요?

[　　　　　　　　　　　　　　　　　　]

02 우리 시작할까요?

[　　　　　　　　　　　　　　　　　　]

03 제가 이거 검토할까요?

[　　　　　　　　　　　　　　　　　　]

04 제가 나중에 다시 전화드릴까요?

[　　　　　　　　　　　　　　　　　　]

05 우리 뭐 마실까요?

[　　　　　　　　　　　　　　　　　　]

정답 378p

문법 〉 말하기 〉 듣기 〉 쓰기

🎧 저자 무료 음성 강의

말하기를 위한 기본기 기르기

❗ 문법 POINT   다양한 정보를 물어볼 때 사용하는 의문사 의문문

01 의문사를 활용해서 조금 더 구체적으로 질문할 수 있어요.

What 무엇이, 무엇을	Who 누가, 누구를	When 언제
Where 어디서	How 어떻게, 얼마나	Why 왜
Which 어떤	Whose 누구의 (것)	

02 의문사는 의문문 맨 앞에 나와요. 그 뒤에 우리가 앞에서 배운 be동사/일반동사/조동사 의문문 어순을
꼭 지켜주세요!

무엇을 + 넌 좋아해? **What** + do you like?
무엇을 + 그는 좋아해? **What** + does he like?

누구 + 너는? **Who** + are you?
누구 + Erin이? **Who** + is Erin?

어떻게 + 제가 도와드리면 될까요? **How** + can I help you?
어떻게 + 저희가 도와드리면 될까요? **How** + can we help you?

03 시제를 바꿀 때도 기존의 의문문 패턴은 그대로 지켜주면서 맨 앞에 의문사만 붙이면 돼요.

넌 뭘 좋아했었어? **What** + did you like?
Erin이 누구였지? **Who** + was Erin?

너 뭐라고 할 거야? **What** + will you say?
어디로 여행 갈 거야? **Where** + are you going to travel?

문법 포인트를 기억하며 우리말 보고 영어로 말하기

01 문장 연습을 하기 위해 필요한 단어들을 먼저 확인하세요.

want	원하다	**need**	필요로 하다	**it**	그것
do	하다	**say**	말하다	**react**	반응하다
love	대단히 좋아하다	**trust**	믿다	**think of**	~에 대해 생각하다
movie	영화	**meet**	만나다	**on the weekend**	주말에

02 천천히 읽기 4번, 원어민의 속도에 맞춰 빠르게 읽는 연습을 4번 해보세요.

		천천히	빠르게
너 원하는 게 뭐야?	**What** do you want?	⬜⬜	⬜⬜
너 필요한 게 뭐야?	**What** do you need?	⬜⬜	⬜⬜
그게 어딨지?	**Where** is it?	⬜⬜	⬜⬜
내가 뭘 해야 하지?	**What** should I do?	⬜⬜	⬜⬜
내가 뭐라고 말해야 하지?	**What** should I say?	⬜⬜	⬜⬜
내가 어떻게 반응해야 하지?	**How** should I react?	⬜⬜	⬜⬜
넌 내가 왜 좋아?	**Why** do you love me?	⬜⬜	⬜⬜
넌 나를 왜 믿어?	**Why** do you trust me?	⬜⬜	⬜⬜
넌 그 영화 어떻게 생각해?	**What** do you think of the movie?	⬜⬜	⬜⬜
너 주말에 누구 만났어?	**Who** did you meet on the weekend?	⬜⬜	⬜⬜

실전 대화 연습! 대화를 듣고 빈칸 채우기

에피소드 01 피자 배달이 잘못 온 상황

Erin　① [　　　　　　]?

Jason　Pizza ② [　　　　　]!

Erin　I ③ [　　　　　　] it. You've got the ④ [　　　　　] address.

Jason　Isn't this 435 Lynwood Avenue?

5회 연습 체크 : 1 2 3 4 5　총연습 횟수 : (　)회

에피소드 02 불면증인 친구에게 조언을 해주는 상황

Erin　I have insomnia. ① [　　　　　　] do?

Jason　Try taking ② [　　　　　　] before going to bed. It ③ [　　　　　] for me.

Erin　I did, but it didn't work.

Jason　Then, use this application. It plays the sound of nature that ④ [　　　　　　]
　your mind.

5회 연습 체크 : 1 2 3 4 5　총연습 횟수 : (　)회

에피소드 03 주말에 한 일에 대해 이야기하는 상황

Jason　① [　　　　　　] do on the weekend?

Erin　You know me. I went ② [　　　　　].

Jason　Again? Aren't you ③ [　　　　　]?

Erin　Not at all. It never ④ [　　　　　]!

5회 연습 체크 : 1 2 3 4 5　총연습 횟수 : (　)회

잘 들었는지 체크! 우리말 대화를 보고 영어로 말해보기

에피소드 01

정답 ① Who is it ② delivery ③ didn't order ④ wrong

Erin	누구세요?
Jason	피자 *배달이요!
Erin	주문 안 했는데요. 잘못 오셨어요.
Jason	여기가 Lynwood Avenue 435번지 아닌가요?

* delivery 배달

에피소드 02

정답 ① What should I ② a hot bath ③ works ④ soothes

Erin	나 *불면증이야. 어떻게 해야 되지?
Jason	자러 가기 전에 뜨거운 물로 *목욕해 봐. 나한테는 효과 있더라.
Erin	해봤는데, 소용이 없었어.
Jason	그럼 이 앱을 써 봐. 자연의 소리를 들려주는데 그게 마음을 *진정시켜 줘.

* insomnia 불면증
* take a bath 목욕을 하다
* soothe 진정시키다

에피소드 03

정답 ① What did you ② fishing ③ sick of it ④ gets old

Jason	주말에 뭐 했어?
Erin	알잖아. 낚시 갔었지.
Jason	또? 안 *질려?
Erin	전혀. *항상 새롭다고!

* be sick of 질리다 (= be tired of / be sick and tired of / be fed up with)
* It never gets old. 절대 안 질려. 항상 새로워! (오래 반복해온 습관뿐만 아니라 매일 봐도 새로운 사람, 풍경 등에도 쓸 수 있답니다.)

앞서 연습한 문장을 직접 써보면서 확실하게 내 것으로 만들기

01 그게 어딨지?

02 너 필요한 게 뭐야?

03 내가 어떻게 반응해야 하지?

04 넌 나를 왜 믿어?

05 내가 뭘 해야 하지?

06 너 주말에 누구 만났어?

07 너 원하는 게 뭐야?

08 넌 내가 왜 좋아?

09 내가 뭐라고 말해야 하지?

10 넌 그 영화 어떻게 생각해?

정답 은 앞 페이지에서 확인하세요!

새로운 문장을 직접 써보면서 학습 마무리

A 주어진 단어를 활용하여 문장을 완성해 보세요.

01 너 점심으로 뭐 먹었어? [   ] for lunch? (eat)

02 Erin은 언제 태어났어? [   ] born? (be)

03 너 이걸 어떻게 해결했어? [   ] this? (solve)

04 내가 널 위해 뭘 해줄 수 있을까? [   ] for you? (do)

05 넌 왜 바빠? [   ] busy? (be)

B 박스 안에 주어진 단어들 중 하나를 골라 문장을 만들어보세요.

do   live   ask   meet   hate

01 넌 내가 왜 싫어?

[   ]

02 Erin은 무슨 일을 해요?

[   ]

03 그는 어디 살아요?

[   ]

04 제가 누구에게 물어야 할까요?

[   ]

05 너 어제 누구 만났어?

[   ]

정답 378p

영어 습관

52일차

'누가/무엇이' 그랬는지 묻기

문법 〉 말하기 〉 듣기 〉 쓰기

🎧 저자 무료 음성 강의

말하기를 위한 기본기 기르기

❗ 문법 POINT 주어를 묻는 질문은 의문사 who와 what 사용

01 누가/무엇이 그랬는지 주어에 관해 물어볼 때는 Who나 What 뒤에 바로 시제에 맞는 동사나 조동사를 붙여주면 돼요!

Who + 동사 ~?	누가 ~해?
What + 동사 ~?	무엇이 ~해?

누가 날 불렀지? **Who** called me?

누가 그걸 할 수 있을까? **Who** can do it?

무슨 일이 있었던 거야? **What** happened?

02 Who와 What은 3인칭 단수로 취급해요!

누가 날 부르지? **Who calls** me?

누가 나 부르고 있는 거야? **Who is** calling me?

무슨 일이 벌어지고 있는 거야? **What is** happening?

문법 포인트를 기억하며 우리말 보고 영어로 말하기

01 문장 연습을 하기 위해 필요한 단어들을 먼저 확인하세요.

do	하다	**make**	만들다, ~하게 만들다	**know**	알다
wrong	문제가 있는, 잘못된	**so**	그렇게	**funny**	우스운, 웃긴
call	전화하다	**pun**	말장난을 하다	**bring**	데려오다
here	여기에	**happy**	행복한, 기쁜	**angry**	화난

02 천천히 읽기 4번, 원어민의 속도에 맞춰 빠르게 읽는 연습을 4번 해보세요.

우리말	영어	천천히	빠르게
그거 누가 그랬어?	**Who** did it?	☐☐	☐☐
그거 누가 만들었어?	**Who** made it?	☐☐	☐☐
누가 알겠어?	**Who** knows?	☐☐	☐☐
뭐가 문제야?	**What**'s wrong?	☐☐	☐☐
뭐가 그렇게 웃겨?	**What**'s so funny?	☐☐	☐☐
누구 전화지?	**Who**'s calling?	☐☐	☐☐
누가 말장난하는 거야?	**Who**'s punning?	☐☐	☐☐
무슨 일로 오셨어요?	**What** brings you here?	☐☐	☐☐
뭐가 널 기쁘게 하니?	**What** makes you happy?	☐☐	☐☐
뭐가 널 화나게 했어?	**What** made you angry?	☐☐	☐☐

실전 대화 연습! 대화를 듣고 빈칸 채우기

에피소드 01 핸드폰에 무언가 엎질러진 상황

Jason Oh no! My phone is wet! ① _____ ?

Erin Don't ② _____ me! I didn't ③ _____ the coffee!

Jason I didn't say coffee ④ _____ my phone.

Erin I just guessed.

5회 연습 체크: ① ② ③ ④ ⑤   총연습 횟수: (　)회

에피소드 02 누군가 몰래 상자를 열어보려는 상황

Jason What's in this box?

Erin Who ① _____ ? Janet ② _____ not to open it.

Jason How could she know ③ _____ just open it up slightly?

Erin ④ _____ , I wouldn't do that.

5회 연습 체크: ① ② ③ ④ ⑤   총연습 횟수: (　)회

에피소드 03 Brown 박사의 사무실에 방문한 상황

Erin Hello. ① _____ you here?

Jason Hi. ② _____ to meet Dr. Brown.

Erin Do you ③ _____ appointment?

Jason Yes. Jason at ④ _____ .

5회 연습 체크: ① ② ③ ④ ⑤   총연습 횟수: (　)회

잘 들었는지 체크! 우리말 대화를 보고 영어로 말해보기

에피소드 01

정답　① Who did it ② look at ③ spill ④ was spilled on

Jason	안돼! 내 핸드폰이 *젖어 있잖아! 누가 그랬어?
Erin	나 보지마! 나 커피 안 *엎질렀어!
Jason	나 핸드폰에 커피 엎질러졌다고는 안 했는데?
Erin	그냥 추측한거지.

* **wet** 젖은
* **spill** 엎지르다

에피소드 02

정답　① knows ② told us ③ if I ④ If I were you

Jason	이 상자 안에 뭐가 들었지?
Erin	누가 알겠어? *Janet이 열지 말라는데.
Jason	살짝 열어보면 어떻게 알겠어?
Erin	*내가 너라면 안 그러겠어.

* **tell 누구 (not) to 동사** 누구에게 ~하라고(~하지 말라고) 말하다
* **If I were you** 내가 만약 너라면

에피소드 03

정답　① What brings ② I'm here ③ have an ④ half past two

Erin	안녕하세요. 무슨 일로 오셨죠?
Jason	안녕하세요. Brown 박사님을 만나러 왔는데요.
Erin	*약속 잡고 오신 건가요?
Jason	네. *두시 반 Jason이요.

* **appointment** 공적인 약속, 진료 예약
* **half past 시각** ~시 반

앞서 연습한 문장을 직접 써보면서 확실하게 내 것으로 만들기

01 누가 알겠어?

02 누가 말장난하는 거야?

03 뭐가 그렇게 웃겨?

04 누구 전화지?

05 뭐가 널 화나게 했어?

06 무슨 일로 오셨어요?

07 그거 누가 그랬어?

08 뭐가 문제야?

09 뭐가 널 기쁘게 하니?

10 그거 누가 만들었어?

정답 은 앞 페이지에서 확인하세요!

새로운 문장을 직접 써보면서 학습 마무리

A 주어진 단어를 활용하여 문장을 완성해 보세요.

01 뭐가 문제야? [   ] the matter? (be)

02 다음은 뭐야? [   ] next? (be)

03 결과가 어떻게 될까? [   ] the result? (be)

04 누가 내 발 밟았어? [   ] on my foot? (step)

05 누가 널 초대했어? [   ] you? (invite)

B 박스 안에 주어진 단어들 중 하나를 골라 문장을 만들어보세요.

fart   go on   break   come   be

01 무슨 일이야?

[   ]

02 이 상자 안에 뭐가 들었지?

[   ]

03 누가 방귀 뀌었어?

[   ]

04 오늘 밤 누가 와요?

[   ]

05 누가 그 창문을 깼어?

[   ]

정답 378p

무엇(what)과 어떤(which)구분하기

영어 습관 53 일차

🎧 저자 무료 음성 강의

말하기를 위한 기본기 기르기

❗ 문법 POINT 선택의 폭이 넓을 때는 '무엇'의 what,
제한적일 때는 '어떤'의 which 사용

01 '무엇'을 뜻하는 what 바로 뒤에 명사를 붙여서 좀 더 디테일하게 물어볼 수 있어요.

✎ 의문사 + 의문문 어순

너 뭐 좋아해? **What** do you like?

✎ what + 명사 + 의문문 어순

넌 무슨 색 좋아해? **What color** do you like?

넌 무슨 사이즈 입어? **What size** do you wear?

02 What보다 조금 제한적인 선택지를 가지고 있다면 〈Which + 명사〉를 써주면 좋아요.

어떤 색깔을 원해? **Which color** do you want?

어떤 책을 살 거야? **Which book** will you buy?

어느 것이 네 거야? **Which one** is yours?

🎧 원어민 mp3 듣기 [천천히/빠르게]

문법 포인트를 기억하며 우리말 보고 영어로 말하기

01 문장 연습을 하기 위해 필요한 단어들을 먼저 확인하세요.

time	시간	day	요일	size	사이즈
shape	모양	game	경기	watch	보다
kind(s) of	~ 종류의	dressing	드레싱	sort(s) of	~ 종류의
dessert	디저트	brand	상표, 브랜드	prefer	선호하다

02 천천히 읽기 4번, 원어민의 속도에 맞춰 빠르게 읽는 연습을 4번 해보세요.

우리말	영어	천천히	빠르게
몇 시야?	What time is it?	☐☐	☐☐
무슨 요일이야?	What day is it?	☐☐	☐☐
그거 사이즈가 뭐야?	What size is it?	☐☐	☐☐
그거 무슨 모양이야?	What shape is it?	☐☐	☐☐
어떤 경기 봤어?	Which game did you watch?	☐☐	☐☐
드레싱은 어떤 종류가 있어요?	What kind of dressing do you have?	☐☐	☐☐
디저트는 어떤 종류가 있어요?	What sort of dessert do you have?	☐☐	☐☐
무슨 브랜드를 선호하세요?	What brand do you prefer?	☐☐	☐☐
어느 핸드폰이 네 거야?	Which phone is yours?	☐☐	☐☐
어느 가방이 네 거야?	Which bag is yours?	☐☐	☐☐

실전 대화 연습! 대화를 듣고 빈칸 채우기

에피소드 01 외출 전 시간을 체크하는 상황

Erin 〔 ① 〕 is it now?

Jason It's one 〔 ② 〕.

Erin One 〔 ③ 〕?

Jason No. It's 〔 ④ 〕! You'd better hurry up!

5회 연습 체크 : ① ② ③ ④ ⑤ 총연습 횟수 : ( )회

에피소드 02 식당에서 주문하는 상황

Jason What 〔 ① 〕 have for 〔 ② 〕?

Erin I'll have a salad. 〔 ③ 〕 dressing do you have?

Jason We 〔 ④ 〕 Balsamic vinegar, Caesar, Yogurt and Oriental Dressing.

Erin I'll have Balsamic vinegar with some olive oil, please.

5회 연습 체크 : ① ② ③ ④ ⑤ 총연습 횟수 : ( )회

에피소드 03 핸드폰을 건네주는 상황

Erin Will you 〔 ① 〕 my cell phone?

Jason There are two. 〔 ② 〕 is 〔 ③ 〕?

Erin The black one.

Jason They are 〔 ④ 〕 black. Is it Samsung or Apple?

5회 연습 체크 : ① ② ③ ④ ⑤ 총연습 횟수 : ( )회

잘 들었는지 체크! 우리말 대화를 보고 영어로 말해보기

에피소드 01

정답 ① What time ② fifty ③ fifteen ④ ten minutes to two

Erin	지금 몇 시야?
Jason	1시 50분이야.
Erin	1시 15분이라고?
Jason	아니. *2시 10분 전이라고! *서둘러!

* **분 to 시각** ~시 -분 전
* **had better 동사** ~하는 게 나을걸 (경고)

에피소드 02

정답 ① would you like to ② your appetizer ③ What kind of ④ have

Jason	애피타이저로 무엇을 *드시겠어요?
Erin	샐러드로 할게요. 드레싱은 어떤 종류가 있죠?
Jason	발사믹 식초, 시저, 요거트 그리고 오리엔탈 드레싱이 있어요.
Erin	발사믹 식초랑 올리브 오일로 주세요.

* **would like to 동사** ~하기를 원하다(= want to 동사)

에피소드 03

정답 ① pass me ② Which one ③ yours ④ both

Erin	내 *핸드폰 좀 줄래?
Jason	두 개 있는데. 어느 것이 네 거야?
Erin	검은색.
Jason	*둘 다 검은색이야. 삼성이야 애플이야?

* **cell phone** 핸드폰 (hand phone은 콩글리시예요.)
* **both** 둘 다

앞서 연습한 문장을 직접 써보면서 확실하게 내 것으로 만들기

01 드레싱은 어떤 종류가 있어요?

02 몇 시야?

03 무슨 브랜드를 선호하세요?

04 어느 가방이 네 거야?

05 그거 사이즈가 뭐야?

06 어느 핸드폰이 네 거야?

07 디저트는 어떤 종류가 있어요?

08 무슨 요일이야?

09 그거 무슨 모양이야?

10 어떤 경기 봤어?

정답 은 앞 페이지에서 확인하세요!

새로운 문장을 직접 써보면서 학습 마무리

A 다음 문장에서 어순이 틀린 부분을 찾아 바르게 고치세요.

01 넌 무슨 과일을 가장 좋아해? What do you like fruit the best?

02 제가 어느 쪽으로 가야 하죠? Which should I go way?

03 어느 서점으로 갈 거야? Which bookstore you will go to?

04 어떤 종류의 토핑을 제가 선택할 수 있나요? What can I choose kind of toppings?

05 어느 쪽이 동쪽이에요? which is east way?

B 박스 안에 주어진 단어들 중 하나를 골라 문장을 만들어보세요.

music   channel   time   team   one

01 몇 시에 일어났어?

02 넌 무슨 종류의 음악을 좋아해?

03 어느 팀이 이겼어?

04 어느 쪽이 더 무거워(heavier)?

05 어떤 채널을 선호하세요?

정답 378p

문법 말하기 듣기 쓰기

🎧 저자 무료 음성 강의

말하기를 위한 기본기 기르기

! 문법 POINT 얼마나/얼마큼 어떠한지 물어볼 때는 'how + 형용사/부사'

01 '얼마나, 어떻게'를 뜻하는 How 바로 뒤에 형용사나 부사를 붙여서 '얼마나, 얼마큼 어떠한지'에 대해 디테일하게 물어볼 수 있어요.

넌 날 얼마나 많이 사랑해? **How much** do you love me?

넌 얼마나 빨리 달릴 수 있니? **How fast** can you run?

이건 길이가 어떻게 돼요? **How long** is this?

02 〈How + 형용사/부사〉 뿐 아니라 〈How + 형용사 + 명사〉도 가능해요!

넌 커피를 얼마나 많이 마셔? **How much coffee** do you drink?

자녀가 몇 명이에요? **How many kids** do you have?

일행이 몇 분이에요? **How many people** are there in your party?

🎧 원어민 mp3 듣기 [천천히/빠르게]

문법 포인트를 기억하며 우리말 보고 영어로 말하기

01 문장 연습을 하기 위해 필요한 단어들을 먼저 확인하세요.

deep	깊은	**how much +** 셀 수 없는 명사	얼마나 많이	**a day**	하루에
add to	~에 첨가하다	**how many +** 복수명사	얼마나 많이	**take**	(얼마의 시간이) 걸리다
get	도착하다	**hour**	시간	**how much**	얼마(금액을 물어볼 때)
cost	비용이 들다	**repair**	수리하다	**by 운송 수단**	~을 타고

02 천천히 읽기 4번, 원어민의 속도에 맞춰 빠르게 읽는 연습을 4번 해보세요.

이거 **얼마**예요?	**How much** is this?	천천히 ☐☐ 빠르게 ☐☐
이거 **얼마나 깊어**요?	**How deep** is this?	천천히 ☐☐ 빠르게 ☐☐
너 **돈 얼마나** 있어?	**How much money** do you have?	천천히 ☐☐ 빠르게 ☐☐
너 하루에 **물 얼마나 많이** 마셔?	**How much water** do you drink a day?	천천히 ☐☐ 빠르게 ☐☐
너 커피에 **설탕을 얼마나 많이** 넣어?	**How much sugar** do you add to your coffee?	천천히 ☐☐ 빠르게 ☐☐
가족이 **몇 분**이에요?	**How many people** are (there) in your family?	천천히 ☐☐ 빠르게 ☐☐
거기 가는 데 **얼마나** 걸려요?	**How long** does it take to get there?	천천히 ☐☐ 빠르게 ☐☐
거기 가는 데 **몇 시간** 걸려요?	**How many hours** does it take to get there?	천천히 ☐☐ 빠르게 ☐☐
제 차를 수리하는 데 돈이 **얼마나** 들어요?	**How much** does it cost to repair my car?	천천히 ☐☐ 빠르게 ☐☐
택시로 거기 가는 데 돈이 **얼마나** 들어요?	**How much** does it cost to get there by taxi?	천천히 ☐☐ 빠르게 ☐☐

실전 대화 연습! 대화를 듣고 빈칸 채우기

에피소드 01 중고로 물건을 구매하는 상황

Erin ⟨ ① ⟩ is this? It ⟨ ② ⟩ .

Jason It's only two hundred ⟨ ③ ⟩ .

Erin That's too expensive for ⟨ ④ ⟩ jacket.

Jason This is a ⟨ ⑤ ⟩ . The new ones are being sold for three hundred.

5회 연습 체크 : **1 2 3 4 5** 총연습 횟수 : ( )회

에피소드 02 사는 곳에 대해 이야기하는 상황

Erin Where do you ⟨ ① ⟩ ?

Jason I live near the National Assembly Station.

Erin ⟨ ② ⟩ does it ⟨ ③ ⟩ get there?

Jason It ⟨ ④ ⟩ one and ⟨ ⑤ ⟩ by bus.

5회 연습 체크 : **1 2 3 4 5** 총연습 횟수 : ( )회

에피소드 03 머리 자르러 갔다가 바가지를 쓴 상황

Erin How much ⟨ ① ⟩ to get a haircut?

Jason It ⟨ ② ⟩ me twenty thousand won. Why?

Erin I went to the hairshop yesterday and they ⟨ ③ ⟩ me two hundred thousand won.

Jason What a ⟨ ④ ⟩ !

5회 연습 체크 : **1 2 3 4 5** 총연습 횟수 : ( )회

잘 들었는지 체크! 우리말 대화를 보고 영어로 말해보기

에피소드 01

정답   ① How much ② looks new ③ bucks ④ a used ⑤ steal

Erin   이거 얼마야? 새것 같네.

Jason   200*달러 밖에 안 해.

Erin   중고 재킷치고는 너무 비싼데.

Jason   *이 정도면 거저야. 새 제품은 지금 300달러에 팔리고 있어.

> * bucks = dollars 화폐 단위 달러($) (이외에도 1달러짜리 지폐를 frogskin, green이라고 하거나 1,000 달러를 big one이라고 하는 등 재미있는 표현들이 많아요~)
>
> * This is a steal. 이건 거저야. ('훔치다'의 steal은 공짜로 가져가는 거와 같은 값싼 거래에서도 쓰일 수 있어요.)

에피소드 02

정답   ① live ② How long ③ take to ④ takes about ⑤ a half hours

Erin   너 어디 살아?

Jason   나 국회의사당 역 근처에 살아.

Erin   거기 가는 데 얼마나 걸려?

Jason   버스로 *한 시간 반 걸려.

> * 시간 and a half hours 몇 시간 하고도 반

에피소드 03

정답   ① does it cost ② costs ③ charged ④ rip-off

Erin   머리 자르는 데 얼마나 들어?

Jason   나 2만원. 왜?

Erin   어제 미용실 갔는데 20만 원을 달라잖아.

Jason   *완전 바가지네!

> * rip off 뜯어내다, 속이다 (원래는 '떼어내다'의 뜻인데 누군가에게서 강제로 또는 몰래 속이고 돈을 '뜯어 내는' 느낌으로 '바가지를 씌우다'라는 뜻으로도 활용해요~)
>
> * What a 명사! 이런 ~이 다 있나! (감탄사를 만드는 방법이에요. What a surprise! 깜짝이야!)

앞서 연습한 문장을 직접 써보면서 확실하게 내 것으로 만들기

01 너 하루에 물 얼마나 많이 마셔?

02 가족이 몇 분이에요?

03 제 차를 수리하는 데 돈이 얼마나 들어요?

04 이거 얼마예요?

05 택시로 거기 가는 데 돈이 얼마나 들어요?

06 이거 얼마나 깊어요?

07 거기 가는 데 얼마나 걸려요?

08 너 돈 얼마나 있어?

09 너 커피에 설탕을 얼마나 많이 넣어?

10 거기 가는 데 몇 시간 걸려요?

정답 은 앞 페이지에서 확인하세요!

새로운 문장을 직접 써보면서 학습 마무리

A 주어진 단어들을 영어 어순에 맞게 배열하여 문장을 완성해 보세요.

01 이 강은 깊이가 어떻게 돼요? (this river / deep / how / is)

02 이 도로는 너비가 어떻게 돼요? (this road / wide / how / is)

03 외출 준비하는 데 시간이 얼마나 걸려? (to go out / to get ready / it / long / how / does / take)

04 Erin 수업 듣는 데 돈이 얼마나 들어? (to take Erin's class / it / much / how / does / cost)

05 그 도서관에 책이 몇 권이 있나요? (how / in the library / many / there / are / books)

B 박스 안에 주어진 단어들 중 하나를 골라 문장을 만들어보세요.

| take   have   go   owe   take |

01 형제자매(siblings)가 어떻게 되세요?

02 샤워하는 데 시간이 얼마나 걸려?

03 한 달에 몇 번(times)이나 피트니스센터(fitness center)에 가?

04 내가 너한테 얼마 빚졌지?

05 너 이번 학기(semester)에 수업 몇 개 들어?

정답 378p

영어 습관

55일차 누구 것인지 묻기

문법 〉 말하기 〉 듣기 〉 쓰기

🎧 저자 무료 음성 강의

말하기를 위한 기본기 기르기

❗ 문법 POINT 소유를 물어볼 때는 의문사 whose 사용

01 누구의 것인지를 묻고 싶을 때 whose는 '누구의', '누구의 것' 둘 다 의미하기 때문에 뒤에 명사와 함께 사용해도 되고 그냥 whose만 써도 돼요.

이거 누구 가방이야? **Whose bag** is this?

이거 누구 거야? **Whose** is this?

그거 누구 노래였더라? **Whose song** was it?

02 whose 뒤에 오는 명사가 단수이냐 복수이냐에 따라 동사와 수를 일치시켜 줘야 해요!

이거 누구 가방이야? Whose **bag is** this?

이것들 누구의 가방들이야? Whose **bags are** these?

누구네 고양이가 매일 밤 우는 거야? Whose **cat meows** every night?

누구네 고양이들이 매일 밤 우는 거야? Whose **cats meow** every night?

문법 포인트를 기억하며 우리말 보고 영어로 말하기

01 문장 연습을 하기 위해 필요한 단어들을 먼저 확인하세요.

money	돈	**glasses**	안경(복수 취급)	**these**	이것들
earrings	귀걸이 (복수 취급)	**turn**	차례	**cook**	요리하다
present	발표하다	**side**	쪽, 편	**be on 누구's side**	~의 편이다
department	부서	**be in 누구's department**	~의 부서이다	**bark**	짖다

02 천천히 읽기 4번, 원어민의 속도에 맞춰 빠르게 읽는 연습을 4번 해보세요.

		천천히	빠르게
그거 누구 거야?	**Whose** is it?	☐☐	☐☐
그거 누구 돈이야?	**Whose money** is it?	☐☐	☐☐
이거 누구 안경이야?	**Whose glasses** are these?	☐☐	☐☐
이거 누구 귀걸이야?	**Whose earrings** are these?	☐☐	☐☐
누구 차례지?	**Whose turn** is it?	☐☐	☐☐
누가 요리할 차례지?	**Whose turn** is it to cook?	☐☐	☐☐
누가 발표할 차례지?	**Whose turn** is it to present?	☐☐	☐☐
너 누구 편이야?	**Whose side** are you on?	☐☐	☐☐
너 누구 부서 소속이야?	**Whose department** are you in?	☐☐	☐☐
누구네 강아지들이 짖는 거야?	**Whose dogs** are barking?	☐☐	☐☐

실전 대화 연습! 대화를 듣고 빈칸 채우기

에피소드 01 〉 어릴 적 사진을 같이 보고 있는 상황

Jason　Look at you! So cute! When did you ⓵ [　　　　　　　]?

Erin　When ⓶ [　　　　　] years old.

　　　　I ⓷ [　　　　　　] a national piano contest.

Jason　But the dress looks too big on you. ⓸ [　　　　　　]?

Erin　It's my sister's. I insisted on wearing her clothes.

5회 연습 체크 : **1** **2** **3** **4** **5**　　총연습 횟수 : (　)회

에피소드 02 〉 신발 사이즈에 대해 이야기하는 상황

Erin　⓵ [　　　　　　] are these?

Jason　They're ⓶ [　　　　　].

Erin　They're really big. What size ⓷ [　　　　　]?

Jason　I ⓸ [　　　　　] 300.

5회 연습 체크 : **1** **2** **3** **4** **5**　　총연습 횟수 : (　)회

에피소드 03 〉 게임을 하고 있는 상황

Erin　⓵ [　　　　　　　]?

Jason　It's ⓶ [　　　　　]. Let me guess. Is it the King of Spades?

Erin　You ⓷ [　　　　　]! I want a rematch!

Jason　Yaay! I win! Okay, I'm ⓸ [　　　　　　].

5회 연습 체크 : **1** **2** **3** **4** **5**　　총연습 횟수 : (　)회

잘 들었는지 체크! 우리말 대화를 보고 영어로 말해보기

에피소드 01

정답 ① take this picture ② I was eight ③ participated in ④ Whose is it

Jason   너 좀 봐! 엄청 귀여워! 언제 찍은 거야?

Erin   나 여덟 살 때. 전국 피아노 대회에 *나갔었거든.

Jason   근데 드레스가 엄청 커 보이는데? 누구 거야?

Erin   언니 거야. 내가 언니 옷 입는다고 *고집부렸어.

* participate in ~에 참가하다
* insist on 동사ing ~하겠다고 고집을 부리다

에피소드 02

정답 ① Whose shoes ② mine ③ do you wear ④ wear

Erin   이 신발 누구 거야?

Jason   내 거야.

Erin   엄청 크다. 사이즈 몇 *신어?

Jason   나 300 *신어.

* wear 입다, 신다, 쓰다, 착용하다

에피소드 03

정답 ① Whose turn is it ② my turn ③ cheated ④ up for it

Erin   누구 차례지?

Jason   내 차례야. 맞춰볼게. 스페이드 킹?

Erin   너 *꼼수 썼지! 다시 해!

Jason   예에! 이겼다! 좋아, *다시 해.

* cheat 사기를 치다, 속이다
* I'm up for it. 좋아. 해보자. (상대방의 제안에 응할 때도 쓰고 '한번 해보자'는 느낌으로도 쓸 수 있어요~
  I'm down for it. 도 같은 의미예요.)

앞서 연습한 문장을 직접 써보면서 확실하게 내 것으로 만들기

01 이거 누구 귀걸이야?

02 누가 요리할 차례지?

03 그거 누구 거야?

04 너 누구 편이야?

05 그거 누구 돈이야?

06 누구네 강아지들이 짖는 거야?

07 이거 누구 안경이야?

08 너 누구 부서 소속이야?

09 누구 차례지?

10 누가 발표할 차례지?

정답 은 앞 페이지에서 확인하세요!

새로운 문장을 직접 써보면서 학습 마무리

A 주어진 단어들을 영어 어순에 맞게 배열하여 문장을 완성해 보세요.

01 저건 누구 거예요? (that / whose / is)

02 저건 누구 차예요? (that / whose / car / is)

03 이거 누구 장갑이에요? (these / whose / gloves / are)

04 누가 계산할 차례지? (it / whose / to pay / turn / is)

05 그는 누구 팀이야? (whose / in / he / team / is)

B 박스 안에 주어진 단어들 중 하나를 골라 문장을 만들어보세요.

whine   earphones   book   go   clean

01 누구 차례지?

02 이거 누구 이어폰이야?

03 이거 누구 책이야?

04 누구네 아기가 떼를 쓰는 거야?

05 누가 청소할 차례지?

정답 378p

영어 습관

56 일차

한 일 말고 당한 일 말하기

문법 말하기 듣기 쓰기

🎧 저자 무료 음성 강의

말하기를 위한 기본기 기르기

❗ 문법 POINT **직접 행동하는 것이 아닌 당하는 느낌을 나타낼 때, 능동태가 아닌 수동태 사용**

01 직접 행동하는 것이 아닌 당하는 느낌을 나타내는 수동태는 〈be동사 + p.p〉 형태로 써요.

02 과거분사(p.p.)는 동사의 3단 변화에서 맨 마지막에 있는 단어로, 동사가 아니라 수동/완료 느낌의 형용사처럼 써요.

> 사랑하다–사랑했다–**사랑을 받는** love–loved–**loved**
> 팔다–팔았다–**팔린** sell–sold–**sold**

03 그래서 수동태 문장을 만들기 위해서는 p.p. 앞에 '~이다'의 be동사가 꼭 필요해요! 이때 am/is/are을 쓰면 현재형, was/were을 쓰면 과거형, will be를 쓰면 미래형 수동태가 돼요.

> Erin은 사랑을 받아. Erin **is loved**.
> Erin은 사랑을 받았어. Erin **was loved**.
> Erin은 사랑을 받을 거야. Erin **will be loved**.

04 능동태 문장의 목적어가 수동태 문장에서는 주어 자리를 차지해요!

> [능동] My dad sold **the old fishing rod**. 우리 아빠가 낡은 낚싯대를 파셨어.
> [수동] **The old fishing rod** was sold by my dad. 그 낡은 낚싯대는 우리 아빠에 의해 팔렸어.

> * 이때 '누구/무엇에 의해' 그렇게 되었는지를 나타내고 싶다면 수동태 문장 뒤에 'by + 능동태 문장의 주어'로 나타내요.

문법 포인트를 기억하며 우리말 보고 영어로 말하기

01 문장 연습을 하기 위해 필요한 단어들을 먼저 확인하세요.

release	출시하다	**sold out**	다 팔린	**write**	쓰다
create	창조하다	**invent**	발명하다	**check**	점검하다
robber	강도	**arrest**	체포하다	**soon**	곧
million	백만	**novel**	소설	**read**	읽다

02 천천히 읽기 4번, 원어민의 속도에 맞춰 빠르게 읽는 연습을 4번 해보세요.

우리말	영어	천천히	빠르게
새 모델 나왔대!	The new model **was released**!	☐☐	☐☐
새 모델이 **다 팔렸대**!	The new model **was sold out**!	☐☐	☐☐
그 책 Erin이 **쓴 거예요.**	The book **was written** by Erin.	☐☐	☐☐
한글은 세종대왕님이 **창제하신 거예요.**	Hangul **was created** by King Sejong.	☐☐	☐☐
전구는 에디슨에 의해 **발명된 거예요.**	The light bulb **was invented** by Edison.	☐☐	☐☐
지금 엘리베이터 **점검 중이야.**	The elevator **is being checked** now.	☐☐	☐☐
그 강도들은 곧 경찰에게 **체포될 거야.**	The robbers **will be arrested** by police soon.	☐☐	☐☐
그 영화 누적 관객 수가 백만 명을 **돌파했어.**	The movie **has been watched** by a million people.	☐☐	☐☐
그 가방 (이제까지) 백만 개 **팔렸어.**	The bag **has been bought** by a million people.	☐☐	☐☐
그 소설 (이제까지) 백만 명이 **읽었어.**	The novel **has been read** by a million people.	☐☐	☐☐

실전 대화 연습! 대화를 듣고 빈칸 채우기

에피소드 01 ▶ 핸드폰 교체를 고민하는 상황

Erin What happened to your phone? Its screen ① _____.

Jason Yeah... I ② _____ it. I heard the repairs are over five hundred thousand won.

Erin What? You ③ _____ a new one.

Jason I think so too. A new model ④ _____.

5회 연습 체크 : 1 2 3 4 5   총연습 횟수 : ( )회

에피소드 02 ▶ 친구가 숨을 헐떡이는 상황

Erin Why are you ① _____?

Jason Cause I ② _____ the stairs.

Erin To the 18th ③ _____? Why?

Jason The elevator ④ _____ now.

5회 연습 체크 : 1 2 3 4 5   총연습 횟수 : ( )회

에피소드 03 ▶ 옆 집에 강도가 든 상황

Erin Why is there ① _____ in front of the next door?

Jason They ② _____ last night.

Erin What? Was the criminal ③ _____?

Jason Not yet, but the robbers ④ _____ by police soon.
They found enough evidence.

5회 연습 체크 : 1 2 3 4 5   총연습 횟수 : ( )회

잘 들었는지 체크! 우리말 대화를 보고 영어로 말해보기

에피소드 01

정답 ① is broken ② dropped ③ should buy ④ was released

Erin 핸드폰 왜 그래? 액정이 *부서졌네.
Jason 응... 떨어뜨렸거든. *수리비가 총 50만 원 넘을 거래.
Erin 뭐? 새 거 사는 게 낫겠다.
Jason 나도 그렇게 생각해. 새 모델 나왔대.

* **broken** 깨진, 부서진
* **repairs** 수리비

에피소드 02

정답 ① panting ② took ③ floor ④ is being fixed

Erin 숨을 왜 이렇게 *헐떡여?
Jason *계단으로 왔거든.
Erin 18층까지? 왜?
Jason 엘리베이터 지금 수리 중이야.

* **pant** 숨을 헐떡이다 (= be out of breath)
* **cause** 왜냐하면 (= because)

에피소드 03

정답 ① such a crowd ② were robbed ③ caught ④ will be arrested

Erin 옆 집 앞에 *사람들이 왜 저렇게 모여 있어?
Jason 어젯밤에 강도 들었대.
Erin 뭐? 범인은 잡혔대?
Jason 아직, 근데 그 강도들 곧 경찰한테 체포될 거야. 충분한 증거를 찾았대.

* **crowd** 군중

앞서 연습한 문장을 직접 써보면서 확실하게 내 것으로 만들기

01 그 책 Erin이 쓴 거예요.

02 그 강도들은 곧 경찰에게 체포될 거야.

03 새 모델 나왔대!

04 그 영화 누적 관객 수가 백만 명을 돌파했어.

05 새 모델이 다 팔렸대!

06 한글은 세종대왕님이 창제하신 거예요.

07 전구는 에디슨에 의해 발명된 거예요.

08 그 가방 (이제까지) 백만 개 팔렸어.

09 지금 엘리베이터 점검 중이야.

10 그 소설 (이제까지) 백만 명이 읽었어.

정답 은 앞 페이지에서 확인하세요!

새로운 문장을 직접 써보면서 학습 마무리

A 주어진 단어로 문장을 완성해 보세요.

01 난 당황스러운 질문을 받았어. I [＿＿＿＿＿] an embarrassing question. (ask)

02 월드컵이 2000년대 초반에 한국에서 열렸어. The World Cup [＿＿＿＿＿] in Korea in the early 2000s. (hold)

03 우리 애가 학교에서 괴롭힘을 당하고 있어요. My kid [＿＿＿＿＿] at school. (bully)

04 외모지상주의가 전 세계에 만연해 있어요. Lookism [＿＿＿＿＿] all over the world. (spread)

05 그 도둑은 경찰에게 잡혔어. The thief [＿＿＿＿＿] by police. (catch)

B 박스 안에 주어진 단어들 중 하나를 골라 문장을 만들어보세요.

> **teach   paint   make   design   sell**

01 우린 Erin에게 가르침을 받아요.

[＿＿＿＿＿＿＿＿＿＿＿＿＿＿＿＿＿＿＿＿＿]

02 내 손목시계는 스위스(Switzerland)에서 만들어졌어.

[＿＿＿＿＿＿＿＿＿＿＿＿＿＿＿＿＿＿＿＿＿]

03 그 담장(fence)은 지금 페인트칠 중이에요.

[＿＿＿＿＿＿＿＿＿＿＿＿＿＿＿＿＿＿＿＿＿]

04 그 모델은 곧 온라인에서 판매될 거예요.

[＿＿＿＿＿＿＿＿＿＿＿＿＿＿＿＿＿＿＿＿＿]

05 이 건물은 Erin에 의해서 디자인되었어요.

[＿＿＿＿＿＿＿＿＿＿＿＿＿＿＿＿＿＿＿＿＿]

정답 378p

비슷한 것 말하기

문법 〉 말하기 〉 듣기 〉 쓰기

🎧 저자 무료 음성 강의

말하기를 위한 기본기 기르기

❗ 문법 POINT 키나 나이가 비슷할 때 사용하는 비교급 as ~ as

01 둘 이상을 비교했을 때 서로 비슷하다면 as ~ as를 써요.

~만큼 나이가 있는 as old as

~만큼 빠른 as fast as

~만큼 큰 as big as

02 as ~ as 사이에는 꾸며주는 말, 즉 형용사나 부사를 넣어줘야 해요.

as **Erin** as (X)   as **run** as (X)
   명사   동사

나는 Erin만큼 빨리 뛰어. I run as <u>fast</u> as Erin.
                                     부사(빨리)

03 as ~ as 뒤에 문장을 붙일 수도 있어요.

나는 Erin만큼 빨리 뛰어.

= I run **as fast as** Erin.

= I run **as fast as** Erin does.

나는 너만큼 나이가 있어.

= I'm **as old as** you.

= I'm **as old as** you are.

문법 포인트를 기억하며 우리말 보고 영어로 말하기

01 문장 연습을 하기 위해 필요한 단어들을 먼저 확인하세요.

tall	키가 큰	**capable**	유능한	**well**	잘
strong	진한	**hot**	뜨거운	**handle**	처리하다
soon	빨리	**efficiently**	효율적으로	**situation**	상황
serious	심각한	**look**	보이다	**think**	생각하다

02 천천히 읽기 4번, 원어민의 속도에 맞춰 빠르게 읽는 연습을 4번 해보세요.

우리말	영어	천천히	빠르게
난 Erin이랑 키가 비슷해.	I'm **as tall as** Erin.	☐☐	☐☐
난 Erin만큼 유능해.	I'm **as capable as** Erin.	☐☐	☐☐
난 Erin만큼 영어를 잘 해.	I speak English **as well as** Erin.	☐☐	☐☐
이 커피는 저것만큼 진해.	This coffee is **as strong as** that one.	☐☐	☐☐
이 커피는 저것만큼 뜨거워.	This coffee is **as hot as** that one.	☐☐	☐☐
제가 할 수 있는 한 빠르게 처리했어요.	I handled it **as soon as** I could.	☐☐	☐☐
제가 할 수 있는 한 효율적으로 처리했어요.	I handled it **as efficiently as** I could.	☐☐	☐☐
우리는 너의 부모님만큼 널 사랑해.	We love you **as much as** your parents do.	☐☐	☐☐
보이는 것만큼 심각한 상황은 아니야.	The situation is not **as serious as** it looks.	☐☐	☐☐
네가 생각하는 것만큼 심각한 상황은 아니야.	The situation is not **as serious as** you think.	☐☐	☐☐

실전 대화 연습! 대화를 듣고 빈칸 채우기

에피소드 01 〉 함께 커피를 마시는 상황

Jason　Ew.. My coffee is [① 　　　　　].

Erin　[② 　　　　　] exchange?

Jason　Sure. Thanks. Yuck! This coffee is [③ 　　　　　] that one.

Erin　Haha! I [④ 　　　　　]!

5회 연습 체크: **1** **2** **3** **4** **5**　　총연습 횟수: (　)회

에피소드 02 〉 일 처리에 대해 이야기하는 상황

Erin　[① 　　　　　] the claim case go?

Jason　I handled it [② 　　　　　].

Erin　Is everything [③ 　　　　　]?

Jason　I don't know. It's already [④ 　　　　　].

5회 연습 체크: **1** **2** **3** **4** **5**　　총연습 횟수: (　)회

에피소드 03 〉 부도 위기에 처한 회사에 대해 이야기하는 상황

Jason　My company [① 　　　　　] bankruptcy.

Erin　I just saw the news. I'm [② 　　　　　] you.

Jason　I'm okay. The situation is not [③ 　　　　　] it looks. We might merge.

Erin　[④ 　　　　　]. This can be a crisitunity.

5회 연습 체크: **1** **2** **3** **4** **5**　　총연습 횟수: (　)회

잘 들었는지 체크! 우리말 대화를 보고 영어로 말해보기

에피소드 01

정답 ① too bitter ② Wanna ③ as strong as ④ got you

Jason	으.. 내 커피 너무 써.
Erin	*바꿔 마실래?
Jason	응. 고마워. 우엑! 이 커피도 저것만큼 진하네.
Erin	하하! *속았지!

* **Wanna 동사?** ~하고 싶어?, ~할래? (= Do you want to 동사?)
* **I got you!** 속았지! (I tricked you! 도 같은 표현이에요.)

에피소드 02

정답 ① How did ② as soon as I could ③ alright ④ out of my hands

Erin	그 클레임건 어떻게 됐어?
Jason	내가 할 수 있는 한 최대한 빠르게 처리했어.
Erin	다 괜찮은 거야?
Jason	몰라. 벌써 *내 손을 떠난 일이야.

* **be out of one's hands** 일이 ~의 소관 밖으로 떠난

에피소드 03

정답 ① is facing ② worried about ③ as serious as ④ Good for you

Jason	우리 회사 부도 *위기야.
Erin	방금 뉴스 봤어. 너 걱정돼.
Jason	난 괜찮아. 상황이 보이는 것처럼 심각하진 않아. 우리 *합병할 거야.
Erin	잘됐네. *위기가 곧 기회가 될 수 있잖아.

* **face** 직면하다
* **merge** 합병하다, 합치다
* **crisitunity** 위기이자 기회 (위기 crisis + 기회 opportunity가 합쳐진 신조어예요.)

앞서 연습한 문장을 직접 써보면서 확실하게 내 것으로 만들기

01 이 커피는 저것만큼 진해.

02 난 Erin이랑 키가 비슷해.

03 제가 할 수 있는 한 빠르게 처리했어요.

04 우리는 너의 부모님만큼 널 사랑해.

05 네가 생각하는 것만큼 심각한 상황은 아니야.

06 이 커피는 저것만큼 뜨거워.

07 난 Erin만큼 유능해.

08 제가 할 수 있는 한 효율적으로 처리했어요.

09 보이는 것만큼 심각한 상황은 아니야.

10 난 Erin만큼 영어를 잘 해.

정답 은 앞 페이지에서 확인하세요!

문법 〉 말하기 〉 듣기 〉 **쓰기**

새로운 문장을 직접 써보면서 학습 마무리

A 주어진 단어로 문장을 완성해 보세요.

01 술은 담배만큼 해로워. Alcohol is [   ] cigarettes. (harmful)

02 조류독감은 광우병만큼 위험해. The bird flu is [   ] mad cow disease. (dangerous)

03 네가 원하는 만큼 여기 오래 있어도 돼. You can stay here [   ] you want. (long)

04 나는 운동선수만큼 운동을 열심히 해. I work out [   ] athletes do. (hard)

05 그녀는 그만큼 예의가 바라. She is [   ] he is. (polite)

B 박스 안에 주어진 단어들 중 하나를 골라 문장을 만들어보세요.

fast   light   young   naive   mild

01 난 Erin만큼 빨리 먹어.

[   ]

02 네 가방도 내 것만큼 가볍구나.

[   ]

03 Erin은 보이는 것만큼 어리지 않아.

[   ]

04 그는 네 생각만큼 순진하지 않아.

[   ]

05 이 커피는 물만큼 연해.

[   ]

정답 379p

영어 습관 58일차 — 더 잘하는 것 말하기

문법 〉 말하기 〉 듣기 〉 쓰기

🎧 저자 무료 음성 강의

말하기를 위한 기본기 기르기

❗ 문법 POINT 키가 더 크거나 나이가 더 많을 때 사용하는 비교급 ~er than

01 둘 이상을 비교했을 때 한쪽이 '더' 어떠하다면 ~er than을 써요.
~er을 붙여주는 단어는 꾸며주는 말인 형용사나 부사여야 하고, than 뒤에는 비교 대상을 써줘요.
이때, 비교 대상은 단어와 문장 모두 가능해요!

> 난 너보다 나이가 많아. I'm **older than** <u>you</u>.
> I'm **older than** <u>you are</u>.

> 나는 Erin보다 더 빨리 달려요. I run **faster than** <u>Erin</u>.
> I run **faster than** <u>Erin does</u>.

02 음절이 긴 단어(2음절 이상)의 경우, 뒤에 ~er이 아니라 앞에 more를 붙여요!

> ~보다 더 아름다운 **more beautiful** than
> ~보다 더 비싼 **more expensive** than

* 2음절 이하의 단어여도 -ing, -ed, -ful, -ous 등으로 끝나는 단어는 more를 붙여줘요.
예. more bor**ing** 더 지루한, more tir**ed** 더 피곤한, more skill**ful** 더 유능한, more fam**ous** 더 유명한

03 비교급의 형태가 불규칙적으로 변하는 단어도 알아두세요.

원급	비교급
good, well (좋은)	better (더 좋은, 더 나은)
bad, ill (나쁜)	worse (더 나쁜, 더 별로인)
many, much (많은)	more (더 많은)
little (양이 적은)	less (더 적은)
far (거리의 의미)	farther (더 먼)
far (정도의 의미)	further (더욱 더)

문법 포인트를 기억하며 우리말 보고 영어로 말하기

01 문장 연습을 하기 위해 필요한 단어들을 먼저 확인하세요.

tall	키가 큰	**young**	어린	**interesting**	재미있는
original	원래의, 원작의	**know**	알다	**much**	비교급 강조 '훨씬 더 ~한'
do	(앞서 언급된 대로) 하다	**way**	비교급 강조 '훨씬 더 ~한'	**mine**	나의 것
situation	상황	**expect**	예상하다	**look**	보이다

02 천천히 읽기 4번, 원어민의 속도에 맞춰 빠르게 읽는 연습을 4번 해보세요.

우리말	영어	천천히	빠르게
내가 Erin보다 더 커.	I'm **taller than** Erin.	☐☐	☐☐
내가 Erin보다 더 어려.	I'm **younger than** Erin.	☐☐	☐☐
그 영화가 원작 웹툰보다 더 재밌어?	Is the movie **more interesting than** its original webtoon?	☐☐	☐☐
그 영화가 원작 웹툰보다 더 별로야?	Is the movie **worse than** its original webtoon?	☐☐	☐☐
너보다 내가 훨씬 더 널 잘 알아.	I know you much **better than** you do.	☐☐	☐☐
너보다 내가 훨씬 더 많이 먹어.	I eat much **more than** you do.	☐☐	☐☐
Erin의 파스타가 내 것보다 훨씬 더 낫네.	Erin's pasta is way **better than** mine.	☐☐	☐☐
Erin의 파스타가 내 것보다 훨씬 더 별로네.	Erin's pasta is way **worse than** mine.	☐☐	☐☐
우리가 예상했던 것보다 상황이 더 좋지 않아요.	The situation is **worse than** we expected.	☐☐	☐☐
보이는 것보다 상황이 더 좋지 않아요.	The situation is **worse than** it looks.	☐☐	☐☐

실전 대화 연습! 대화를 듣고 빈칸 채우기

에피소드 01 키에 대해 이야기하는 상황

Jason   Hey, how ⟨①　　　　⟩ are you?

Erin   I'm one hundred sixty-two ⟨②　　　　⟩ five. Why do you ask?

Jason   Harper said, "I'm ⟨③　　　　⟩ Erin."

Erin   ⟨④　　　　⟩. She's only one hundred sixty-one centimeters!

5회 연습 체크 : **1** **2** **3** **4** **5**   총연습 횟수 : (　　)회

에피소드 02 영화를 보고 있는 친구와 대화하는 상황

Jason   What ⟨①　　　　⟩?

Erin   <The Goddess Of Fishing>, you know, my favorite webtoon.
It ⟨②　　　　⟩ into a movie.

Jason   Cool! Is the movie ⟨③　　　　⟩ than its original webtoon?

Erin   It's just started. Let's ⟨④　　　　⟩ together.

5회 연습 체크 : **1** **2** **3** **4** **5**   총연습 횟수 : (　　)회

에피소드 03 친구가 새 남자친구를 사귄 상황

Erin   I love you ⟨①　　　　⟩ more than ⟨②　　　　⟩. Okay, bye. Chu!

Jason   Was that your new boyfriend? What a lovey-dovey couple!

Erin   Yup! We're going to the amusement park tomorrow. Will you ⟨③　　　　⟩?

Jason   No way Jose! I don't ⟨④　　　　⟩ a third wheel.

5회 연습 체크 : **1** **2** **3** **4** **5**   총연습 횟수 : (　　)회

잘 들었는지 체크! 우리말 대화를 보고 영어로 말해보기

에피소드 01

정답 ① tall ② point ③ taller than ④ Whatever

Jason	야, 너 키가 몇이지?
Erin	*162.5(cm 생략). 왜 물어?
Jason	Harper가 "내가 Erin보다 커"라고 하길래.
Erin	*뭐래. 걔 고작 161cm 밖에 안되거든!

* point 소수점을 읽는 단위
* Whatever! 뭐래! (냉소적인 반응이니까 쓰실 때 주의해주세요!)

에피소드 02

정답 ① are you watching ② was made ③ more interesting ④ watch it

Jason	뭐 보고 있어?
Erin	〈낚시의 여왕〉, 내가 제일 좋아하는 웹툰 알지. 그거 영화로 *만들어졌거든.
Jason	대박이다! 원작 웹툰보다 영화가 더 재밌어?
Erin	이제 막 시작했어. 같이 보자.

* be made into ~으로 만들어지다

에피소드 03

정답 ① much ② you do ③ join us ④ wanna be

Erin	자기보다 내가 더 사랑해. 알았어, 안녕. 쪽!
Jason	새 남친? 엄청 *닭살 커플이네!
Erin	응! 우리 내일 놀이공원 가는데 같이 갈래?
Jason	절대 안 가! *꼽사리 끼기 싫어.

* lovey-dovey 알콩달콩, 꽁냥꽁냥, 애정 표현이 낯간지러운/닭살 돋는
* third wheel 불필요한 사람(다정한 커플 사이에 끼어 있는 한 명처럼 굳이 필요하지 않은 사람을 말해요.)

앞서 연습한 문장을 직접 써보면서 확실하게 내 것으로 만들기

01 보이는 것보다 상황이 더 좋지 않아요.

02 그 영화가 원작 웹툰보다 더 재밌어?

03 Erin의 파스타가 내 것보다 훨씬 더 낫네.

04 내가 Erin보다 더 커.

05 우리가 예상했던 것보다 상황이 더 좋지 않아요.

06 너보다 내가 훨씬 더 널 잘 알아.

07 Erin의 파스타가 내 것보다 훨씬 더 별로네.

08 내가 Erin보다 더 어려.

09 그 영화가 원작 웹툰보다 더 별로야?

10 너보다 내가 훨씬 더 많이 먹어.

정답 은 앞 페이지에서 확인하세요!

새로운 문장을 직접 써보면서 학습 마무리

A 주어진 단어로 문장을 완성해 보세요.

01 요즘엔 내가 Erin보다 훨씬 더 바빠. I'm [   ] Erin these days. (much, busy)

02 치타는 다른 어떤 육지 동물들보다 더 빨라.

Cheetahs are [   ] any other land animals. (fast)

03 우리 부모님들은 우리보다 우리를 훨씬 더 많이 사랑하시죠.

Our parents love us [   ] we do. (much)

04 여기서 1km도 떨어지지 않은 곳이에요. It's [   ] a kilometer from here. (far)

05 그 소설이 원작 영화보다 더 지루해? Is the novel [   ] its original movie? (boring)

B 박스 안에 주어진 단어들 중 하나를 골라 문장을 만들어보세요.

worse   early   better   big   realistic

01 Erin은 우리보다 훨씬 더 영어를 잘해.

[   ]

02 타조들(ostriches)은 다른 어떤 새들보다 더 커.

[   ]

03 그 드라마가 원작 소설보다 더 현실적이야?

[   ]

04 그가 경고(warn)했던 것보다 상황이 더 안 좋아요.

[   ]

05 그가 너보다 더 일찍 일어나.

[   ]

정답 379p

영어습관 **59** 일차

제일 잘 하는 것 말하기

문법 〉 말하기 〉 듣기 〉 쓰기

🎧 저자 무료 음성 강의

말하기를 위한 기본기 기르기

❗ 문법 POINT 제일 키가 크거나 나이가 제일 많을 때 사용하는
최상급 the ~est

01 둘 이상을 비교했을 때 한 쪽이 '가장' 어떠하다면 최상급 'the ~est'로 나타내요. 비교급 as ~ as, ~er과 마찬가지로 the ~est를 붙여주는 단어는 당연히 형용사나 부사여야 해요.

가장 나이가 든 **the oldest**

가장 빠른 **the fastest**

02 음절이 긴 단어(2음절 이상)의 경우 끝에 ~est가 아니라 앞에 the most를 붙여줘요!

가장 아름다운 **the most** beautiful

가장 비싼 **the most** expensive

* 2음절 이하의 단어여도 -ing, -ed, -ful, -ous 등으로 끝나는 단어는 the most를 붙이는 경우도 있어요.
  예. the most bor**ing** 가장 지루한, the most tir**ed** 가장 피곤한,
     the most skill**ful** 가장 유능한, the most fam**ous** 가장 유명한

03 최상급의 형태가 불규칙적으로 변하는 단어도 알아두세요.

원급	비교급	최상급
good, well (좋은)	better (더 좋은, 더 나은)	the best (가장 좋은, 최상의)
bad, ill (나쁜)	worse (더 나쁜, 더 별로인)	the worst (가장 나쁜, 최악의)
many, much (많은)	more (더 많은)	the most (가장 많은)
little (양이 적은)	less (더 적은)	the least (가장 적은)
far (거리의 의미)	farther (더 먼)	the farthest (가장 먼)
far (정도의 의미)	further (더욱 더)	the furthest (가장 먼)

문법 포인트를 기억하며 우리말 보고 영어로 말하기

01 문장 연습을 하기 위해 필요한 단어들을 먼저 확인하세요.

brilliant	뛰어난, 우수한	**large**	큰	**country**	나라
world	세계	**high**	높은	**capable**	유능한
employee	직원	**couch**	긴 의자, 소파	**comfortable**	편안한
cheap	(값이) 싼	**of**	~ 중에서	**beautiful**	아름다운

02 천천히 읽기 4번, 원어민의 속도에 맞춰 빠르게 읽는 연습을 4번 해보세요.

우리말	영어	천천히	빠르게
내가 우리 반에서 제일 커.	I'm **the tallest** in my class.	☐☐	☐☐
내가 우리 반에서 제일 뛰어나.	I'm **the most brilliant** in my class.	☐☐	☐☐
세상에서 가장 큰 나라가 뭐지?	What's **the largest** country in the world?	☐☐	☐☐
세상에서 가장 높은 산이 뭐지?	What's **the highest** mountain in the world?	☐☐	☐☐
Erin은 최고의 선생님이야.	Erin is **the best** teacher.	☐☐	☐☐
Erin은 가장 유능한 직원이야.	Erin is **the most capable** employee.	☐☐	☐☐
그 소파가 그 셋 중에서 가장 편안해요.	The couch is **the most comfortable** of the three.	☐☐	☐☐
그 소파가 그 셋 중에서 가장 싸요.	The couch is **the cheapest** of the three.	☐☐	☐☐
그의 목소리가 모두 중에서 최고로 좋아.	His voice is **the best** of all.	☐☐	☐☐
그의 목소리가 모두 중에서 가장 아름다워.	His voice is **the most beautiful** of all.	☐☐	☐☐

실전 대화 연습! 대화를 듣고 빈칸 채우기

에피소드 01 > 친구와 상식 퀴즈를 내는 상황

Jason   Trivia! What's ① [   ] country in the world?

Erin   Russia! My turn! What's ② [   ]?

Jason   Easy! Canada is ③ [   ]! My turn! What's Korea's rank?

Erin   Ahh... It's too difficult! Can I ④ [   ]?

5회 연습 체크 : 1 2 3 4 5   총연습 횟수 : (   )회

에피소드 02 > 친구와 가구점을 둘러보고 있는 상황

Erin   So, are you gonna ① [   ] this one?

Jason   The couch is ② [   ] the three... But I don't like its color!

Erin   ③ [   ] around for three hours only for a couch!

Jason   You know I'm ④ [   ]! I need more time!

5회 연습 체크 : 1 2 3 4 5   총연습 횟수 : (   )회

에피소드 03 > 가장 좋아하는 가수에 대해 이야기하는 상황

Jason   Again? Aren't you ① [   ] watching the same video?

Erin   Not at all. His voice is ② [   ].

Jason   What are you talking about? No one ③ [   ] Madonnaguilera!

Erin   ④ [   ] you say that. She's your first love.

5회 연습 체크 : 1 2 3 4 5   총연습 횟수 : (   )회

잘 들었는지 체크! 우리말 대화를 보고 영어로 말해보기

에피소드 01

정답 ① the largest ② the second ③ the second largest ④ Google it

Jason *상식 퀴즈! 세상에서 가장 큰 나라가 뭐게?

Erin 러시아! 내 차례! 두 번째로 큰 나라는?

Jason 쉽네! 캐나다가 두 번째로 크지! 내 차례! 한국은 몇 위 게?

Erin 아. 너무 어려워! 나 *구글 찬스 써도 돼?

* **trivia** 상식 퀴즈 (= knowledge quiz)
* **Google** 구글링하다 (원래는 구글 사이트에서 필요한 정보를 찾아보는 걸 의미했지만 이제는 꼭 구글이
  아니어도 검색하는 모든 행위를 이렇게 말한답니다~)

에피소드 02

정답 ① choose ② the most comfortable of ③ We've been looking
④ indecisive

Erin 그래서 이거 고를 거야?

Jason 그 셋 중엔 그 소파가 가장 *편안하긴 해... 근데 색깔이 맘에 안 들어!

Erin 소파 하나 사는데 우리 지금 세 시간째 돌아다니고 있다고!

Jason 나 *선택 장애인 거 너 알잖아! 나 시간이 더 필요해!

* **comfortable** 편안한 (간단히 comfy라고도 해요!)
* **indecisive** 우유부단한 (반대로 '단호한, 결단력이 있는'은 decisive!)

에피소드 03

정답 ① fed up with ② the best of all ③ can beat ④ No wonder

Jason 또야? 같은 영상 보는 거 *지겹지도 않냐?

Erin 전혀. 이 사람 목소리 진짜 최고야.

Jason 뭐라는 거야? 누구도 Madonnaguilera를 따라올 수 없다고!

Erin 네가 그렇게 말하는 건 *당연하지. 네 첫사랑이잖아.

* **be fed up with** ~이 질리다, 지겹다
* **No wonder.** 놀랍지도 않아. 당연히 그렇겠지. 그럴 줄 알았어.

앞서 연습한 문장을 직접 써보면서 확실하게 내 것으로 만들기

01 Erin은 가장 유능한 직원이야.

02 그 소파가 그 셋 중에서 가장 편안해요.

03 그의 목소리가 모두 중에서 가장 아름다워.

04 세상에서 가장 높은 산이 뭐지?

05 내가 우리 반에서 제일 커.

06 그의 목소리가 모두 중에서 최고로 좋아.

07 세상에서 가장 큰 나라가 뭐지?

08 그 소파가 그 셋 중에서 가장 싸요.

09 Erin은 최고의 선생님이야.

10 내가 우리 반에서 제일 뛰어나.

정답 은 앞 페이지에서 확인하세요!

새로운 문장을 직접 써보면서 학습 마무리

A 주어진 단어로 문장을 완성해 보세요.

01 우리 아빠는 우리 가족 중에 힘이 가장 세. My dad is [   ] in my family. (strong)

02 이 차가 요즘 제일 잘 나가요. This car is [   ] these days. (high—selling)

03 네가 가장 원하는 일을 해. Do the job you want [   ]. (much)

04 가장 좋아하는 동물이 뭐야? What animal do you like [   ]? (well)

05 이 영화가 요즘 가장 인기 많아. This movie is [   ] these days. (popular)

B 박스 안에 주어진 단어들 중 하나를 골라 문장을 만들어보세요.

outgoing   good   punctual   talkative   much

01 Erin은 우리 가족 중에 말이 가장 많아.

[   ]

02 Janet은 우리 팀에서 시간 약속을 가장 잘 지키는 사람이야.

[   ]

03 그 셋 중에는 이게 제일 나.

[   ]

04 지금 당장 가장 원하는 게 뭐야?

[   ]

05 그는 우리 중에서 가장 외향적이야.

[   ]

정답 379p

문법 〉 말하기 〉 듣기 〉 쓰기

🎧 저자 무료 음성 강의

말하기를 위한 기본기 기르기

❗ **문법 POINT** 많고 적음을 말할 때 사용하는 some, any, no

01 수량을 나타낼 때 '조금 있다'의 평서문은 some(조금, 약간의)을 써요.

나는 돈이 조금 있어. I have **some** money.

병 안에 물이 조금 있어요. There is **some** water in the bottle.

02 반면 '조금도 없다'의 부정문은 not any나 no를 쓰죠.

나는 돈이 하나도 없어.

I **don't** have **any** money. = I have **no** money.

병 안에 물이 하나도 없어요.

There **isn't any** water in the bottle. = There is **no** water in the bottle.

* 의미는 같아도 any는 부정문 형식으로, no는 평서문 형식으로 쓴다는 점을 기억하세요!

03 '조금이라도 있니?'의 의문문은 기본적으로 any가 원칙!

너 돈 좀 있어? Do you have **any** money?

병 안에 물이 좀 있나요? Is there **any** water in the bottle?

04 이때 '부탁'이나 '제안'의 뉘앙스일 때는 의문문이라도 some!

나 돈 좀 빌려줄 수 있어? Can you lend me **some** money?

저 물 좀 마셔도 돼요? Can I drink **some** water?

* 무언가/누군가/어딘가를 뜻하는 단어들도 다 같은 원리랍니다!
  무언가 something / anything / nothing
  누군가 somebody[someone] / anybody[anyone] / nobody[no one]
  어딘가 somewhere / anywhere / nowhere

문법 포인트를 기억하며 우리말 보고 영어로 말하기

01 문장 연습을 하기 위해 필요한 단어들을 먼저 확인하세요.

have	(아이, 동물, 식물 등을) 기르다	**question**	질문	**Is there ~?**	~이 있니?
left	남은	**know**	알다	**something**	어떤 것, 무엇
anything	아무것	**rumor**	소문	**about**	~에 대한
right now	지금, 지금 당장	**nothing** (= not anything)	아무것도	**would like**	원하다

02 천천히 읽기 4번, 원어민의 속도에 맞춰 빠르게 읽는 연습을 4번 해보세요.

너 애완동물 키워?	Do you have **any** pets?
질문 있나요?	Do you have **any** questions?
피자 좀 남았나요?	Is there **any** pizza left?
피자가 **하나도** 안 남았어요.	There isn't **any** pizza left.
그는 **뭔가** 알고 있어.	He knows **something**.
그는 **아무것도** 몰라.	He doesn't know **anything**.
Jessie에 대한 소문이 좀 있어.	There are **some** rumors about Jessie.
나 지금 **뭐** 좀 하고 있어.	I'm doing **something** right now.
나 지금 **아무것도** 안 하고 있어.	I'm doing **nothing** right now.
커피 좀 마실래?	Would you like **some** coffee?

실전 대화 연습! 대화를 듣고 빈칸 채우기

에피소드 01 애완동물에 대해 이야기하는 상황

Jason   Do you have (①)?

Erin   Yes, I'm a dog person. I have two bulldogs. (②)?

Jason   I do (③) one, but I'm (④) to dog hair.

Erin   Poor you. You wanna see my doggies' photos?

5회 연습 체크 : **1** **2** **3** **4** **5**   총연습 횟수 : ( )회

에피소드 02 야근 후 돌아온 룸메이트와 대화하는 상황

Jason   You're late. Did you (①)?

Erin   Yes. Is there (②) left? I'm starving.

Jason   Uh-huh. I'll (③) some pieces for you.

Erin   Thanks! I'm (④) that I could eat a horse.

5회 연습 체크 : **1** **2** **3** **4** **5**   총연습 횟수 : ( )회

에피소드 03 누군가의 소문에 대해 이야기하는 상황

Jason   (①) about it?

Erin   (②) what?

Jason   There are (③) about Jessie.

Erin   What are people (④)?

5회 연습 체크 : **1** **2** **3** **4** **5**   총연습 횟수 : ( )회

잘 들었는지 체크! 우리말 대화를 보고 영어로 말해보기

에피소드 01

정답 ① any pets ② What about you ③ want ④ allergic

Jason 너 애완동물 키워?

Erin 응, 나 *애견인이거든. 불독 두 마리 키워. 넌?

Jason 나 *진짜 한 마리 키우고 싶은데, 개털 알레르기가 있어.

Erin 안됐다. 우리 강아지 사진 볼래?

* **dog person** 애견인 (마찬가지로 cat person은 '애묘인'! 그럼 people person은? 맞아요! 사람들과 어울리기를 좋아하는 외향적이고 사교적인 사람이랍니다~)

* **do 동사** 정말 ~하다 (강조의 의미예요! '나 Erin 진짜 사랑해!' I do love Erin!)

에피소드 02

정답 ① work overtime ② any pizza ③ microwave ④ so hungry

Jason 늦었네. 야근했어?

Erin 응. 피자 남은 거 있니? 배고파 죽겠다.

Jason 응. 내가 몇 조각 *전자레인지에 데워줄게.

Erin 고마워! *배고파서 소 한 마리도 거뜬히 먹을 수 있을 거 같아.

* **microwave** 전자레인지, 전자레인지에 음식을 돌리다 (또는 짧게 zap이라고 해요! I'll zap it for you! '내가 전자레인지에 그거 돌려줄게!')

* **I could eat a horse.** 배고파 죽겠어! (옛말의 '소 한 마리도 잡아먹겠네'라는 표현처럼 엄~청 배고플 때 영어권에서는 말 한 마리도 거뜬히 먹어치울 수 있겠다고 해요!)

에피소드 03

정답 ① Did you hear ② Hear about ③ some rumors ④ saying

Jason 그거 들었어?

Erin *뭘 들어?

Jason Jessie에 대한 소문들이 좀 있어.

Erin 뭐라는데?

* **Hear about what?** 뭘 들어? (마찬가지로 누군가가 I gotta say this. '나 이 말은 해야겠어.'라고 할 때, Say what? '무슨 말?'이라고 하면 되겠죠?)

앞서 연습한 문장을 직접 써보면서 확실하게 내 것으로 만들기

01 피자가 하나도 안 남았어요.

02 너 애완동물 키워?

03 그는 아무것도 몰라.

04 질문 있나요?

05 나 지금 아무것도 안 하고 있어.

06 피자 좀 남았나요?

07 나 지금 뭐 좀 하고 있어.

08 커피 좀 마실래?

09 그는 뭔가 알고 있어.

10 Jessie에 대한 소문이 좀 있어.

정답 은 앞 페이지에서 확인하세요!

새로운 문장을 직접 써보면서 학습 마무리

A 주어진 단어를 활용하여 문장을 완성해 보세요.

01 너한테 할 말 있어. I [   ] to tell you. (have)

02 너한테 보여 줄 사람이 있어. I [   ] to show you. (have)

03 명절에 어디 가? Are you [   ] on holiday? (go)

04 우리 다른 데 갈까요? Should we [   ] else? (go)

05 나는 아무것도 하고 싶지 않아. I don't want to [   ]. (do)

B 박스 안에 주어진 단어들 중 하나를 골라 문장을 만들어보세요.

need   have   see   win   remember

01 나 돈 좀 땄지.

[   ]

02 난 아무것도 필요 없어.

[   ]

03 저 만나는 사람 있어요.

[   ]

04 아이디어 있어요?

[   ]

05 그녀는 아무것도 기억 못 해.

[   ]

정답 379p

정답

Day 01

A.
01 work out
02 works out
03 shop
04 shops
05 drink

B.
01 I watch the news every evening.
02 Erin learns to drive every weekend.
03 My sister skips dinner every day.
04 The sun rises in the east.
05 My father plays table tennis after work.

Day 02

A.
01 don't do
02 doesn't watch
03 doesn't use
04 don't live
05 doesn't hate

B.
01 I don't have a pet.
02 The air conditioner doesn't work.
03 Erin doesn't drink milk.
04 My son doesn't read a book at all.
05 We don't trust you.

Day 03

A.
01 Do, know
02 Do, take
03 Does, learn
04 Does, have
05 Do, believe

B.
01 Do you smoke?
02 Do you go to church?
03 Does Erin hate watermelons?
04 Do you enjoy spicy food?
05 Does she teach English?

Day 04

A.
01 fell in love
02 slipped
03 took
04 drove
05 left for

B.
01 I knew everything.
02 I felt like vomiting.
03 Erin had a terrible hangover.
04 My boss paid for lunch.
05 She called me this morning.

Day 05

A.
01 didn't notice
02 didn't order
03 didn't speak
04 didn't talk
05 didn't catch

B.
01 I didn't do my homework.
02 He didn't have anything.
03 They didn't go anywhere.
04 We didn't take it.
05 It didn't snow last month.

Day 06

A.
01 Did, eat
02 Did, fix/set
03 did, say
04 did, react
05 Did, check

B.
01 Did you save the file?
02 Did your boyfriend forget your birthday?
03 Did Erin work overtime yesterday?
04 Did you take a shower?
05 Did you skip breakfast?

Day 07

A.
01 will do
02 will pour/rain heavily
03 will wait
04 will see
05 will go

B.
01 I'll study very hard.
02 I'll set the alarm.
03 We'll cut down on alcohol.
04 Erin will sell the car.
05 I'll save money.

Day 08

A.
01 won't do
02 won't mention
03 won't happen
04 won't guess
05 won't make

B.
01 It won't snow this Christmas.
02 I won't use disposables.
03 He won't trust anyone.
04 They won't lie anymore.
05 I won't waste my pocket money.

정답

Day 09

A.
01 Will, drop by
02 Will, invite
03 Will, pass
04 Will, keep
05 Will, remember

B.
01 Will you keep this secret?
02 Will you have dessert?
03 Will you pick up your kids?
04 Will you send in your assignments before 4?
05 Will you buy me a bunch of flowers?

Day 10

A.
01 am
02 is
03 are
04 is
05 are

B.
01 This is my neighbor.
02 My car is crushed.
03 I am in the car.
04 My toys are on the shelf.
05 She is divorced.

Day 11

A.
01 am not
02 isn't
03 isn't
04 aren't
05 isn't

B.
01 This is not mine.
02 This candy is not sour.
03 I am not drunk yet.
04 We are not on the phone.
05 The cake is not that sweet.

Day 12

A.
01 Are
02 Is
03 Is
04 am
05 Are

B.
01 Do you
02 Are you
03 Do you
04 Are you
05 Are you

Day 13

A.
01 was
02 was
03 were
04 were
05 were

B.
01 I was a workaholic.
02 The weather was awful last night.
03 My cellphone was in my pocket.
04 The kids were under my bridge.
05 My room was clean.

Day 14

A.
01 wasn't
02 wasn't
03 weren't
04 wasn't
05 wasn't

B.
01 We all were not perfect.
02 You were not a smoker.
03 My sister and brother were not good to me.
04 It was not that important to me.
05 My kids were not bookworms.

Day 15

A.
01 Were
02 Was
03 Was
04 were
05 Was

B.
01 Were you tired?
02 Was Erin sick?
03 Was it salty?
04 Were Erin and Jack close?
05 Was it snowy yesterday?

Day 16

A.
01 will be
02 will be
03 will be
04 will be
05 will be

B.
01 I'll be busy this weekend.
02 I'll be on time.
03 Erin will be there.
04 It'll be chilly tomorrow.
05 His grades will be better.

정답

Day 17

A.
01 won't be
02 won't be
03 won't be
04 won't be
05 won't be

B.
01 You won't be disappointed.
02 It won't be me.
03 The model won't be released.
04 The book won't be published.
05 It won't be cold.

Day 18

A.
01 Will, be
02 Will, be
03 Will, be
04 Will, be
05 Will, be

B.
01 Will it be too long?
02 Will you be quiet?
03 Will you be here at 2 tomorrow?
04 Will the library be open on Sunday?
05 Will it be surprising?

Day 19

A.
01 am going to
02 is going to
03 are going to
04 is going to
05 am going to

B.
01 Everything is going to be alright.
02 It's going to be hotter tomorrow.
03 We're going to go to see a movie this weekend.
04 I'm going to take a walk tonight.
05 I'm going to talk to him.

Day 20

A.
01 am not going to
02 aren't going to
03 isn't going to
04 isn't going to
05 aren't going to

B.
01 It's not going to be cloudy in the afternoon.
02 I'm not going to mention it.
03 Erin isn't going to participate in this seminar.
04 We're not going to be here next year.
05 She's not going to be early.

Day 21

A.
01 Are, going to
02 Is, going to
03 are, going to
04 are, going to
05 are, going to

B.
01 Is he going to be fine?
02 Are you going to come?
03 Are you going to give it a shot?
04 Is it going to clear up soon?
05 When are you going to go fishing?

Day 22

A.
01 am crossing
02 is shaking
03 is leaning
04 are going on a diet
05 are baking

B.
01 I am coming.
02 Erin is working out at home these days.
03 My mom and dad are playing golf now.
04 It's getting dark.
05 We're learning to cook these days.

Day 23

A.
01 am not working
02 am not working out
03 isn't going to work
04 aren't listening
05 isn't working

B.
01 I'm not looking at anyone.
02 I'm not eating lunch now.
03 My cellphone isn't working.
04 He isn't coming.
05 We aren't going shopping.

Day 24

A.
01 Are, listening
02 Is, coming
03 are, doing
04 am, doing
05 is, leaving

B.
01 Are you coming?
02 Are you playing squash these days?
03 Are you doing homework?
04 Is Erin going there?
05 Why are you crying?

정답

Day 25

A.
01 was nodding off
02 were talking
03 was doing
04 were discussing
05 was smiling

B.
01 I was taking a nap then.
02 Erin was going to work at 9.
03 I was doing the dishes when you called me.
04 My wife folded the laundry while I was vacuuming.
05 I was setting the table while she was cooking.

Day 26

A.
01 wasn't going
02 weren't talking
03 wasn't telling
04 wasn't shaking
05 weren't watching

B.
01 I wasn't nodding off in class!
02 I wasn't crossing my legs.
03 The elevator wasn't working this morning.
04 I wasn't looking at Tom.
05 She wasn't talking with me.

Day 27

A.
01 Were, taking a bath
02 Were, chatting
03 was, doing
04 were, watching
05 were, cooking

B.
01 Were you working out at home?
02 What were you eating?
03 Where was Erin going at 7?
04 Who were you talking with when I knocked on the door?
05 Who was she whispering to just now?

Day 28

A.
01 will be going to school
02 will be having
03 will be dealing
04 will be flying
05 will be preparing

B.
01 I'll be practicing driving by that time.
02 It'll be clearing up at around 2.
03 It'll be getting dark at around 10.
04 The elevator will be working by the time you arrive here.

05 My team will be taking on the project next year.

Day 29

A.
01 won't be sleeping
02 won't be working
03 won't be finishing
04 won't be working
05 won't be doing

B.
01 It won't be raining by that time.
02 I won't be having dinner with Erin.
03 She won't be working here in 2050.
04 They won't be painting by this time tomorrow.
05 I won't be washing my car.

Day 30

A.
01 Will, be Googling
02 Will, be drinking
03 Will, be cleaning out
04 Will, be having
05 Will, be pouring

B.
01 Will it be snowing?
02 Will my grandmother be gardening?
03 Will you be preparing for the seminar at 3 p.m.?
04 Will you be cramming for the test tonight?
05 Will my husband be cleaning the house by then?

Day 31

A.
01 have been
02 have stayed
03 have lived
04 has taught
05 has studied

B.
01 My son has been whining for an hour.
02 Your phone has been ringing several times.
03 Jason has been washing the dishes for 30 minutes.
04 He's been working out for an hour.
05 I've been looking at the monitor for two hours.

Day 32

A.
01 haven't moved
02 haven't drunk
03 hasn't logged on
04 hasn't been
05 haven't dated

B.
01 It hasn't rained for two months.
02 I haven't talked to Erin in a week.
03 I haven't gone to the cinema for a year.
04 My husband hasn't smoked since last week.

05 I haven't worked out for two months.

Day 33

A.

01 have, taken
02 have, stopped
03 has, been
04 has, been standing
05 have, been watching

B.

01 How long have you driven?
02 How many weeks has he stayed in the hospital?
03 How many hours have you been grappling with the problem?
04 How many days has it been raining?
05 How long have you jogged?

Day 34

A.

01 have been
02 has lived
03 has asked
04 have watched
05 has been

B.

01 I've seen a U.F.O once.
02 I've worked abroad.
03 You've told me that.
04 He's been hospitalized several times.
05 She's discussed the issue.

Day 35

A.

01 have never said
02 have never worked
03 have never met
04 has never had
05 has never made

B.

01 I've never voted.
02 Erin has never driven a truck.
03 The singer has never been on the stage.
04 I've never doubted your word.
05 We've never tried Mexican food.

Day 36

A.

01 Have, ever heard
02 Have, ever seen
03 Have, ever been
04 Have, ever worn
05 Have, ever cooked

B.

01 Have you ever read Harry Potter?
02 Have you ever used this app?
03 Have you ever hitchhiked?

04 Have you ever listened to this music?
05 Have you ever studied Chinese?

Day 37

A.

01 have just come back
02 has already paid off
03 have just looked through
04 has already decided
05 have already submitted

B.

01 We've just begun.
02 I've already told my parents.
03 My manager has already read the article.
04 Erin has already lost 5kg.
05 The train has just left.

Day 38

A.

01 hasn't chosen
02 hasn't confirmed
03 haven't been
04 haven't finished
05 haven't told

B.

01 I haven't done it yet.
02 They haven't departed yet.
03 Erin hasn't sent in the report yet.
04 I haven't fixed the date yet.
05 They haven't decided where to go yet.

Day 39

A.

01 Have, turned in
02 Has, booked
03 Have, set
04 Have, taken
05 Have, invited

B.

01 Have you cancel(l)ed the reservation?
02 Have you delayed dentist's appointment?
03 Have you bought flowers?
04 Have you submitted your paper?
05 Have you watered the garden?

Day 40

A.

01 have left
02 has returned
03 has come back
04 have come back
05 has quit

B.

01 He's left me.
02 The Simpsons has moved out.
03 Spring has come.

04 Erin has gone to a seminar.
05 He's hurt his leg.

Day 41

A.
01 will win
02 will be
03 won't waste
04 won't go down
05 will tell

B.
01 I'll win the money!
02 Erin will make it as an English teacher.
03 We'll beat you!
04 I'll never forget it.
05 I'll remember your name.

Day 42

A.
01 can leave
02 can drink
03 can't understand
04 Can, translate
05 can't play

B.
01 I can do it.
02 You can wait here.
03 I can't believe it.
04 You can't park here.
05 Can I stay here?

Day 43

A.
01 should leave
02 should talk
03 Should, tell
04 shouldn't believe
05 should save

B.
01 You should trust me.
02 You shouldn't lean on them.
03 Should I start working out?
04 You shouldn't speed up here.
05 You should go to bed early.

Day 44

A.
01 had better mind
02 had better watch out
03 had better not go
04 had better not interfere
05 had better exercise

B.
01 You'd better leave your car.
02 You'd better not overeat.
03 You'd better be careful, or you'll be fired.

04 You'd better be on time, or you'll miss the train.
05 You'd better cut down on spicy foods.

Day 45

A.
01 must keep
02 must not nod off
03 must find
04 must not kick
05 must do

B.
01 I must see you right now.
02 You must ask for help.
03 We must not break rules.
04 He must not be here.
05 We must follow the safety guide.

Day 46

A.
01 have to take
02 don't have to come
03 doesn't have to be
04 Do, have to speak
05 Do, have to sign

B.
01 You have to face the facts.
02 The newbie doesn't have to attend the meeting.
03 How many times does Erin have to repeat herself?
04 Do I have to wear a cast on my leg?
05 Does she have to get surgery?

Day 47

A.
01 May, pay
02 May, get
03 May, recline
04 may get
05 May, use

B.
01 You may use mine.
02 May I see you home?
03 May I speak to Erin?
04 Visitors may not enter here without permission.
05 May I come in?

Day 48

A.
01 must be
02 may be
03 could be
04 might know
05 must be

B.
01 It may be Erin.
02 It must be Erin.
03 It must not be Erin.

04 It is Erin.
05 Erin must be happy.

Day 49

A.
01 Would you get
02 Could you tell
03 Could I ask
04 Could you call
05 Can I pay

B.
01 Would you help me with this project?
02 Would you drop me off at the nearest subway station?
03 Can you clear the table?
04 Will you drive me home?
05 Can you pass me the pepper?

Day 50

A.
01 Shall we split
02 Why don't we grab
03 shall I bring
04 Do you want me to help
05 Why don't we share

B.
01 Shall we dine out tonight?
02 Shall we begin?
03 Shall I review this?
04 Shall I call you back?
05 What shall we drink?

Day 51

A.
01 What did you eat
02 When was Erin
03 How did you solve
04 What can I do
05 Why are you

B.
01 Why do you hate me?
02 What does Erin do?
03 Where does he live?
04 Who should I ask?
05 Who did you meet yesterday?

Day 52

A.
01 What's
02 What's
03 What will be
04 Who stepped
05 Who invited

B.
01 What's going on?
02 What's in the box?
03 Who farted?

04 Who is coming tonight?
05 Who broke the window?

Day 53

A.
01 What fruit do you like the best?
02 Which way should I go?
03 Which bookstore will you go to?
04 What kind of toppings can I choose?
05 Which way is east?

B.
01 What time did you get up?
02 What kind of music do you like?
03 Which team won the game?
04 Which one is heavier?
05 Which channel do you prefer?

Day 54

A.
01 How deep is this river?
02 How wide is this road?
03 How long does it take to get ready to go out?
04 How much does it cost to take Erin's class?
05 How many books are there in the library?

B.
01 How many siblings do you have?
02 How long does it take to take a shower?
03 How many times do you go to a fitness center?
04 How much do I owe you?
05 How many classes are you taking this semester?

Day 55

A.
01 Whose is that?
02 Whose car is that?
03 Whose gloves are these?
04 Whose turn is it to pay?
05 Whose team is he on?

B.
01 Whose go is it?
02 Whose earphones are these?
03 Whose books are these?
04 Whose baby is whining?
05 Whose turn is it to clean?

Day 56

A.
01 was asked
02 was held
03 is being bullied
04 has been spread
05 was caught

B.
01 We are taught by Erin.
02 My watch was made in Switzerland.
03 The fence is being painted now.

04 The model will be sold online soon.
05 This building was designed by Erin.

04 Do you have any ideas?
05 She doesn't remember anything.

Day 57

A.
01 as harmful as
02 as dangerous as
03 as long as
04 as hard as
05 as polite as

B.
01 I eat as fast as Erin does.
02 Your bag is as light as mine.
03 Erin isn't as young as she looks.
04 He isn't as naive as you think.
05 This coffee is as mild as water.

Day 58

A.
01 much busier than
02 faster than
03 much more than
04 not farther than
05 more boring than

B.
01 Erin speaks English way better than we do.
02 Ostriches are bigger than any other birds.
03 Is the drama more realistic than its original novel?
04 The situation is worse than he warned.
05 He gets up earlier than you do.

Day 59

A.
01 the strongest
02 the highest selling
03 the most
04 the best
05 the most popular

B.
01 Erin is the most talkative in my family.
02 Janet is the most punctual in my team.
03 This is the best of the three.
04 What do you want the most right now?
05 He is the most outgoing of us.

Day 60

A.
01 have something
02 have someone
03 going anywhere
04 go anywhere
05 do anything

B.
01 I won some money.
02 I don't need anything.
03 I'm seeing someone.

MEMO

MEMO

MEMO

MEMO